Sie haben die Welt bewegt: Dieses Buch berichtet von einem erstaunlichen Freundeskreis, der Anfang des 20. Jahrhunderts in England zusammenfand. Zu den Hauptpersonen gehörten die Schriftstellerin Virginia Woolf; ihre Schwester, die Malerin Vanessa Bell; der Maler Duncan Grant; der Kritiker und Biograph Lytton Strachey; der Kunsthistoriker und Maler Roger Fry; der Nationalökonom John Maynard Keynes. Mit ihrem Ideenreichtum, ihrer Experimentierfreude und Lebenslust brachen die jungen Frauen und Männer genial und selbstbewußt die Tabus des viktorianischen Zeitalters und bahnten in Kunst, Literatur und Politik der Moderne den Weg. Auch privat erprobten sie neue Lebensformen und suchten ihr Glück in unkonventionellen Liebesbeziehungen – mit gutem oder tragischem Ausgang.
Diese Auswahl aus der Vielzahl der in jüngster Zeit erschienenen Texte zum Mythos »Bloomsbury« ergibt eine höchst anregende Geschichte der Gruppe und verfolgt ihren Einfluß bis in die Gegenwart. Alle hier versammelten Texte erscheinen zum ersten Mal in deutscher Sprache.

Christine Frick-Gerke, Anglistin und Journalistin in Berlin, hat sich intensiv mit der bildenden Kunst und Literatur Englands beschäftigt und ist dabei immer wieder auf das Phänomen »Bloomsbury« gestoßen. Im Laufe ihrer Arbeit hat sie mit manchen der Protagonisten, Erben und Interpreten des legendären Kreises Freundschaft geschlossen.

Inspiration Bloomsbury

Der Kreis um Virginia Woolf

Herausgegeben
und aus dem Englischen
von Christine Frick-Gerke

Fischer Taschenbuch Verlag

Originalausgabe
Veröffentlicht im Fischer Taschenbuch Verlag,
einem Unternehmen der S. Fischer Verlag GmbH,
Frankfurt am Main, Dezember 2003

Gesamtherstellung: Clausen & Bosse, Leck
Printed in Germany
ISBN 3-596-15537-1

Inhalt

Vorwort

Vor neunundneunzig Jahren bezogen zwei Brüder und zwei Schwestern in London ein Haus am Gordon Square Nr. 46. Ihre Namen waren Vanessa, Thoby, Virginia und Adrian. Die Gegend hieß Bloomsbury. Dieser Umzug war der Auslöser eines Phänomens, das über ein ganzes Jahrhundert Philosophen, Biographen, Künstlern und Forschern Stoff bot – und zum Mythos wurde, viel diskutiert und kritisiert.

Heute hat Bloomsbury die Grenzen der Kunst und Wissenschaft längst gesprengt und Hollywood-Kinowelt, Konsumkultur und Cyberspace erobert. Doch selbst aus dem sicheren Abstand des einundzwanzigsten Jahrhunderts besitzt dieser kleine, festgefügte Kreis, der sich 1904 um die Geschwister Stephen entwickelte, offenbar immer noch seine Faszination. Wer das vergangene Jahrhundert in Augenschein nimmt, kommt an Bloomsbury nicht vorbei. Unsere Gegenwart bleibt unverständlich, wenn man den Einfluß dieser Gruppe außer Acht läßt. Die Werke, wie die Lebens- und Liebesgeschichten, haben im Verlauf der Zeit eher an Gewicht gewonnen. Der Strom der Bücher, Beiträge, Ausstellungen und Filme reißt nicht ab. Immer wieder geraten neue Aspekte dieser kontroversen, unterhaltsamen und inspirierenden Frauen und Männer ins Blickfeld. Man kann über sie geteilter Meinung sein, übersehen kann man sie nicht.

Faszination Bloomsbury? Christine Frick-Gerke hat Essays und Erinnerungen zusammengestellt, die dazu beitragen, das Phänomen zu erklären. Einige der Autoren, wie mein Vater Quentin Bell oder Frances Partridge, zählten zum hartem Kern; andere, wie Michael Holroyd und Frances Spalding, haben mit ihren Biographien die Klassiker der Bloomsbury-Forschung verfaßt. Julian Bell, Lisa Cohen, Jeanette Winterson beschreiben die gegenwärtige Sicht der Dinge.

Was mich betrifft – die dritte Bloomsbury-Generation und selbst als Schriftstellerin mit diesem Thema beschäftigt –, ist jede Betrachtung zwangsläufig subjektiv. Was sonst? Zu meinen frühesten Erinnerungen zählt, daß ich für Duncan Grant und meine Großmutter im Atelier in Charleston Porträt sitzen durfte; oder mit Leonard Woolf in Rodmell Boule gespielt habe; oder Maynard Keynes' Witwe, die weltberühmte Ballerina Lydia Lopokova, als kuriose, vermummte Gestalt mit ihren Schals und Gummistiefeln auf dem Feldweg nach Tilton getroffen habe. Meine Kinderwelt war die Werkstatt, wo mein Vater an der Töpferscheibe Gefäße drehte und mit großzügigen Ornamenten bemalte; mein Zuhause duftete nach französischem Kaffee und Terpentin; Bücher, Kunst und Gespräche waren weitaus wichtiger als Fernsehen und Sport.

Für mich ist das ihr Vermächtnis. Von Kind an habe ich viel von dem mitbekommen, was Bloomsbury ausmachte; schöpferische, sinnliche Erfahrungen, und die anderen, intellektuelleren Bloomsbury-Werte, Vernunft, Toleranz und Gewaltfreiheit. Diesem Vermächtnis fühle ich mich verpflichtet. In einer Welt, die mehr denn je von irrationaler Kriegstreiberei erschüttert wird – in der dumpfer Terror mit dummer Angriffslust gekontert wird –, sind diese Werte vielleicht noch wesentlicher als vor hundert Jahren; wovon ich überzeugt bin.

Virginia Nicholson

Einleitung

London-Bloomsbury. Städtische Straßenzüge mit langer Geschichte, strenge Fluchtlinien, schmale, meist fünfgeschossige Häuser, verkehrsreiche Straßen, die in Plätze einmünden. Gordon Square, Fitzroy Square, Tavistock Square, Brunswick Square, Mecklenburgh Square. Die Plätze strahlen Sachlichkeit und eine feuchte, schattige Kühle aus. Hohe Bäume und gestutzte Büsche. Spärliche Rosen. Keine Üppigkeit, eher eine tief verwurzelte urbane Vegetation.

Der Stadtteil Bloomsbury hat dem Freundeskreis seinen Namen gegeben. Hier haben sie gelebt. Ihre erste gute Idee war, aus den viktorianischen Elternhäusern auszuziehen und sich selbständig zu machen. Es war eine Kettenreaktion: die junge Malerin mit der jungen Schriftstellerin, die Cambridge-Studenten – vor allem wollten sie eins: Freiheit. Sie wollten ihre Ideen in die Tat umsetzen. Wobei nicht vergessen werden soll, daß sie fast alle von Hause her begütert waren. Doch sie waren auch hochbegabt und manche von ihnen zu Geniestreichen fähig. Bei Englands Weg in die Moderne gaben sie die Richtung an.

Die Frauen, Vanessa und ihre jüngere Schwester Virginia – beide wenig über zwanzig Jahre alt –, hatten große Pläne: Weg mit Plüsch und Mief, sagten sie. Weiße Wände, leuchtende Stoffe, eine Staffelei und ein Stehpult. »Elegant und barbarisch.« Schreiben und Malen und Gespräche. Offenbar bestimmten sie bald den Ton, mehr als ihre Brüder Thoby und Adrian. Die jungen Männer besuchten die Universität oder hatten gerade ihr Studium beendet und wirkten, verglichen mit diesen Schwestern, noch orientierungslos. Dagegen erklärte Virginia: »Ich will endlich wieder anfangen zu arbeiten«, und das war damals kein gängiger Satz aus weiblichem Mund.

Die Studenten gehörten, bis auf Clive Bell und Adrian Stephen, alle zur eingeschworenen Bruderschaft der »Apostles«, die seit 1820 in Cambridge existierte, einem exklusiven Verein mit lebenslanger Mitgliedschaft: Thoby Stephen, Lytton Strachey, John Maynard Keynes, Leonard Woolf, Edward Morgan Forster, Desmond MacCarthy, Saxon Sidney-Turner.

Vielleicht kam daher die Anregung, daß auch die Frauen ihre Zirkel bildeten. An Donnerstagabenden wurde bei Virginia viel über Literatur und Philosophie geredet. »Fast bis eins über das Wesen des Guten gesprochen«, registrierte sie 1905 jungmädchenhaft. Der Friday Club bei Vanessa kümmerte sich um die Malerei, besuchte und organisierte Ausstellungen, behauptete sich in der Londoner Kunstszene. Gemeinsam ging man auch auf Reisen: nach Griechenland, in die Türkei, später immer wieder nach Spanien, Frankreich und auch – meist auf Museumstour – nach Deutschland.

In den zwanziger Jahren entstand der Memoir Club, in dem die Freunde bis ins hohe Alter und bis in die nächste Generation immer wieder die eigenen Erfahrungen austauschten und gewichteten – also schon früh vertraten, daß auch das Private politisch sei.

Die Politik drehte sich in jener Zeit ebenfalls um Unabhängigkeit. Englands großer Gegenspieler bei der Verteilung der Welt war Frankreich; in Rußland war die kommende Revolution spürbar, Lenin führte die Bolschewiken an; die britische Labour Party wurde gegründet (die deutsche Sozialdemokratie gab es schon seit dreißig Jahren). Auf dem Balkan, in Nordafrika, Südafrika, Asien brodelte es. Die Zeichen standen auf Veränderung, und das war günstig für die Hitzköpfe und Schöngeister, die sich abends in Bloomsbury trafen.

Und selbst wenn Einzelne herausragten, entwickelten sich die Ideen im Meinungsaustausch. Gespräche umkreisten zuallererst die beiden Pole Schreiben und Malen – Stimmungen und Ansichten nahmen in einem Spannungsfeld zwischen Worten und Bildern Konturen an. Man begann, im wahrsten Sinne des Wortes, Farbe zu bekennen. Leider verbrannten Vanessas Bilder aus jenen Jahren im Zweiten Weltkrieg; die wenigen, die erhalten blieben, zeigen eine ruhige, aber eindeutige Farbigkeit, wie das Stilleben von 1909 mit drei gelbgrünen Äpfeln auf einer blauweißen Schüssel im Erker des Hauses, Gordon Square 46. Und etwa zur gleichen Zeit prophezeite Virginia, »ein solches Englisch zu schreiben, daß eines Tages die Seiten in Flammen stehen werden«. (7. Juli 1907)

Schon bald kamen die Feuerproben: 1910 die große Ausstellung »Manet und die Postimpressionisten«. Eine Bilderschau mit nachhaltiger Schockwirkung. Dabei fiel dem Kunsthistoriker und Maler Roger Fry eine wesentliche Rolle zu, einmal, weil er als Künstlerpersönlichkeit Theorie und Praxis miteinander vereinte; dann, weil er die Kunst demokratisierte, ohne sie zu banalisieren; und nicht zuletzt, weil er eine Brücke zwischen England und dem europäischen Kontinent schlug. Mit seinem Engagement für eine einfache Sujetwahl und Darstellungsweise in der bildenden Kunst zog er einen radikalen Strich unter das neunzehnte Jahrhundert, den nur wenige etablierte Kunstkenner nachvollziehen wollten und konnten. Doch wer Frys Bildauswahl von Manet, Cézanne, Van Gogh, Gauguin oder Picasso sah, konnte nie wieder malen wie die viktorianischen Hofmaler oder die Fin-de-Siècle-Künstler mit ihren morbiden Schönheiten. Damals schuf Vanessa Bell die faszinierenden Porträts ihrer Schwester Virginia Woolf, in denen sie die Gesichtszüge aussparte.

Inzwischen war auch der Maler Duncan Grant eine feste Größe in Bloomsbury. Obwohl alles andere als ein Intellektueller, verbündete er sich mit den Cambridge-Studenten. Diese jungen Männer trafen eine existentielle Entscheidung: Kriegsdienstverweigerung.

Da gewann ein Ort an Bedeutung, der heute mehr für

Bloomsbury steht als der Londoner Stadtteil: Charleston in East Sussex, nahe der englischen Südküste, wenige Kilometer von der Kleinstadt Lewes entfernt.

Das Farmhaus Charleston ist zweistöckig, ein rotes Dach, ockerfarbener Verputz, symmetrische Fenster, eine rosafarbene Tür. Tritt man ein, dauert es einen Augenblick, bis etwas sichtbar wird. Das Licht ist gedämpft. Alles wirkt, als gäbe es kein Außen mehr, nicht beengend, eher geschützt. Nirgends Weiß, statt dessen alle Schattierungen von Grau, Braun, kühles Gelb, blasses Grün, weiche Rottöne. Das Atelier führt in den ummauerten Garten, einen Malergarten mit leuchtenden Blumenbeeten, Mosaiken, Skulpturen: wo man hinschaut, Bildmotive. Haus und Garten sind heute Museum.

Duncan Grant und sein Freund Bunny Garnett zogen 1916 nach Charleston – in das von Vanessa Bell gemietete Sommerhaus –, um dort ihren Wehrersatzdienst als Landarbeiter zu leisten. Pazifismus war die einstimmige Antwort Bloomsburys auf einen Patriotismus, der das Individuum zum Gleichschritt zwang und sinnlos Leben aufs Spiel setzte. Im Verlauf der Anti-Kriegs-Bewegung ging der Kulturkritiker Lytton Strachey mit seinen provokativen, anarchischen Flugblättern und Aktionen immer wieder an die Öffentlichkeit, worauf das vaterlandtreue England mit Empörung und Unverständnis reagierte – ihm letztendlich, angesichts des Kriegsausgangs, jedoch recht geben mußte. Später schrieb Strachey mit Biographien wie *Eminent Victorians* gegen die stockkonservative britische Vergangenheit an. Und zum Kriegsende verfaßte John Maynard Keynes, als Nationalökonom der Chefrepräsentant des britischen Finanzministeriums bei den Pariser Friedensverhandlungen, in Charleston seine Antwort auf die verfehlte europäische Außenpolitik: *The Economic Consequences of the Peace.*

Der Erste Weltkrieg machte Bloomsbury endgültig erwachsen. Für die Maler war es eine Blütezeit; ihre Bilder gewannen an Flächigkeit und Farbigkeit; man experimentierte mit Abstraktionen, kehrte zwar zur Gegenständlichkeit zurück, aber eine bestechende Einfachheit blieb. Was heute in der Londoner Tate Gallery oder im Courtauld Institute an Schätzen zu besichtigen ist, stammt hauptsächlich aus jener Zeit. Auch die von Roger Fry gegründeten Omega-Werkstätten, für die ein Großteil der bildenden Künstler bemaltes Mobiliar und farbenreiche Inneneinrichtungen schuf, beeinflußten in den wenigen Jahren ihrer Existenz (1913–1919) und bis zum heutigen Tag den britischen Geschmack. Virginia Woolf, die mit ihren Romanen mehr Geld als die Maler verdiente, war gerne Kundin der Werkstätten. In Monk's House, ihrem Sommerhaus, stehen gradlehnige lackrote Omega-Stühle um den Eßtisch.

Virginia Woolf reagierte auf den Ersten Weltkrieg mit ihrem Roman *Jacob's Room* (Jacobs Zimmer; 1922): Der Held stirbt als junger Soldat in Flandern. Auch stilistisch bezog der Roman seine Zeit ein; Gesten, Gefühle, Gespräche, experimentell und flüchtig skizziert. Zur Meisterschaft brachte sie diesen Stil in *Mrs Dalloway* (1925): vierundzwanzig Stunden im Leben einer Frau, voller Einsichten, Erinnerungen, Erlebnisse.

1929 schrieb sie *A Room of One's Own* – Ein eigenes Zimmer. In gewisser Hinsicht ist dieses Buch symptomatisch für ein wesentliches Lebensgefühl dieser Gruppe zwischen den beiden Weltkriegen: Haus und Arbeit blieben die überschaubaren Konstanten, um die man das Dasein ordnete. Die Maler übten sich in alltäglichen Ritualen: Blick aus dem Fenster, Ansicht des Gewohnten, Außen- und Innenwelt als vertrautes Terrain. Auch das Ausland wurde zur bekannten Szenerie.

Genau betrachtet ging in der Folgezeit nur die Schriftstellerin noch wirkliche Wagnisse ein. Die anderen hatten ihre Aufgabe gefunden. Besonders die Romane *The Waves* (Die Wellen; 1931) und *Between the Acts* (Zwischen den Akten; 1941) verschoben noch einmal die Grenzen des Schreibens: Wie weit sind Wirklichkeit und Worte vereinbar?

Virginia Woolf nahm sich 1941 das Leben, ertränkte sich im Fluß Ouse, einen langen Fußmarsch von Monk's House entfernt.

Im Garten von Monk's House steht der kleine Schuppen, in dem Virginia Woolf bei gutem Wetter schrieb. Aus seinem Fenster ein Blick übers grüne Land. Das Grundstück führt auf die Wohnstraße, die in einen Weg mündet. Von Ferne der Fluß. Hinter einem Viehgatter weiden Schafe, wuchern Brennesseln. Ein Pferd grast auf einer umzäunten Wiese vor einem Gehöft, und viel weiter fort flattern Enten auf. Es ist immer windig. Hinter dem nächsten Gatter wächst Schilf, wird es lehmig, dann steinig. Bis zum Wasser vergeht fast eine halbe Stunde. Der Fluß ist graugrün, sehr breit und sehr schnell. Wenn man über die Böschung tritt, ist es abrupt still.

Der Tod war ein Bloomsbury-Thema. Und vielleicht war er der verborgene Motor mancher Lebensexperimente. Die Schwestern, Vanessa und Virginia, stammten aus einer Familie, in der Mutter und Vater bereits einmal verwitwet waren. Als die Mädchen in die Pubertät kamen, starb zuerst die Mutter, dann eine Halbschwester, später ein Bruder. Diese Verluste und das frühe Erlebnis einer zusammengestückelten Großfamilie gehörten zu ihrem emotionalen Grundkapital. Sie waren die Quelle ihrer Ängste und ihres enormen Muts. Mutig waren sie alle. Mutig und selbstbestimmt.

Erst in den vergangenen Jahren rückte Frances Partridge in den Mittelpunkt des Interesses; besonders seit der großen Bloomsbury-Retrospektive, mit der die Tate Gallery das zwanzigste Jahrhundert beendete. Geboren 1900, war sie als junge Frau in eine der komplizierten, unkonventionellen Liebesgeschichten der Bloomsberries verwickelt. Inzwischen ist sie eine unersetzliche Zeitzeugin, noch immer mit kritischem Blick. Seit dem Tod ihres Mannes vor fast vierzig Jahren lebt sie allein im Zentrum Londons:

Bloomsbury-Räume: korallenrosa Wände; senffarben lackierte Regale. Die Sessel kommen noch von Lytton Strachey; im Kamin ein Mosaik von Boris Anrep, mit einer Katze, die in die Flammen guckt. An den Wänden Bilder von Duncan Grant, von Carrington. Und ein Photo von Ralph, ihrem Mann, der ein Papiermützchen mit der Inschrift trägt »Cuddle me again« – nimm mich noch einmal in den Arm. In den Regalen Bücher über Bücher. Die englische Ausgabe der Werke Sigmund Freuds, zu der Frances Partridge den kompletten Index zusammenstellte. Die spanischen Romane, die sie ins Englische übersetzte. Die Ausgaben ihrer Tagebücher, in denen sie das Jahrhundert festhielt.

Ich sitze ihr gegenüber. Wir betrachten einander. Sie ist zierlich, in sich versunken – alt, natürlich. Sie hat große braune Augen und kurzes graues Haar. Sie trägt eine lange Hose und eine gelbe Popelinbluse, um den Hals eine indische Silberkette. Auf dem Tisch liegt das Manuskript ihres letzten Tagebuchbandes; der Verlag hat es ihr in großer Schrift ausgedruckt. »Ich habe das Leben wirklich geliebt«, sagt sie. »Ich hatte wohl eine gehörige Portion Energie und habe mich für viele Dinge interessiert, weil ich immer neugierig war. ›Curiosity kills the cat‹ (Neugier ist der Katze Tod), heißt ein englisches Sprichwort. Aber eigentlich macht Neugier die Katze erst richtig lebendig. Ein gutes Gefühl.«

Im Atelier in Charleston

Frances Partridge habe ich für lange Nachmittage mit konzentrierten Gesprächen zu danken; Olivier Bell für ihre knappen, kritischen Ratschläge; Virginia Nicholson für ihre großzügige, unkomplizierte Unterstützung; Frances Spalding zeigte mir Bloomsburys Wechselspiel zwischen Literatur und Malerei; der Direktor des Charleston Trust, Alastair Upton, öffnete mir manche Tür; Dank auch Dorothy Sheridan, der Leiterin des Archivs der University of Sussex, wo Leonard Woolfs Briefe aufbewahrt werden. Und was wäre aus diesem Buch geworden ohne meine Lektorin Corinna Fiedler? Das wissen nur wir beide!

Christine Frick-Gerke

Old Bloomsbury

Quentin Bell

Im Fall Bloomsbury ist Quentin Bell (1910–1996) sicherlich als Kronzeuge zu betrachten. Als Vanessa Bells Sohn und Virginia Woolfs Neffe lebte er von Kind an im Zentrum des Geschehens. Deshalb fiel ihm bei der Einschätzung der Gruppe die herausragende Rolle zu – wobei er immer auf eine Balance zwischen dieser kulturhistorischen Erblast und seiner eigenen Persönlichkeit Wert legte, was sich auch in seinen Kunstwerken manifestierte: Mit Vorliebe schuf er schwebende Figuren. Außerdem war er ein begeisterter Pyromane; an seinem Geburtstag am 19. August veranstaltete er oft ein Feuerwerk und ließ auf dem Teich in Charleston selbstgebastelte Papiergebäude vom Stapel, die er dann abfackelte. Sonst auf Ausgleich bedacht, pflegte er das »Für und Wider« – seinen ganz eigenen Argumentationsstil.

Old Bloomsbury

Quentin Bell

Gleich zu Beginn ein paar notwendige Worte über mich selbst: Ich bin in »Bloomsbury« aufgewachsen. Darüber schreiben heißt also, über Freunde und Verwandte schreiben. Für mich als Historiker hat das Vorteile und Nachteile; ich schreibe mit persönlicher Sachkenntnis, ich darf mich als »Quelle« betrachten, wobei man bedenken muß, daß meine Erinnerungen sich auf die letzte Phase Bloomsburys beschränken. Andererseits habe ich bei diesem Thema, das schon von Natur aus seine Tücken hat, den Nachteil, daß ich emotional betroffen bin. Einem solchen Historiker wirft man gern Parteilichkeit vor: Seine Glaubwürdigkeit wird in Frage gestellt, und selbst wenn er nach bestem Wissen und Gewissen vorgeht, verstößt er wider Willen vielleicht doch gegen die Wahrhaftigkeit.

Was also war Bloomsbury? Ich werde nicht darum herumkommen, diese Frage zu beantworten, aber ich weiß schon, daß die Antwort nicht ganz zufriedenstellend sein kann. Denn selbst die eigentlich Betroffenen, die nach meiner Definition zentralen Figuren, sind sich nicht einig darüber. Clive Bell stritt sogar ab, daß es Bloomsbury überhaupt gab. Deshalb sollte man allen Kommentatoren außerhalb der Gruppe eine ungenaue Definition verzeihen. Ich kann immerhin sagen, wer – meiner Ansicht nach – ganz sicher zu Bloomsbury gehörte und wer dem Kreis sehr nahe stand. Und ich kann gewisse Kriterien nennen, die sich im weitesten Sinne anwenden lassen, wenn in Frage steht, wer zu Bloomsbury gehörte und wer nicht.

Der Memoir Club, 1920 ins Leben gerufen, ist vielleicht kein schlechtes Indiz. Zu seinen ursprünglichen Mitgliedern zählten Clive und Vanessa Bell, Lytton Strachey, Leonard und Virginia Woolf, Desmond und Molly MacCarthy, Duncan Grant, E. M.

Forster, Roger Fry, Maynard Keynes. In dieser Gesellschaft lasen die Mitglieder ihre persönlichen Erinnerungen vor, und es war von vornherein klar, daß es sich hier um eine höchst intime Veranstaltung auf streng vertraulicher Basis handelte. Schon aus diesem Grund behaupte ich, daß man alle genannten Personen zu »Bloomsbury« zählen kann – obwohl die MacCarthys und E. M. Forster vermutlich heute erklären würden, sie hätten zwar Bloomsbury sehr nahe gestanden, aber nicht wirklich dazu gehört. Aber weil womöglich sogar Virginia Woolf und Maynard Keynes verneint hätten, daß sie »Mitglieder« waren – denn es gab, genau genommen, gar keine offizielle »Mitgliedschaft« –, ist schwer einzuschätzen, wieviel Gehör man solchen »Leugnern« schenken sollte. Jedenfalls ist die frühe Mitgliedschaft im Memoir Club kein schlechter Anhaltspunkt.

Wäre der Club schon 1913 gegründet worden, hätten wohl noch ein paar andere Namen dazugehört: Adrian Stephen, Saxon Sidney-Turner, Gerald Shove und vielleicht H. T. J. Norton.

Ist die Zugehörigkeit zum Memoir Club ein Bloomsbury-Indiz, so ist das Miteinander verschiedener Generationen ein anderes. Bereits vor dem Ersten Weltkrieg stießen zu den alten Mitgliedern jüngere, wie David Garnett und Francis Birrell – auch wenn die beiden zuerst Randfiguren blieben. Dann, während des Krieges und auch danach, weitete sich der Kreis noch einmal. Bei diesen Bloomsbury-Anhängern sind Alter und Hintergrund allerdings so verschieden, daß ihre Berücksichtigung eine unendlich ausgedehnte Definition mit sich brächte.

Vielleicht läßt sich Bloomsbury, wie ich es sehe, am besten schematisch darstellen. Ich habe dabei versucht, die Positionen festzuhalten, wie sie 1913 waren.

Ich frage mich, ob ich etwas zur Biographie der Freunde anmerken sollte. Wobei es eher unwahrscheinlich scheint, daß der Leser Erklärungen braucht wie: Morgan Forster ist der Autor von *A Passage to India* (Auf der Suche nach Indien); oder: Roger Fry brachte den Postimpressionismus nach England und

E. M. Forster

David Garnett

Molly MacCarthy

Sidney Waterlow   Desmond MacCarthy

Roger Fry

Vanessa Bell

Duncan Grant   Virginia Woolf

Clive Bell   Saxon Sidney-Turner

Leonard Woolf

Lytton Strachey   Adrian Stephen

Maynard Keynes

Gerald Shove

James Strachey   H. T. J. Norton

Marjorie Strachey

Francis Birrell

prägte – Zitat aus dem *Concise Dictionary of National Biography* – »als Persönlichkeit und Kritiker das ästhetische Bewußtsein wie vor ihm nur John Ruskin«. Sicher hat der Leser die Namen Maynard Keynes, Lytton Strachey und Virginia Woolf gehört – sonst läse er dieses Buch nicht. Vielleicht sollte ich daran erinnern, daß Clive Bell zu seiner Zeit als wichtiger Kunstkritiker und -theoretiker des Postimpressionismus galt; daß Duncan Grant mit Sicherheit der bekannteste englische Maler der Generation zwischen den beiden Weltkriegen war; daß Desmond MacCarthy als Theater- und Literaturkritiker durchaus einen Namen hatte; daß der Psychoanalytiker James Strachey die Werke Sigmund Freuds in England herausgab; daß

David Garnett Schriftsteller und Leonard Woolf Autor, Verleger und Politiker war.

Völlig ohne biographische Erläuterungen kommt man allerdings nicht aus, wenn man sich, über die obige beachtliche Ansammlung von Talenten hinaus, anderen Mitgliedern widmet. Die Malerin Vanessa Bell, Virginia Woolfs Schwester, ist eigentlich nur einem kleinen Kreis von Kennern bekannt. Francis Birrell starb 1935; er wird nur seinen Freunden ein Begriff sein. Das gleiche läßt sich von Molly MacCarthy sagen. Norton war ein begabter Mathematiker, aber nie berühmt. Der Name Gerald Shove ist hauptsächlich den Wirtschaftswissenschaftlern ein Begriff, Adrian Stephen den Psychoanalytikern. Sydney Waterlow war Diplomat. Marjorie Strachey war eine geniale Lehrerin, besaß aber nichts von der schriftstellerischen Begabung ihres Bruders. Saxon Sidney-Turner – als Student in Cambridge eine imposante Figur – zog sich schon als junger Mann ins Finanzministerium und damit von der Welt zurück. Ein Name ist zwar nicht im Schema enthalten, muß aber trotzdem erwähnt werden: Thoby Stephen. Er starb 1906, als Bloomsbury noch kaum existierte. Für seine Schwestern Vanessa und Virginia war er in jeder Hinsicht eine ungemein wichtige Figur, stumm aber zentral, wie Percival in Virginia Woolfs *The Waves* (Die Wellen).

Mr und Mrs Clive Bell

Frances Spalding

Das bekannteste Paar der Bloomsbury-Gruppe, Virginia und Leonard Woolf, heiratete erst 1912, doch schon 1905 orakelte Virginias ältere Schwester Vanessa, daß aller Emanzipation zum Trotz die Ehe unausweichlich sei. Vanessa ging mit gutem Beispiel voran und heiratete 1907 Clive Bell, einen Studienfreund ihres verstorbenen Bruders Thoby. Sie hatte ihn im Sommer 1902 kennengelernt, als er die Familie Stephen in London besuchte. Zum Dank für die Gastfreundschaft schickte er anschließend ein paar selbstgeschossene Rebhühner und einen Brief, auf den Vanessa antwortete:

»Lieber Mr Bell, … ich sollte Ihnen unbedingt für Ihren Brief danken, der mit großem Applaus empfangen wurde und den man allen anderen Besuchern als Beispiel geben sollte. Ich hoffe, Sie werden beweisen, daß Sie ihn ernst meinen und eines Tages wiederkommen, trotz unserer tödlichen Ponykutsche und der Gewißheit, daß wir endlos auf einem Thema herumreiten. Noch einmal Dank für die Rebhühner.

Hochachtungsvoll Ihre V. S.«

Mr und Mrs Clive Bell

Frances Spalding

Die Ehe zwischen Vanessa und Clive Bell war glücklich, zumindest sexuell. Clive hatte schon seine Erfahrungen gesammelt; Vanessa entpuppte sich als ausgesprochen sinnliche Frau. Wie gut die beiden harmonierten, zeigt eine Bemerkung, die Vanessa fünf Jahre nach ihrer Hochzeit zu Clive über Virginias Eheleben machte: »Anscheinend bereitet ihr der Akt noch immer kein Vergnügen, was ich komisch finde. Sie wollte von mir wissen, wann ich zum ersten Mal einen Orgasmus hatte. Ich konnte mich daran nicht erinnern. Du vielleicht? Aber zweifellos habe ich dieser Angelegenheit wohlwollend gegenübergestanden, seit ich zwei war.«[1]

Diese Ehe ermutigte Vanessa zu neuen Wegen. Nach Absprache mit den Geschwistern übernahmen sie und Clive das Haus am Gordon Square 46. Virginia und ihr Bruder Adrian zogen zum Fitzroy Square 29. Vanessa begann also umzuräumen. »Ich habe große Pläne fürs Atelier«, verkündete sie. »Mauvefarbene Vorhänge mit gelbem Futter gehören dazu. Alles soll eher matt und neutral sein. Wobei die Praxis aber nie den Theorien entspricht.«[2]

Doch zunächst gingen Vanessa und Clive auf Hochzeitsreise, die sie nach Paris führte. Sie kamen am Ostersonntag an, wohnten im Hotel du Quai Voltaire, trafen Freunde und besuchten Galerien und Konzerte. Kurz darauf kamen Virginia und Adrian nach, bezogen zwar ein anderes Hotel, verbrachten aber viel Zeit mit den Bells. Mehrfach ging man mit einem Vetter Lytton Stracheys essen, dem jungen Duncan Grant, der damals in Paris von dem Geld lebte, das ihm eine seiner Tanten zum einundzwanzigsten Geburtstag geschenkt hatte. Er studierte Malerei. Clive und Vanessa genossen seine Gesellschaft und luden ihn ein, sie in London zu besuchen. Auch Duncan war von seiner neuen Bekanntschaft angetan. »Was für ein Quartett!« schrieb er Lytton. Er war Feuer und Flamme für Virginia; Adrian gefiel ihm auch; Clive langweilte ihn; Vanessa erwähnte er kaum.

Zurückgekehrt an den Gordon Square, stürzten sich Clive und Vanessa in ihr gemeinsames Leben. Eine Schwierigkeit stellten die vielen Verwandtenbesuche dar: Die alten Freunde der Familie Stephen paßten nicht zu dem eingeschworenen Kreis der Donnerstagabende, den Malern und Schriftstellern. Gegenüber ungebetenen Besuchern benahmen sich Clive und Vanessa ziemlich rücksichtslos, um mehr Zeit für die Freundschaften zu haben, die ihnen wirklich am Herzen lagen. Mancher der konventionelleren Gäste fühlte sich vor den Kopf gestoßen. Immerhin entstand so ein Freiraum, in dem »die kleine konzentrierte Welt innerhalb einer viel größeren, lockeren Welt der Tanzveranstaltungen und Dinnereinladungen« sich entwickeln konnte.[3] Vanessa und Virginia verbrachten nun einen Großteil ihrer Zeit mit den Studienfreunden ihres verstorbenen Bruders Thoby aus dessen Cambridge-Jahren – man nannte sich inzwischen beim Vornamen.

Daß die Gruppe so eng zusammenwuchs, hatte zweierlei Gründe: Thoby war zwar der Mittelpunkt gewesen, hatte aber eindeutig Wert auf Konventionen gelegt – sein Tod änderte das Gruppenklima. Zum anderen galt Vanessa seit ihrer Heirat als erfahrene Frau. Sex wurde nicht mehr hinter verschlossene Türen verbannt, sondern gehörte zum alltäglichen Leben. Lytton Strachey wurde bei einem Besuch am Gordon Square vom jungen Paar im Bett empfangen – ein Jahr zuvor war er noch Mr. Strachey gewesen und das Schlafzimmer für Besucher tabu. Beinahe über Nacht hatte sich der förmliche Umgang in Luft aufgelöst. Sicher trug auch die neue Play Reading Society dazu bei, die sich am 27. Dezember 1907 zum ersten Mal traf, um John Vanbrughs Stück *The Relapse* zu lesen. Dessen Übermut, Zweideutigkeit und Verunglimpfung der Kirche kamen der Gefühlslage

Vanessa Stephen 1907, um die Zeit ihrer Hochzeit mit Clive Bell

des Freundeskreises sehr entgegen. Man amüsierte sich köstlich über dieses Stück, das den viktorianischen Puritanismus veralberte, und erging sich in sexuellen Anzüglichkeiten. Im Sommer 1908 brachte Lytton Strachey seine Gedichte in Umlauf. »Lytton treibt es offenbar tüchtig mit seinen Damen«, stellte dessen Freund Maynard Keynes fest. »Er hat Vanessa seine unanständigsten Gedichte gezeigt – sie ist hingerissen, hat sie auswendig gelernt und für Virginia und die anderen abgetippt.«[4]

Der Ehealltag war also höchst unkonventionell und stand in krassem Widerspruch zum Wertesystem des britischen Bürgertums. Eine Frau in Vanessas Position hätte damals ein Vorbild an Tugendhaftigkeit und Keuschheit sein sollen; sie durfte weder einen Beruf noch die bewährten hausfraulichen Tätigkeiten ausüben, sondern allein durch Zurschaustellung familiären Wohlstands glänzen – wobei sie weder Ahnung von den Quellen dieses Wohlstands noch vom sogenannten männlichen Triebleben haben sollte. Mit ihrer Interpretation der Gattinnenrolle machte Vanessa eindeutig Sozialgeschichte. Sie nahm nicht nur Begriffe in den Mund, deren Existenz ihre Mutter schlichtweg abgestritten hätte, sondern benutzte diese obendrein in männlicher Gegenwart. Sie pochte auf eine Gleichberechtigung, die selbst den meisten Suffragetten zu weit ging. Schließlich hofften Sozialisten und sonstige Anhänger neuer Lebensformen, die emanzipierte Frau werde sich zum Symbol neuer Keuschheit entwickeln. Vanessa schlug eine radikal andere Richtung ein: Sie verschaffte sich Zugang zum »Herrenzimmer« und redete bei Männergesprächen mit. Auf diesem Gebiet – das zeigt Keynes' Brief – war nicht Virginia, sondern sie die Wortführerin.

Mit diebischem Vergnügen schwelgte sie in Anzüglichkeiten – wie eine freche Göre, die sich bewußt über Verbote hinwegsetzt. Sie legte nicht nur eine bewundernswerte Verwegenheit an den Tag, sondern auch enormen Widerspruchsgeist. Mit ihrer Frivolität durchbrach sie die Förmlichkeit und Scheinheiligkeit, die seit dem Tod der Mutter ihr Leben bestimmt hatten. Es war eine Befreiung, ein Spaß, das Ende der Verlogenheit. Vanessa konnte ihre neugewonnene Unabhängigkeit unter Beweis stellen. Ihre freie Ausdrucksweise war auch eine Reaktion auf die nichtssagende Konversation, die sie jahrelang hatte über sich ergehen lassen müssen: Mit unendlich vielen Worten war wenig gesagt worden, und vieles war unausgesprochen geblieben, weil es als tabu galt. Das eine Wort: »Sperma?« – inzwischen in die Bloomsbury-Geschichte eingegangen –, mit dem Lytton Strachey einen Fleck auf Vanessas Kleid kommentierte, hatte also durchaus etwas Umstürzlerisches.

Lytton spielte direkt nach Thobys Tod eine wichtige Rolle in Vanessas Leben. »Er kam«, erinnerte sie sich später, »und war eine unsägliche Hilfe und brachte einen auf Gedanken an Dinge, die es wirklich wert waren ... niemand sah wie er den Dingen auf den Grund.«[5] Er war intelligent, gebildet, und außerdem konnte er fabelhaft herumalbern, legte einen geradezu anarchischen Witz an den Tag und zog die vielgepriesenen Güter dieser Welt ins Fragwürdige. Innere Freiheit und Integrität waren seine Prinzipien, die im Grunde schon Sir Leslie Stephen vertreten hatte – später auch Roger Fry. Lytton befreite Vanessa von Schuldgefühlen und Anpassungsbedürfnis. »Nur wer ihn damals, als Gedanken- und Ausdrucksfreiheit Fremdworte waren, gut kannte«, schrieb sie später, »… versteht, welche ungeahnten Ideen- und Gefühlswelten sich uns auftaten. Seine große Ehrlichkeit und sein vor nichts Halt machender Humor zwang sein Gegenüber zur Aufrichtigkeit und zeigte eine Welt, in der man angstfrei alles sagen konnte, weil es oft der erste Schritt zu etwas Interessantem und Wertvollem war.«[6]

An dieser Stelle nimmt der Begriff »Bloomsbury« Gestalt an. Der Freundeskreis war zusammengewachsen, enger geworden, individueller, entschiedener, isolierter. Es gab keinerlei Manifest, sondern Bloomsbury war – wie Leonard Woolf erklärte, »in erster Linie und im Wesentlichen eine Gruppe von Freunden«.[7] Auch Adrian und Virginia luden inzwischen regelmäßig zu sich an den Fitzroy Square ein. Man traf sich also – nicht mit programmatischen Zielen, sondern einfach zum Gespräch – in jener Gegend Londons, die der Gruppe bald ihren Namen geben sollte. Die Ideenwelt, in der die Freunde sich bewegten, wurde hauptsächlich von G. E. Moores *Principia Ethica* beeinflußt, insbesondere von dessen Grundsatz, daß »persönliche Zuneigungen und ästhetische Freuden *alle* größten, und zwar *bei weitem* größten Güter mit sich bringen, die wir uns vorstellen können«.[8] Die Diskussion »des Guten« war ein wichtiger Teil ihrer Gespräche. In einer Zeit mit geringer Neigung zur Selbstkritik wurden bewußt Dinge in Frage gestellt – ironisch, aber oft auch redselig und albern. Einer, der sich bei den Gesprächen besonders hervortat, war Desmond MacCarthy, der wie Lytton, Saxon und Leonard in Cambridge studiert hatte und zur

Bruderschaft der »Apostles« gehörte. Wie die Stracheys und Stephens stammte MacCarthy aus dem gehobenen Bildungsbürgertum, das durchaus mit der Aristokratie verkehrte. Alle diese Familien waren durch Heirat und gesellschaftliche Beziehungen eng miteinander verbunden. Leonard Woolf, Jude, Sohn mittelständischer Geschäftsleute, die vor kurzem noch kleine Ladenbesitzer gewesen waren, war sich der Privilegien seiner Freunde manchmal schmerzlich bewußt: »Gesellschaftlich maßten sie sich selbstverständlich manches an, was ich mir niemals, weder unbewußt noch bewußt, anmaßen konnte. Sie lebten in einer besonderen Atmosphäre, in der Einfluß, Umgangsformen und Ansehen keine unwesentliche Rolle spielten.«[9] Das war der Hintergrund der Freunde – von dem sie profitierten und gegen den sie rebellierten, weil sie wie viele andere avantgardistische Gruppen eine symbiotische Beziehung zum Establishment hatten. Der Kritiker und Schriftsteller Raymond Williams nannte das: »Bloomsburys typische und immer gepflegte Mischung aus nonkonformem Einfluß und einflußreichen Beziehungen«.[10] Man wollte Heuchelei und Frömmelei durch eine freie, vernünftige, zivilisierte (alles wichtige Bloomsbury-Attribute) Gesellschaft ersetzen, die nur nach Wahrheit und Schönheit strebte. Man reagierte auf den intellektuellen und moralischen Druck des viktorianischen Zeitalters – die prägende Last der eigenen Jugend. Virginia und Vanessa nahmen dabei eine Außenseiterposition ein: Im Gegensatz zu Lytton, Saxon, Leonard, Adrian, Keynes und MacCarthy hatten sie weder die besten Schulen noch die Universität besucht; sie konnten keine einflußreichen Berufe ergreifen, sie hatten nicht einmal das Wahlrecht. Wie konnten sie ihrer Unzufriedenheit Ausdruck geben und Veränderungen herbeiführen? Vanessa begriff, daß Worte für den Augenblick ihre stärksten Waffen waren: Hinter ihren Anzüglichkeiten verbargen sich ernste Absichten.

Clives und Vanessas Haus am Gordon Square 46 bot den Gesprächen einen entspannten, eleganten Rahmen; man lebte komfortabel mit vier Bediensteten. Ungeahnter Luxus war durch Hochzeitsgeschenke ins Haus gekommen, dazu Stühle und Betten, die in Paris gekauft, Silber und Leinen, das in London erstanden worden war. Im Wohnzimmer hing *The Childhood of Pyramus* des befreundeten Malers Augustus John (heute in der Johannesburg Art Gallery). Doch trotz der neuen Errungenschaften wirkte die Einrichtung für damalige Verhältnisse kahl und unkonventionell.

Virginia registrierte voller Neid die Selbstverständlichkeit, mit der ihre Schwester ein großes Haus führte. Doch Vanessa war keine Salondame – für sie ging die Malerei immer vor. Auch Clive arbeitete in regelmäßigen Abständen. Er plante ein Buch mit dem Titel *The New Renaissance*, das die philosophische Grundlage für ein neues Zeitalter der Aufklärung werden sollte, und ab 1906 verfaßte er Buchbesprechungen für die Zeitschrift *Athenaeum*. Er war kein besonders schöpferischer Mensch, besaß aber die große Begabung, sich in die Werke anderer hineinzuvertiefen. Er war ungewöhnlich empfindsam gegenüber Malerei und Literatur, hatte aber wenig Ehrgeiz, daraus einen Beruf zu machen. Vanessa neigte dazu, sich dem ästhetischen Standpunkt der ihr am nächsten stehenden Person anzuschließen. Früher hatte sie Thobys Vorliebe für Tintoretto geteilt, jetzt begeisterte sie sich, wie Clive, für Augustus John. Doch schon in ihren ersten Ehemonaten unterschied sich seine Kunstbegeisterung von ihrer künstlerischen Zielstrebigkeit: Zog sie sich ins Atelier zurück, verschwand sie in Sphären, die er durchaus respektierte, in die er ihr aber nicht folgen konnte.

Selbst während eines Besuchs bei Clives Eltern in Wiltshire im Sommer 1908 war die Malerei Vanessas Hauptbeschäftigung. Nach dem Frühstück zog sie sich mit Clive in dessen Räume zurück, wo er schrieb und sie arbeitete. Nach dem Mittagessen unternahmen beide meist einen kleinen Spaziergang. Der Rest der Familie betätigte sich anderweitig. Auf diese Weise ging Vanessa ihren Schwiegereltern elegant aus dem Weg. Nur über ihre häßliche Umgebung konnte sie nicht hinwegsehen.

Cleeve House ist ein viktorianischer Kasten im Stil eines jakobinischen Adelssitzes. Die bauliche Großmannssucht läßt das Haus jedoch eigentümlich klein wirken. Es wurde 1857 im Stil Palladios erbaut, aber Clives Vater hatte dem ursprünglichen Gebäude 1897 pseudogotische und jakobinische Anbauten hinzugefügt – ein eigensinniger Eklektizismus, dem man im ganzen Haus begegnet.

»Squire« Bell, wie Clives Vater – Grubenbesitzer und Bergbauingenieur – von den Dorfbewohnern genannt wurde, spielte die Rolle des wohlwollenden unumschränkten Herrschers, ganz nach dem Vorbild der Aristokratie, die er bewunderte. Er wurde Friedensrichter, saß im Kirchenvorstand und war einige Jahre Vorsitzender des Distriktgemeinderats Melksham. Die jungen Mädchen knicksten, wenn er mit seinen beiden Hunden von Seend nach Melksham marschierte, um den Sitzungen des Gerichts beizuwohnen. In Cleeve House kopierte man den Landadel, mit regelmäßigen Jagdgesellschaften, Tennispartien, Festen und nichtssagender Konversation. Die Bells spielten eine wichtige Rolle im Dorfgeschehen, in Wohlfahrtsorganisationen und Vereinen. Als 1919 in Seend eine Frauenbildungsstätte eingerichtet wurde, wurde Clives Schwester Dorothy die erste Präsidentin. Dorothy war die nettere der beiden Schwestern; Lorna, die Ältere, war scharfzüngig, aufbrausend und aggressiv. Beide waren durchaus gebildet, aber für Vanessa waren Tüchtigkeit und Selbstbewußtsein der Schwägerinnen nichts als »gräßliche reiche Landpomeranzen-Selbstgefälligkeit«. Das einzige Familienmitglied, mit dem sie sich anfreundete, war Clives Bruder Cory, ein intelligenter junger Mann, der sicher in vielen Berufen Erfolg gehabt hätte, aber zur Artillerie ging, weil er sich dort ein leichtes Leben versprach. Als ihm eines Morgens während der Andacht beinah die Familienbibel aus den Händen gerutscht wäre, und er den Vorfall mit: »Fast wär' das verfluchte

Ding hingeflogen«, kommentierte, hatte er Vanessas Herz gewonnen.

Vanessa haßte die Mischung aus Wohlstand und mangelndem intellektuellem Anspruch, die in Cleeve House herrschte. Die Gespräche beschränkten sich auf das Wetter, die Armee, Sport und Dorfklatsch. Der frohgemute Austausch vorgefaßter Meinungen und handfester Ansichten ging ihr auf die Nerven, wie sie Virginia schrieb:

> *Sonst fühle ich mich ja selbst oft bäurisch und grob. Aber hier komme ich mir sensibel und klug und fast wie ein Genie vor. Unglücklicherweise ist das Gefühl nicht so erfreulich, wie man annehmen sollte. Nur im Vergleich zu Lorna und Dorothy fühle ich mich so, und vielleicht auch eher wie ein in der Dürre gestrandeter Delphin, der nach Wasser lechzt. Auf den ersten Blick denkt man, eigentlich sind sie gar nicht so übel – so zu vegetieren hat auch seine guten Seiten, und reichlich reden kann man selbst. Aber mit der Zeit versiegt der eigene Redestrom, weil er keinerlei äußere Nahrung kriegt, und man verfällt in tiefes Schweigen – und dann diese gräßliche Flut von Platitüden über Tennis und das Wetter – o Lord, was sich alles übers Wetter sagen läßt … man kann nur in Schwermut versinken.*[11]

In Seend lebte Vanessa wieder zwischen zwei Generationen und erfuhr noch einmal den Konflikt zwischen Familie und Individuum. Seit kurzem wußte sie, daß sie schwanger war, und fragte Virginia: »Was werde ich wohl mit *meinen* 4 anfangen, wenn sie groß werden? Ich denke inzwischen, daß 2 genug sind. Meinst Du, daß wir nach und nach all die alten schlechten Angewohnheiten wieder annehmen und daß ich keine Ahnung haben werde, wie meine Kinder sind oder was sie mögen?«[12] Sie schwankte zwischen Begeisterung und Entsetzen bei dem Gedanken an eigene Kinder – daß sie Kinder haben wollte, stand aber außer Zweifel.

Inzwischen zeigte Clive ihr, wie man Mrs Bells und Lornas Wünsche elegant umging: Er tat einfach, was er wollte, und setzte sie freundlich schachmatt.

In Cleeve House lernte Vanessa auch Mrs Raven-Hill kennen, Clives frühere Geliebte. »Ich mag sie«, erklärte Vanessa in einem Brief an Virginia, »es ist eine Wohltat, jemanden zu treffen, der einen versteht und noch was anderes als die Ernte im Kopf hat.« [13] Mrs Raven-Hills Neugierde und auch Eifersucht auf Vanessa läßt sich nur ahnen. Clive hatte diese Beziehung mit seiner Heirat beendet, und Vanessa wußte noch nicht, wen sie vor sich hatte.

Virginias Briefe waren ihr ein großer Trost – manchmal brachte der Postbote morgens gleich zwei. »Du weißt nicht, wie erleichtert ich war, als ich dem Bellschen Frühstücksgeschwätz entkommen und mich zu Sweet Williams (Virginias) munterem Witz und pelzigen Umarmungen flüchten konnte.« [14] Sie beschloß, ihr Londoner Leben umzukrempeln, weil es zu umständlich und kostspielig war; sie wollte noch mehr Freiheit. Doch im Augenblick ging ihre Schwangerschaft vor. »Für den Herbst habe ich noch keine Pläne«, gestand sie Virginia, »denn die Ankunft des Säuglings wird mein hauptsächliches Wintervergnügen werden, und deshalb kann ich die Bediensteten nicht vor nächstem Sommer entlassen. Was soviel hieße wie von Gordon Square fortziehen – das ist aber noch ganz nebulös.« [15]

Am 4. Februar 1908 bekam Vanessa einen Sohn, der Julian Heward genannt wurde. Als sie ihn zum ersten Mal im Arm hielt, waren alle Schmerzen der Geburt vergessen, und sie war von bisher ungeahnten Gefühlen überwältigt.[16] Wieder bei Kräften, widmete sie sich ganz dem Säugling. »Es geht uns beiden prächtig«, schrieb sie einer Freundin, »und Julian schreit munter wie am ersten Tag.« [17] Der Junge hatte seidiges dunkelbraunes Haar. Er wuchs und gedieh. Wie damals üblich, hütete Vanessa nach der Geburt einen Monat lang das Bett. Clive sorgte für Unterhaltung und saß mit Besuchern nach dem Abendessen bei ihr. Inzwischen kam Maynard Keynes regelmäßig zum Gordon Square, ein brillanter junger Wirtschaftswissenschaftler, der gerade sein Studium in Cambridge beendet hatte und nun im India Office arbeitete.

Zu Ostern ging es Vanessa wieder so gut, daß sie mit dem Baby nach Seend reisen konnte, wo Julian mit allen Ehren in die Familie Bell aufgenommen wurde. Doch auch wenn das Kind ihr Leben auf den Kopf gestellt und ihre mütterlichen Instinkte zutage gefördert hatte, legte Vanessa immer noch enormen Wert auf intelligente Gesellschaft. Als Virginia ihr einen Essay schickte, schrieb Vanessa zurück: »Er bringt mir die Atmosphäre wieder, in der eine feinere Kultur und freie Rede herrschen und die mir so sehr entspricht und mich hier tröstet, wo man nur über Julian oder den Winter 81 redet.«[18] In Seend drehten sich die Gespräche um die gegenwärtige Hitze oder den extrem heißen Sommer 1882 oder frühere harte Winter. Virginia schickte ihren bisher wichtigsten Essay über die gemeinsame Vergangenheit, in dessen Mittelpunkt sie beide sowie Julia und Stella standen.[19] Vanessa war davon überwältigt. »Du meine Güte, was für eine düstere Szenerie nach den Tragödien! Mir war beim Lesen, als steckte ich wieder mitten in dieser entsetzlichen Unterwelt voll emotionaler Szenen und Ärgernisse und Schwierigkeiten. Wie sind wir da je herausgekommen? Es kommt mir jetzt zu schrecklich und unnatürlich vor, um wahr zu sein.«[20] Virginias Prosa war von außergewöhnlicher Transparenz und Schönheit, so fein nuanciert und beobachtet, wie es autobiographische Texte sonst selten sind. Die gemeinsame Vergangenheit war also zum Kunstwerk geworden. Vanessa sparte nicht mit Lob, machte aber auch kritische Anmerkungen und fand das Ganze »bemerkenswert gut gebaut«. Das Gelesene ging ihr lange nicht aus dem Kopf, während ihr Alltag in Seend unbedeutend dahinplätscherte: »In Zukunft mußt Du mich hier wohl immer mit Deinen Werken versorgen, denn Deine Ideen erheben mich über die hiesigen Banalitäten, und ich wittere

Morgenluft wie ein altes Streitroß und schnaube vor Vergnügen.«[21]

Nach ihrem Frühjahrsbesuch wollte die junge Familie weiter nach Cornwall fahren. Also schickte Vanessa der vorgereisten Virginia Anweisungen bezüglich Zimmer, Transportmittel und Gepäck. Sie freute sich auf die Zeit mit der Schwester. »Ich werde in St Ives nach Deiner schönen roten Schleife und Deiner weichen Nase Ausschau halten – O Gott, was für eine erfreuliche Aussicht.«[22]

In ihrer Vorfreude hatte Vanessa nicht bedacht, wie ihr kleiner Sohn auf die restliche Feriengesellschaft wirken würde. Virginia und Clive waren über seine Geburt zwar begeistert, von seiner Gegenwart aber nicht übermäßig angetan. Clive nahm den Säugling anfangs nicht einmal auf den Arm, aus Angst, ihm weh zu tun oder sich schmutzig zu machen. In Seend war ihm das schreiende Kind auf die Nerven gegangen, und er war aus dem gemeinsamen Schlafzimmer ausgezogen. Virginia, die bisher die Hauptnutznießerin von Vanessas Mütterlichkeit gewesen war, empfand den Kleinen vermutlich als Konkurrenz. Und in ihrem tiefsten Herzen hatte sie immer noch etwas gegen Clive, der ihrer Ansicht nach weder intellektuell noch äußerlich zu den Stephens paßte. Clive war verunsichert und mußte sich an die neue Situation erst gewöhnen. Virginia aber erlebte Julians Geburt wahrscheinlich als einen qualvollen Verlust. Beide konnten nicht ausstehen, wenn Vanessa in Cornwall Gespräche unterbrach, um zu horchen, ob Julian weinte. Das Kindergeschrei paßte weder Virginia noch Clive; sie ersannen Fluchtmöglichkeiten.

Also machten beide regelmäßig Strandspaziergänge. Allein miteinander hatten sie sich viel zu sagen, und Virginia erkor Clive zum Berater. Er war ein charmanter Begleiter, belesen, witzig, einfühlsam, unterhaltsam und ausgeglichen. Bis dahin hatte er allerdings noch nie so viel Zeit mit ihr allein verbracht. Die Freundschaft nahm neue Dimensionen an, und was weiter geschah, wird im allgemeinen Clive angelastet, der sich später, mit zunehmendem Alter, zum notorischen Frauenhelden entwickelte. Überraschend und fatal war allerdings Virginias Bereitschaft, auf ihn einzugehen. Quentin Bell argumentiert, daß Virginia ihre Schwester »verletzen und den magischen Kreis, in dem Vanessa und Clive glücklich waren, zerstören mußte, weil sie sich grausam ausgeschlossen fühlte«.[23] Indem sie sich in Clives Herz stahl, hatte sie auch an Vanessas Liebe Anteil. Genauso hatte sie sich als Kind in das Bündnis zwischen Thoby und Vanessa gedrängt. Ihr Ziel war ein Dreiecksverhältnis – in der fälschlichen Annahme, so ihrer geliebten Schwester wieder näherzukommen. Neid, aber auch Sehnsucht nach Liebe waren die Motive für diesen Flirt.

Für Vanessa war es ein doppelter Verrat. Zum einen zeigte sich, daß Clives Liebe und damit ihre Ehe Grenzen hatte; zum anderen war sie entsetzlich eifersüchtig auf Virginia – und das zu einem Zeitpunkt, zu dem sie ihre Schwester für die faszinierendste Frau weit und breit hielt. Auch später in der Erinnerung überwog dieses Gefühl: Am tiefsten hatte Virginias Verhalten sie verletzt. Bis dahin war die Beziehung zwischen den Schwestern ungewöhnlich eng gewesen; sie schrieben sich täglich, wenn sie getrennt waren, tauschten Komplimente und Zärtlichkeiten aus. Sie waren sich auch körperlich nah. Außerdem konnte Virginia, mehr als Clive, auf Vanessas künstlerische Arbeit eingehen – offensichtlich brauchte Vanessa ihre Schwester ebenso sehr wie Virginia sie. Nun war diese Intimität nagender Eifersucht ausgesetzt, und auch wenn Vanessa einsah, daß Virginias Flirt mit Clive eher ein Gedankenspiel als eine leidenschaftliche Affäre war, minderte dies nicht ihre Empörung.

Es ist schwer zu sagen, wann Vanessa begriff, was sich ereignet hatte. Clive hatte sich verliebt, wie seine Briefe an Virginia zeigen, und verbarg das Ausmaß seiner Gefühle vor Vanessa. Gleich nachdem Virginia aus Cornwall abgereist war, schrieb Vanessa ihr:

Was Du wohl über uns erzählt hast. »Natürlich war Nessa ganz mit dem Säugling beschäftigt. Ja, ich fürchte, sie verliert ihre ganze Individualität und wird die übliche Hausmutter, und Clive – natürlich mag ich ihn – aber seine Ansichten sind so prosaisch und nüchtern. Und sie fällen immer ein moralisches Urteil über mich. Allerdings wirken sie restlos glücklich, und ich glaube, es ist gut, daß ich nicht länger geblieben bin. Ich fing schon an, ihnen auf die Nerven zu gehen.« Also, Billy, sei ehrlich, hast Du nicht so was gesagt? [24]

Dieses Stimmungsbild zeigt Vanessas wachsames Gespür für ihre Beziehung, läßt aber vermuten, daß sie noch nichts ahnte.

In sexueller Hinsicht war Clives Seitensprung mit Virginia eher unbedeutend. »Ich war gewiß der Ansicht«, erinnerte sich Virginia gegenüber Clive an eine Situation dieser Ferien in Cornwall, »daß wir, auch wenn wir uns nicht geküßt haben (einmal wollte ich gerne und habe es darauf angelegt – aber lassen wir das), doch, wie Du das nennst, ›zum Höhepunkt‹ gekommen sind.« [25] Worauf Clive erwiderte: »Ich hätte Dich um alles in der Welt gern geküßt. Ich wollte es so sehr, daß ich schüchtern wurde und unsicher, was Du fühltest; das passiert mir immer und ist mit das Schlimmste am menschlichen Wesen.« [26] Doch da Keuschheit für beide keinen sentimentalen Wert darstellte, war das Entscheidende nicht, wie weit sie gegangen waren: Sie hatten keinen Ehebruch begangen, sondern einen Vertrauensbruch gegenüber Vanessa – und gegen ein ungeschriebenes Bloomsbury-Gesetz verstoßen: Persönliche Beziehungen waren tabu. »Meine Affäre mit Clive und Nessa« nannte Virginia diese Episode siebzehn Jahre später vielsagend. »... Aus irgendeinem Grund hat mir das mehr zugesetzt als alles sonst.« [27]

Als Vanessa von der Affäre (wenn man sie so nennen kann) erfuhr, befand sie sich in einer schwierigen Lage. Machte sie ihrem Zorn Luft und gestand ihre Eifersucht, riskierte sie, nicht nur eine Person zu verlieren, sondern gleich beide Menschen, die sie am meisten liebte. Deshalb hielt sie ihre Gefühle klug zurück. Sie machte kein Spektakel, keine »Szene«: Sie zog sich einfach zurück. Sie besaß ein gutes Gespür für Dinge, Menschen, Beziehungen, die sie nicht verlieren wollte, und wurde deshalb nie destruktiv. Sie spürte, daß sie alles aushielt, solange sie es für sich behielt. Ihre Motive waren zugegebenermaßen zum Teil egoistisch, andererseits behielt sie mit ihrer enormen Leidensfähigkeit den Schmerz unter Kontrolle. »Weißt Du«, stellte Virginia einmal fest, »nur sehr reiche, sanfte Naturen wie Nessa verinnerlichen ihre Erfahrungen.«[28] Das erklärt auch ihre zentrale Rolle in der Bloomsbury-Gruppe.

Clive hingegen war hin- und hergerissen. Im Sommer fuhr er mit Vanessa und Julian wieder nach Seend. Dort saß er im Garten, erschöpft und unschlüssig, beunruhigt, ob inzwischen der Antikenforscher Walter Lamb oder Lytton Strachey seiner Schwägerin Virginia einen Antrag gemacht hätte. Julian schrie sich die Seele aus dem Leib, und zu allem Überfluß wurde draußen mit viel Getöse das Zelt für eine Gartenparty aufgestellt. Erst am Abend fand er Ruhe und schrieb an Virginia: »Wenn die Welt schläft, passieren in Seend lauter nette Sachen; Hasen und kleine Kaninchen kommen in den Garten und knabbern an den Nelkenblüten, Eulen rufen von Fichte zu Fichte, und die Blumen treiben es heftig miteinander.«[29]

Aufschlußreicher ist seine Selbstanalyse in einem anderen Brief an Virginia:

> *Ich fühle mich wie einer, dessen Seele langsam heilt, ich liege im Schatten und kann wieder träumen. Nicht mehr nur von der Zukunft, ich habe auch ein Fetzchen Vergangenheit, von dem ich träumen kann. Gegen Mittag sind Lytton und Walter (Lamb) weit weg, meine Familie existiert nicht mehr, ich bin so teilnahmslos wie ein französischer Roman und genauso unwirklich. Alles nimmt Form an – nicht die eigentliche Form, eher jene, die man durch reine Einbildungskraft sieht oder findet –, doch*

eine Form, die mir entspricht und die ich aus der National Gallery oder dem British Museum habe. Dennoch solltest Du das nicht verachten, obwohl ich zugeben muß, daß fast jeder mit Fünfhundert im Jahr, ohne Belastungen und mit einem Trinity-Stipendium lernen kann, seine Taschen damit zu füllen und was davon zu verschenken, wenn der Sommer ihn nachdenklich macht. Ich könnte manchmal fast weinen, weil die Welt so schön ist; besser gesagt, weil ich leider nicht bedeutend bin und sie mir nicht zunutze machen kann; ich befummele nur die glatte Außenseite und schubse sie dabei immer weiter weg ... Mein Leben lang bin ich wohl verdammt, zum Genuß ein Medium zu brauchen; aber immerhin ist das Medium die Kunst, also kann ich eigentlich nicht klagen.[30]

Bei besagter Gartenparty spielten Clive und Vanessa das perfekte junge Paar und eröffneten den Ball, umringt von ganz Seend im Sonntagsstaat. Kaum jemand hätte geahnt, daß diese zurückhaltende Ehefrau die obszönen Gedichte Lytton Stracheys als Ferienlektüre im Gepäck hatte.

O Gott (machte sich Vanessa bei Virginia Luft), *dieses Leben, ich kann es gar nicht fassen. Mr Bell schlummert jetzt über seinem täglichen bißchen Literatur – dem* Cornhill *mit Deinem Artikel drin – (er hat mir nicht verraten, wie er ihn findet). Mrs Bell liest ich weiß nicht was, ein dickes schwarzes Buch, wahrscheinlich einen Roman aus der Bücherei. Lorna ist gerade mit viel Gegähne ins Bett gegangen. Wie können Menschen so leben? Das geht das ganze Jahr so weiter, die ganze Zeit, während wir in London uns sorgen, ob wir langsam alt werden, oder über den Langweiler Saxon fluchen ... Ich weiß nicht, ob es letztlich eine Rolle spielt, ob Leute ihr Leben so verbringen, aber es ist doch monströs und kriminell, daß wir auch nur einen Bruchteil von unserem in diesem Nebelsumpf verbringen müssen.*[31]

Täglich schrieb sie Virginia und bekam viele Briefe, nicht nur von Virginia, sondern auch von Saxon Sidney-Turner, der ihr langatmige Beschreibungen von Landschaft und Wetter schickte und einmal sogar eine Inventarliste des Herrenzimmers, in dem er gerade schrieb. Seine Briefe hinterließen bei ihr keinerlei Eindruck, aber die Bilder, die Virginia ihr per Post entgegenwirbelte, führten sie zu der scherzhaften Spekulation: »Wie wird mich die Welt beneiden, wenn sie erfährt, welchen Umgang ich mit diesem großen Genie hatte«.[32] Doch Virginias Einsamkeit erweckte auch ihr Mitleid. Sie wollte wissen, ob Lytton ihr einen Antrag gemacht habe, und als Virginia allein nach Wells fuhr, um dort an *Melymbrosia* (später *The Voyage Out* – Die Fahrt hinaus) zu arbeiten, arrangierte sie ein Treffen der beiden in Bath. Ihre Beziehung schien eng wie eh und je; ihre gemeinsame Vergangenheit war weiter die Verständigungsbasis: Als Clive und Lytton die damals völlig aus der Mode geratene Schriftstellerin George Eliot für sich entdeckten, erinnerte Vanessa ihre Schwester Virginia, daß sie die Eliot schon im Kinderzimmer gelesen hatten.

Doch innerlich war Vanessa immer noch erzürnt, als sie im September den Fehler machte, Clive auf einen Jagdausflug nach Ross-shire zu begleiten. Im Gegensatz zu den Touristen fand sie Berge und Heide kitschig wie Weihnachtspostkarten. Die rein männliche Gesellschaft ödete sie an: Beim Mittagessen wurde über Biersorten diskutiert, beim Abendessen über Weinjahrgänge. »Stundenlang geht das so«, schrieb Vanessa an Lytton, dessen Mitgefühl ihr gewiß war, »alles in der gleichen Lautstärke und in jedem Satz entweder eine uninteressante Mitteilung oder eine Anekdote. Keine Frau täte das auch nur zwei Minuten lang.«[33] Clive fand sie so arrogant wie ihre französischen aristokratischen Vorfahren. Denn eigentlich wirkte sie in dieser Gesellschaft faszinierend intelligent, schön und ihrer weiblichen Reize bewußt. Sie schrieb an Virginia:

Die Atmosphäre hier ist unverwässert männlich. Du würdest es hassen! Wenn Du bloß hier wärst, dann würden wir den Kamin anzünden und den ganzen Morgen mit bis zu den Hosen hochgezogenen Röcken dasitzen und reden. Du würdest sagen: »Also, worüber sollen wir reden?« und wenn ich taktvoll wäre, würde ich sagen: »Unsere Vergangenheit«, und dann würden wir unsere ganze fabelhafte Vergangenheit und Georges Untaten diskutieren, etc., und schließlich zur Gegenwart kommen und dann zu Deiner Zukunft und ob und wen Du heiratest und dann zu dem einen großen Thema: »Also, was hältst Du wirklich von Deinem Grips, Billy?« würde ich mit so ehrlichem Interesse fragen, daß Du es mir verraten müßtest und wir vermutlich in den höchsten Sphären landen würden. Warum bist Du nicht hier?« [34]

Vanessas Malerei spiegelte ihr zunehmendes Selbstvertrauen. Sie konzentrierte sich hauptsächlich auf Stilleben und Porträts. Die meisten sind leider nicht mehr auffindbar, aber eine kleine Ölskizze von Saxon Sidney-Turner am Klavier ist aus jenen Jahren erhalten. Das Bild zeigt ihr Interesse an Farbnuancen; das Weiß des Kragens, der Tastatur und der Noten sticht gegen das Braun, Grau und Schwarz der Umgebung ab, was die Versunkenheit des Modells unterstreicht. Das Porträt hing lange in Saxons Elternhaus in Hove, wo es – wie Virginia fand – eigentümlich von der verarmten Mittelschicht-Einrichtung abstach. In Vanessas Malerei markiert es einen Fortschritt, denn jeder Pinselstrich trägt zur Atmosphäre bei. Auch die Lichtgebung ist genau geplant, der Kopf des Klavierspielers wird von hinten beleuchtet, während das umschattete Gesicht auf die Musik konzentriert ist. Die Handhabung ist selbstbewußt, die Darstellung kalkuliert, aber nicht kalt, und das Licht bringt nicht nur Ruhe ins Bild, sondern hebt auch Vanessas Zuneigung gegenüber ihrem Modell hervor.

»Nessa sehe ich gar nicht«, beschwerte sich Clive bei Virginia im Dezember 1908. »Ich schlafe nicht mal mit ihr; das Baby nimmt ihre ganze Zeit in Anspruch.«[35] Selbst Vanessa war überrascht, wie sehr der Junge ihr Leben auf den Kopf stellte. Er machte ihr große Freude, aber er raubte ihr viel Zeit – den halben Morgen und oft auch den Abend, dazu einen Nachmittag wöchentlich, wenn die Kinderschwester ihren freien Tag hatte. Und kein Kindermädchen der Welt konnte die Angst lindern, die sie manchmal überkam. Nie würde sie den Schreck vergessen, als er sich mit einem spitzen Federhalter so im Gesicht verletzte, daß die Wunde genäht werden mußte. Sie betrachtete ihn mit der gleichen Gründlichkeit, mit der sie ihre Modelle beobachtete. Sie malte ihn, zeichnete ihn – ihre ersten Ölbilder von Julian zeigen ihn in der Wiege. Später, als er laufen konnte, skizzierte sie ihn häufig. Mehr als alles andere – die Malerei ausgenommen – nahm er ihre Aufmerksamkeit gefangen.

Vermutlich trug Julian zur Entfremdung zwischen Vanessa und Clive bei. Wie in großbürgerlichen Kreisen üblich, war seine Betreuung und alles, was dazu gehörte, nicht Clives Angelegenheit, sondern völlig Sache der Mutter und Kinderschwester. Sicher führte auch Clives Flirt mit Virginia dazu, daß Vanessa sich besonders auf ihren Sohn konzentrierte. Doch das war nicht der alleinige Grund. Ihre Briefe an ihn sind immer noch zärtlich; sie nannte ihn »Peak« (Piek, Spitze, Gipfel) und unterschrieb immer mit »Delphin«. Auffällig ist aber, wie oft sie sich auf Albernheiten zurückzog, ihn als überlegen und sich als Dummchen darstellte – Anzeichen einer Schieflage der Beziehung. Vanessa hatte Clive inzwischen gründlich kennengelernt und festgestellt, daß ihr manches, was sie ursprünglich liebenswert fand, nicht mehr genügte. Ihre Liebe wandelte sich in dauerhafte Zuneigung. Um 1909 ließ Clive, während er noch zärtliche Briefe an Virginia schrieb, sein Verhältnis mit Mrs Raven-Hill wieder aufflammen; bis zum Ausbruch des Ersten Weltkriegs wurde sie wieder seine Geliebte. Und bis an sein Lebensende pflegte er seine amourösen

Eskapaden – wobei er nie aufhörte, seine Ehefrau zu bewundern. Selbst wenn Vanessa diesmal nicht übersehen konnte, daß er seinen sexuellen Appetit anderswo befriedigte, ließ sie – wie bei seinem Flirt mit Virginia – nie durchblicken, daß sie völlig im Bilde war. Das verbot ihr Stolz. Wobei bemerkenswert ist, daß ausgerechnet ein Mitglied der Bloomsbury-Gruppe so sehr bedacht war, den Schein zu wahren.

Doch bei allen Vorbehalten fand zwischen ihr und Clive nie ein Bruch statt. Bei Gesellschaften fungierte Clive weiter als anregender Gastgeber – besonders bei den Hausabenden am Gordon oder Fitzroy Square, die immer noch katastrophal verlaufen konnten, wenn Nichteingeweihte dazustießen. 1909 traf Vanessa sich häufig mit Lytton, dem Mathematiker H. T. J. Norton und Maynard Keynes, der manchmal Duncan Grant mitbrachte. Doch ohne Clive wurden die »Hausabende« oft ein Fehlschlag, wie Vanessa beschreibt:

Am Fitzroy Square waren Pernel Strachey, Keynes, Duncan, Castle und Irene. Ich fand den Abend extrem ungemütlich. Irene war den Tränen nahe, und sie und Castle redeten die ganze Zeit aufeinander ein. Die Ziege (Kosename für Virginia) schwieg sich aus und hatte nur Lust auf einen Familientratsch mit mir, was man natürlich verhindern mußte. Deine Anwesenheit hätte sehr geholfen. ... Der Abend war auch dadurch verdorben, daß es Hans (dem Hund) schrecklich übel wurde und er unübersehbar mitten auf den Teppich kotzte. Die Ziege und Adrian eilten heroisch zu Hilfe – man konnte nur vornehm darüber hinwegsehen, sonst hätte ich es ihm nachgemacht.[36]

Doch auch wenn diese Treffen einiges zu wünschen ließen, war die Gruppe inzwischen eng zusammengewachsen. Die Anzüglichkeiten hatten zugenommen, denn seit dem Sommer 1908 hatte die Homosexualität sich ausgebreitet: H. T. J. Norton war verzweifelt, weil James Strachey sich in den Lyriker Rupert

Brooke verknallt hatte; Lytton war tief betrübt, daß Duncan sich in Keynes verliebt hatte – der inzwischen Professor am King's College in Cambridge war. Daß Homosexualität in England verboten war, verlieh den Bloomsbury-Beziehungen zusätzliche Radikalität. Es wurde viel gewitzelt und gelästert – je größer das Tabu, desto komischer und brisanter dessen Bruch. Besonders Maynard Keynes staunte, daß Vanessa, ohne mit der Wimper zu zucken, bei seinen Witzen mitmachte. Nachdem sie und Clive ihn in Cambridge besucht hatten, schrieb er an Duncan Grant:

> *Um halb vier kamen Clive, Vanessa, Rupert Brooke, James und J. T. Sheppard zu mir zum Tee. Wir saßen bis halb acht zusammen, und gegen Ende wurde es ziemlich amüsant. Vanessa erklärte, wie interessant es für sie sei, in natura zu sehen, was Lytton ihr schon alles heimlich anvertraut hatte. Sie war ganz reizend – ich fand sie so schön wie nie – und sehr gesprächig. Ist sie jetzt immer so? Sie beherrschte völlig die Szene.*[37]

Die Tochter von Sir Leslie Stephen fühlte sich im Kreis der intellektuellen Freunde eindeutig zuhause; auffällig ist, daß – wenigstens zu jenem Zeitpunkt – alle homosexuell waren. Wenn ihre Freundinnen die Frauenbewegung diskutierten, mokierte Vanessa sich über deren unlogische Ideen; sie schockierte Marjorie Strachey, die wie ihre Schwester Pippa eine engagierte Suffragette war, mit der Behauptung, Frauen seien hysterischer als Männer. Die Frauenbewegung nahm an Bedeutung zu, aber Vanessa schloß sich ihr nicht an. Dabei stand sie dem Feminismus eigentlich nicht fern, denn sie kämpfte für ihre eigene Freiheit und setzte sich für die Freiheit anderer ein. Paradoxerweise waren es aber nicht die Suffragetten, die ihr als Frau mehr Selbstvertrauen vermittelten, sondern ihre in Cambridge gebildeten homosexuellen Freunde, mit denen sie viele grundsätzliche Fragen diskutierte. Als sie noch mit ihrem Vater im Haus am Hyde Park Gate wohnte, waren Macht, Aktivität und schöpferisches

Arbeiten ein männliches Vorrecht gewesen; die weniger patriarchalische Lebenseinstellung der homosexuellen Intellektuellen ermutigte sie und förderte ihre Sensibilität, Phantasie und Klugheit. Vanessa brauchte sich nicht mehr zur »jämmerlichen, niederen Spezies der Malerinnen« zu zählen; Weiblichkeit war nichts Verächtliches mehr. Statt dessen stand sture Männlichkeit unter Beschuß – die Freunde machten sich darüber lustig. Und anders als Virginia, der die permanenten sexuellen Anzüglichkeiten auf die Nerven gingen, konnte Vanessa als Ehefrau und Mutter diese nur belächeln. Lytton behauptete, daß sie im Kreis dieser Cambridge-Intellektuellen von allen am menschlichsten wirke.

Auf Frauenfreundschaften ließ Vanessa sich nicht leicht ein. Die Avancen der Lady Ottoline Morrell erwiderte sie nur zögernd. »Läuft Ottoline mir in Deiner Gunst den Rang ab?« fragte sie Virginia in einem Brief aus Florenz. »Du wirst eine hemmungslose Liaison mit ihr haben, glaube ich, denn ich schätze, sie teilt Deine sapphischen Neigungen und braucht nur ein bißchen Ermutigung. Sie hat mir mal erzählt, sie ziehe Frauen den Männern vor und würde alles tun, um eine Frau, die ihr gefalle, näher kennenzulernen, was sie bei einem Mann nie tun würde. Wenn ich nicht brutal erklärt hätte, daß ich generell Männer vorziehe, was hätte da nicht alles passieren können?«[38] Lady Ottoline war bereits als exzentrische Gastgeberin bekannt und darauf erpicht, auch die Bloomsbury-Freunde unter ihre Fittiche zu nehmen. Ihr augenblicklicher Günstling war der Maler Augustus John, mit dem sie eine Affäre hatte. Im Sommer 1908 hatte sie die Bells in Johns Atelier kennengelernt; Clive hatte Johns Bilder überschwenglich bewundert, und Vanessa hatte stumm danebengestanden und zustimmend genickt. 1909 wurden sie häufiger von den Morrells zum Essen eingeladen; diese wiederum begleiteten die Bells und die Stephens im Sommer zu einem Kostümball. Ottoline hatte sich darunter etwas Mozartisches vorgestellt – leicht, elegant und aristokratisch –

und deshalb ein üppiges schwarzes Taftkleid mit schwarzer Spitzenmantilla angezogen. Während des vorangehenden gemeinsamen Abendessens bei den Bells am Gordon Square stellte sie verunsichert fest, daß Virginia sich als Kleopatra verkleidet hatte und Vanessa ausgesprochen unfein aussah in ihrem weißen, mit Schleifen dekorierten Satinunterrock und kessen Rosen im Haar. Noch befremdlicher waren dann die vielen halbnackten Personen und notdürftig bedeckenden Phantasiekostüme auf dem Fest, dessen Stimmung alles andere als rokokohaft war.

Dies alles hielt Lady Ottoline aber nicht davon ab, Bloomsbury weiter zu umwerben und um die Freundschaft der beiden Stephen-Töchter zu buhlen. Auf den ersten Blick fiel ihre exaltierte Mitteilsamkeit auf, doch hinter der auffälligen Fassade – Pferdegebiß, rotes Haar, wallende Gewänder und Perlenketten – entdeckte Vanessa einen durchaus kritischen Geist. Sie berichtete Clive, Ottoline habe über Lytton gesagt, er »igele sich in seine enge voltairesche Welt ein und blende den Alltag völlig aus. Meiner Ansicht hat sie den Nagel auf den Kopf getroffen, aber vielleicht gab sie auch nur eine fremde Meinung wieder.«[39] Letztlich war Vanessa nicht von Ottolines Extravaganz abgestoßen, sondern von ihrer Angeberei. Ihre gönnerhafte Pose hatte etwas Zwanghaftes, Besitzergreifendes. »Leben auf der gleichen Ebene wie Musik, wie Poesie, das ist mein ganzes Streben«, schwärmte Ottoline.[40]

Vanessa konnte Unaufrichtigkeit nicht ertragen und hielt sich lieber an ihre alte Freundin Margery Snowden. Mit ihr konnte sie ihre Arbeit diskutieren: »Ich bin Deinem Rat bezüglich des Stillebens gefolgt und habe die Vase perspektivisch gezeichnet – hoffe ich wenigstens. Aber ich glaube nicht, daß ich den Mut aufbringe, dieses oder ein anderes Bild beim *New English* einzureichen.«[41] Der *New English Art Club*, einst progressive Alternative zur Royal Academy, war mittlerweile ein renommierter Kunstverein. Vanessa, die sich inzwischen mit Bloomsburys *Friday Club* nicht mehr zufrieden gab, versuchte nicht nur im *NEAC* auszustellen, im Vorjahr hatte sie, gegen Zahlung einer Guinea, fünf Bilder in der *Allied Artists Exibition* in der Albert Hall ausgestellt. Um die jährliche Ausstellung der Royal Academy machte sie einen Bogen und war auch nicht neidisch, wenn die Bilder einer ihrer Malerfreundinnen dort angenommen wurden. Obwohl sie in der Kunstszene wenig erfolgreich war, hatte sie an Selbstvertrauen gewonnen. Also reichte sie im Frühjahr 1909 ein Porträt und besagtes Stilleben zur Ausstellung des *New English Art Club* ein. Sie überlegte auch, ob sie mit ihrer Freundin Margery ein Atelier mieten sollte, so daß sie sich gemeinsame Modelle leisten könnten.

Das Porträt wurde ausjuriert; aber das Stilleben *Iceland Poppies* (Islandmohn) wurde angenommen und später, in der Ausstellung, von ihrem früheren Lehrer Walter Sickert und auch von Duncan Grant in einer Kritik im *Spectator* gelobt. Vielleicht war es nur ein Zufall, daß sie in einer schwierigen Lebensphase, in der sie Teil eines Dreiecksverhältnisses war, ein Stilleben mit einer Dreierkomposition malte: In *Iceland Poppies* gibt es drei Gegenstände, und drei Streifen markieren den Hintergrund; von den drei Blumen sind zwei weiß, und ein wenig abgerückt steht eine dritte, rote Blume. Mag auch sein, daß in der schlichten Thematik bereits Duncan Grants Einfluß spürbar ist. Das Bild wirkt introvertiert, bittersüß, und hat etwas Schwebendes – es spiegelt Vanessas eigenen Schwebezustand. Während Virginia sich durch zahlreiche Rezensionen inzwischen einen Namen gemacht hatte, ruhte Vanessas künstlerische Entwicklung. Sie teilte ihre Energie zwischen Mutterpflichten und Malerei; auch der Plan des Gemeinschaftsateliers wurde nicht umgesetzt, kein Modell engagiert. Dennoch malte Vanessa regelmäßig, selbst wenn sie sich trotz der Unterstützung durch die Kinderschwester zu Hause schlecht konzentrieren konnte.

Das Leben in London schien in jenem Winter vage und ziellos. Von Unzufriedenheit getrieben, überlegten Vanessa und Clive ernsthaft, ob sie nach Paris ziehen sollten, und versuchten

Virginia und Lytton von ihrem Plan zu überzeugen. Doch selbst das hätte ihre Ehe kaum gekittet. In einem aufschlußreichen Brief an Virginia schreibt Clive Weihnachten 1909:

> *Im Herzen stehe ich auf der Seite der Vulgären und Tüchtigen. Vanessa entfernt sich, glaube ich, mehr und mehr vom Alltäglichen; weil sie so feinfühlig ist. ... Ich habe Mrs Raven-Hill am Donnerstag am Bahnhof Paddington getroffen und fand sie köstlich und glamourös in ihrem Pelzmantel; und dann geisterte die ganze Nacht Sappho durch meine Träume, und am Morgen habe ich die Aktienkurse in der Times gelesen. Tatsache ist, denke ich, daß ich mir das Leben von allen Seiten angucke und nicht unbedingt einen Bogen um Zweitrangiges oder Drittklassiges mache.*[42]

Trotz seiner Lebenslust spürte auch Clive, daß er und Vanessa vor einem neuen Kapitel standen. Im Augenblick war alles in der Schwebe. London fand er häßlich, es deprimierte ihn. Selbst die romantischen Winkel bei schönem Licht hatten für ihn etwas Beliebiges. »Londons Architektur bietet nichts Schönes«, beklagte er Lytton gegenüber, »nirgends wird eine ästhetische Absicht deutlich. Licht und Schatten, die Natur inszenieren nette Spielereien, aber nirgends ein harmonischer Entwurf, der mich in der Seele begeistert, wie in Paris. Aber es gibt noch einen viel tieferen Grund, daß ich fort will, ich habe in London keine Freunde. Saxon, den ich höchstens alle vierzehn Tage sehe, kommt mir halbtot vor – und außerdem«, fragt er verdrossen, »was bleibt uns noch zu denken und zu fühlen?«[43]

Ein Heiratsantrag

Michael Holroyd

Lytton Strachey, brillanter Essayist, Biograph und Beziehungschaot, stammte aus einer Familie, die gewisse Ähnlichkeiten mit der Familie Stephen – Virginias und Vanessas Elternhaus – aufwies. Man war adlig, zählte aber in London zum führenden intellektuellen Bürgertum und verkörperte die Werte des viktorianischen Zeitalters. »Hineingeboren in eine sehr redselige, literarische, Briefe schreibende und Besuche machende, typische Gesellschaft des neunzehnten Jahrhunderts«, charakterisierte Virginia Woolf diese Herkunft. Wie die Stephens waren auch die Stracheys eine komplexe Großfamilie. Lytton war das elfte von dreizehn Kindern, von denen drei starben. Die Brüder waren bis auf den späteren Freudianer James alle älter und bald aus dem Haus, so daß er eine besonders enge Bindung an seine fünf Schwestern und seine Mutter hatte. Lady Strachey war eine tatkräftige, kluge Frau, die einmal Virginia Woolf anvertraute, daß sie am allerliebsten für immer mit Kind und Kegel in einer Pension wohnen würde. Das düstere Haus der Stracheys am Lancaster Gate glich jenem am Hyde Park Gate, von wo aus die Stephen-Geschwister 1904 nach Bloomsbury zogen. Die Stracheys zogen 1906, zwei Jahre vor dem Tod von Sir Richard – der 42 Jahre älter als seine Frau war –, nach Belzise Park Gardens in Hampstead. »Im Souterrain gibt es ein Billardzimmer«, schrieb Lytton an seinen Vetter Duncan Grant. »Aber es ist das finsterste Verlies, das ich je gesehen habe – und ohne Billardtisch.«

Ein Heiratsantrag

Michael Holroyd

»Mein Herz ... merkwürdig, daß es noch so einzigartig aktiv ist – und das in diesem Alter (106 letzten Geburtstag). Na ja! Vielleicht diesmal ... Nur, so anders, so anders ... wie immer, eigentlich.«

Lytton Strachey an Leonard Woolf (1911)

Lytton tröstete sich über die große Leere hinweg, die der Abschied von Cambridge hinterlassen hatte, und schmiedete Zukunftspläne für den Kreis der Studienfreunde. »Wann wird mein Paradies wahr? Mein Luftschloß«, fragte er Maynard (11. März 1906). »Zimmer für Dich, Duncan und Swithin auf alle Fälle – Woolf natürlich auch, wenn wir ihn aus Ceylon locken können; und diverse Gästesuiten. Kannst Du Dir was Grandioseres vorstellen? Ich werde Tragödien schreiben, Du revolutionierst die Nationalökonomie, Swithin schreibt französische Gedichte, Duncan malt unser aller Porträts in allen erdenklichen Posen & Metamorphosen, und Woolf kritisiert uns & unsere Werke erbarmungslos.«

Nach dreijährigem Gefühlschaos belegte nur noch Leonard einen sicheren Platz in seiner Traumwelt. »Wir sind wahre aristotelische Freunde«, hatte Leonard ihm geschrieben (30. Dezember 1905) – und davon war er immer noch fest überzeugt. »Ich fühle«, versicherte Lytton ihm, »die festen Bande und bin in Ceylon verankert.« Doch eigentlich ankerte er in der Vergangenheit, und die festen Bande hielten ihn im Schwebezustand. Nichts bewegte sich. In Leonards Vorstellung war Lytton immer noch der Student, der »Cambridge verführte so wie Sokrates Athen verführte« – der viktorianische Werte benutzte, um die viktorianische Moral auf den Kopf zu stellen, und augenzwinkernd behauptete, daß angesichts des männlichen Vorrangs gegenüber Frauen die Beziehung zweier Männer folglich einen besonders hohen Rang einnehmen müsse. In Leonards Augen war Lytton nicht der simple Kritiker einer Wochenzeitschrift, sondern ein ungemein geistreicher, zu Geniestreichen fähiger Kopf. »Wahrscheinlich schreibst Du mit vierzig ein Meisterwerk, aber ich bestehe darauf, daß Du eines schreibst, bevor Du dreißig bist«, mahnte Leonard ihn (15. September 1907). In Lyttons Vorstellung hatte auch Leonard sich nicht verändert: »Kämst Du morgen wieder, wärst Du einfach, was Du immer warst – ein Vernunftmensch«, versicherte er ihm (2. Oktober 1908).

Es gab noch andere Gründe für beider dauerhafte Freundschaft. »Wir, *nous autres*, sind Weiber, aber dein Verstand ist sonderbar männlich«, hatte Lytton geschrieben (9. September 1904). In der trostlosen Monotonie des Kolonialbeamtendaseins war Leonard doppelt erpicht auf »die wunderbaren Briefe« und gestand Lytton, er habe sich »in seinem Leben nicht so allein gefühlt … Wenn Du wüßtest, wie sehr ich mich nach Dir sehne! … Spürst Du meine Einsamkeit, die ständig schleichende Depression … Gott, wie gern würde ich mit Dir reden! … Du bist der einzige, mit dem ich wirklich gern reden würde.« Lytton begriff rasch, daß sein eigenes Tief nichts war gegen die Abgründe, die seinen Freund zu verschlingen drohten. »Der Irrsinn und die Bitterkeit meines Lebens erdrücken mich«, klagte Leonard im März 1906. »Manchmal denke ich an Selbstmord.« Tatsächlich machte er sein Testament, holte sein Gewehr und traf alle Vorkehrungen, um sich zu erschießen. »Gott weiß, warum ich es doch nicht getan habe.« Lytton bemühte sich, ihn zu trösten. »Ich kann nur hoffen, daß wir das hier irgendwann hinter uns bringen«, schrieb er am 13. April 1906, »und eines Tages tatsächlich unsere Luftschlösser haben.« Seine Briefe waren betont unterhaltsam; er erzählte Leonard von den donnerstäglichen Abendgesellschaften, die Thoby Stephen in seinem »Gotischen

Gemäuer« am Gordon Square Nummer 46 gab – und wie, nachdem der »Gote« gestorben war, dessen Schwestern Vanessa und Virginia – »die Visigoten« – diesen Brauch für seine Studienfreunde fortführten. Virginia »ist ziemlich wundervoll«, hatte er geschrieben (Januar 1905), »ganz witzig, weiß immer was zu sagen, & hat absolut keinen Bezug zur Realität.« Clive Bell, berichtete er, sei immer noch wahnsinnig in Vanessa verliebt und »nicht mehr zurechnungsfähig – manchmal grenzt es an Manie. Wenn er allein ist, sieht er garantiert Gespenster, hat Erscheinungen von Vanessa; man merkt es an seinem jämmerlichen Gesichtsausdruck; und die unbefriedigte Lust quillt aus jeder Pore seines kleinen geilen Körpers.«

Das waren für Leonard keine guten Nachrichten. Er hatte die beiden Schwestern noch lebhaft vor Augen, damals im Frühling in Cambridge, mit ihren großen Hüten, weißen Kleidern, Sonnenschirmen: »Ihre Schönheit war buchstäblich atemberaubend … Jeder Mann mußte sich über kurz oder lang in sie verlieben, und mir ist es auf der Stelle passiert.« Lytton war allerdings erschrocken, als er von Leonards Schwärmerei hörte. »Daß Du in Vanessa verliebst warst, finde ich wirklich skandalös – ich meine, daß Du erst 2 Jahre später damit herausrückst … also, an die Wirrungen des Lebens werde ich mich nie gewöhnen.«

Diese Wirrungen steigerten sich, als Vanessa schließlich Clive Bells Heiratsantrag annahm. »Ich finde, es wäre in jeder Hinsicht das Beste, wenn Du fortgingest«, hatte sie ihm noch am 8. November 1906 geschrieben, »wenigstens für ein Jahr.« Vierzehn Tage später, achtundvierzig Stunden nach Thobys Tod, änderte sie ihre Meinung, und die beiden heirateten am 7. Februar 1907. »Findest Du auch, daß wir nun unwiderruflich alt sind?« schrieb Leonard an Lytton, »… Bell? & Vanessa? Es ödet mich zu sehr an, als daß ich mich über diese Alberei aufregen könnte.« Kurz darauf zog Virginia mit ihrem jüngeren Bruder, dem langen, linkischen Adrian, an den Fitzroy Square 29 (wo zwanzig

Jahre früher Bernard Shaw mit seiner Mutter gewohnt hatte). »Falls je so etwas wie eine Bloomsbury-Gruppe existierte«, schrieb Clive Bell später, »dann waren die beiden Schwestern mit ihren Häusern am Gordon und Fitzroy Square das Herz des Ganzen.«

Die Atmosphäre in diesen beiden Bloomsbury-Salons war sehr unterschiedlich. Die Bells »sind ein wildes, munteres Paar«, erzählte Lytton seinem Freund Duncan im Juni 1907. »Das Wohnzimmer hat weder Teppich noch Tapete, die Vorhänge sind blau oder weiß, dazu ein Louis-XV.-Bett (in dem sie Seite an Seite liegen), zwei Korbstühle, ein Pianola und ein frühviktorianischer Mahagonitisch!« Vanessa brachte Licht ins Haus, strich die Wände in blassen Farben und drapierte bunte indische Tücher über das spärliche Mobiliar; Clive füllte es mit seiner jovialen Art, die in eigentümlichem Gegensatz zu den Bildern von Picasso und Vlaminck stand. »Wenn die Tür aufging, strömten einem Clives Gastfreundschaft und sein Sinn für die Annehmlichkeiten des Lebens entgegen, so verlockend wie Kaffeeduft an einem kalten Morgen.«

Am Fitzroy Square gab es nur das niederländische Porträt einer Dame und das Porträt, das Watt von Sir Leslie Stephen gemalt hatte. Adrian und Virginia waren wie Giraffe und Vogel Strauß. Adrians Wohnraum befand sich im Erdgeschoß, wohlgeordnet, die juristischen Werke säuberlich aufgereiht. Oben hatte Virginia ihr Arbeitszimmer, der Fußboden war mit Büchern bedeckt, und aus dem Durcheinander ragte ihr Stehpult, an dem sie täglich schrieb – nah am Fenster wie die Staffelei ihrer Schwester. Vanessa ist »in jeder Hinsicht Überschwang«, aber Virginia rang um Selbstbeherrschung und hielt sich zurück. Wurde ihr jemand unerwartet vorgestellt, »gab sie mit unverhohlenem Trotz ein paar wohlgesetzte Banalitäten von sich und ließ einen mit einem Gefühl der Verlegenheit stehen«, erinnerte sich Duncan Grant. Er kannte Virginia, seit er zu Vanessas Freitags-Club der bildenden Künstler gehörte; die eher literarisch orientierten Donnerstagabende waren vom Gordon Square an den Fitzroy Square verlegt worden. »Gegen zehn Uhr abends kamen die ersten Gäste, die anderen in Abständen bis Mitternacht«, schrieb er, »und die letzten gingen selten vor zwei, drei Uhr morgens. Es gab Whisky, Brötchen und Kakao, und man unterhielt sich. Manchmal hielten die Pfeifenraucher beim Pfeife-Anzünden dem Hund Hans das brennende Streichholz hin, und er schnappte danach und löschte es aus. Gespräche; sonst nichts. Dennoch kamen viele Gäste immer wieder, und nur wenige werden diese Abende je vergessen.«

»In dieser Welt vieler Männer, die kamen und gingen«, schrieb Virginia in *A Sketch of the Past* (Eine Skizze der Vergangenheit), »bildeten wir unseren privaten Kosmos.« Dieser Kreis bestand aus privilegierten Versagern und Außenseitern der großen viktorianischen Ära. Hier trafen junge Leute zusammen, die ihre Familienbande gekappt, ihr Leben selbst in die Hand genommen hatten und sich unkonventionelle Freiheiten herausnahmen. Jeder einzelne brauchte nur »fünfhundert im Jahr und ein eigenes Zimmer«, wie Virginia später schrieb. »Großer Gott!« klagte Lytton in einem Brief an Duncan (23. August 1909), »ein eigenes Zimmer mit einem richtigen Feuer im Kamin und Büchern und Tee und Gesellschaft, ohne Abendessenläuten und Ablenkungen, und ein bißchen Zeit zum Schaffen! – Das ist eine wunderbare Vorstellung und sicher manches Risiko wert!« Es schien, als stünden überall im Land soziale Veränderungen bevor, und als würden sie als Künstler und Intellektuelle bald die Gesellschaft erneuern. »Es sollte eine Gesellschaft von Leuten sein, die über bescheidene Mittel verfügten«, schrieb Virginia in ihrer Biographie über Roger Fry, »eine Gesellschaft, die auf dem alten Cambridge-Ideal von Wahrheit und Redefreiheit gründete, die aber den Künsten einen hohen Rang zumaß, wie Cambridge es nie getan hatte ...«

Diese Donnerstagabende am Gordon und Fitzroy Square und die Treffen des Freitagsclubs, an denen nicht nur Künstler teilnahmen, ließen Vanessa und Virginia einen Hauch Universitätsatmosphäre spüren. Sie verloren bald ihren Respekt vor dem Männerprivileg Bildung. Denn sie waren vor allem melancholisch, diese mit sich selbst beschäftigten jungen Männer, die mit hochgezogenen Beinen in den Sofaecken hockten, still an ihren Pfeifen zogen und über lateinische Witze kicherten. »Ich verachte die blassen Schriftgelehrten mit ihren Fragen ans Leben«, schrieb Virginia ungeduldig, »und der Botschaft der Klassiker und dem griechischen Gedankengut, das sie auf moderne Probleme übertragen.« Immerhin waren sie besser als jene Männer, die sie in ihrer eigenen Familie erlebt hatte, mit ihrer penetranten Selbstbeweihräucherung, ihrer quälenden Herrschsucht, ihrer miesen Lüsternheit.

Lytton fand an diesen Plätzen in Bloomsbury einen guten Ersatz für die gepflegten Rasenflächen von Trinity und King's College. Die Räume waren zwar anders, aber der gleiche Tabakrauch wehte durch die Fenster hinaus in den Nachthimmel, und die Gespräche drehten sich wieder um Griechen und Römer – meist Griechen. »Reden, reden, reden«, seufzte Virginia, wenn sie später an jene Nächte dachte, »als ob man alles bereden könnte ...« Dennoch waren ihre Gespräche anders. Der verschwiegene häusliche Dschungel, in dem beide Schwestern so viel sexuelle Zudringlichkeit erlebt hatten, war offenen Obszönitäten und einem neuen Humor gewichen.

Vanessa war begeistert, wenn Lytton in punkto Sexualität kein Blatt vor den Mund nahm. Seit ihrer Heirat hatte sie sich zum »vollständigsten Wesen von uns allen« entwickelt. Virginia, die Lyttons absolut nicht zur Veröffentlichung bestimmte Verse auch las (»eine schöne Beschäftigung für eine Jungfrau am Sabbat!«) kritisierte daran alles Hohle und Aufgesetzte. Für das Cambridger Milieu der »Apostles« waren die »Visigoten« also eine Bereicherung, und obendrein waren Vanessa und Virginia, wie Lytton an Leonard schrieb, »die beiden schönsten und geistreichsten Frauen Englands!«

Leonard schien angesichts der Neuigkeiten, die Lytton ihm übermittelte, gespalten. Für ihn war es, als läse er einen Schlüsselroman, dessen Hauptfiguren aus seiner eigenen Vergangenheit stammten – ein verstörendes Erlebnis. Schließlich schickte er Lytton dessen Briefe zurück, denn falls er in Ceylon stürbe, sollte niemand davon Kenntnis bekommen; und falls er eines Tages doch nach England zurückkäme, würde er sie wieder an sich nehmen als Symbol dafür, daß er an sein altes Leben anknüpfte.

Bis dahin beschäftigte er sich lieber mit anderer Leute Romanen und Briefen und ließ Lytton an dieser Lektüre teilhaben. Beide lasen die Romane E. M. Forsters und vor allem die späten, schwer faßbaren Romane von Henry James. »Die eigentümliche geballte Schönheit bei James, deren Feinheit, wirkte auf alle, die dafür ein Gespür besaßen, wie Alkohol oder Drogen«, erinnerte sich Leonard Woolf später in seiner Autobiographie; »eine Zeitlang waren wir süchtig danach ...« Saxon Sidney-Turner kam ihnen wie ein Held aus einem Jamesschen Roman vor, und *The Wings of the Dove* (Die Flügel der Taube) erinnerte sie an ihr früheres Zuhause, Lancaster Gate oder Lexham Gardens. »Hat er uns erfunden oder wir ihn?« fragte Leonard nach der Lektüre von *The Golden Bowl* (Die goldene Schale) (23. Juli 1905). »Er benutzt *alle* unsere Worte im direktesten Sinn & wir können sie doch nicht alle von ihm haben.« – »Ich stimme Dir ganz und gar zu«, antwortete Lytton, »seine Wortwahl ist wirklich erstaunlich. Vermutlich gibt es einen gemeinsamen Grund ... Ich frage mich, ob es daran liegt, daß er uns so entsetzlich gleicht, daß ich ihn absolut nicht lesen kann.«

Auch Henry James konnte diese schrecklichen Bloomsberries eigentlich nicht ausstehen. Die psychologischen Einsichten, die seiner geheimnisvollen dunklen Innenwelt entsprangen, glichen jenen der Freunde, aber sonst gehörte er unübersehbar zur Welt ihrer Eltern. Vanessa und Virginia waren für ihn vestalische Jungfrauen, die ihren alten Vater versorgten, sonderbare, von

Thobys Geist besessene Wesen. Ihr gewagter Sprung in die Zukunft verstörte ihn. Wie konnte die wunderbare Vanessa in ihrer rosigglänzenden Jugend diesen »häßlichen, kleinen, hängeschultrigen, langhaarigen, drittklassigen Clive Bell heiraten«; wie konnte die ätherische Virginia mit ihrem vielversprechenden literarischen Talent sich mit diesen schmuddligen Jünglingen abgeben, nur weil sie mit ihrem Bruder Thoby, diesem »großen, gutmütigen Bluthund«, befreundet gewesen waren? Es war eine Schande. Dennoch beobachtete er sie liebevoll und versonnen, wenn sie in Rye auf seinem Rasen saßen.

Zu Beginn des Jahres 1909 war auch Lytton im südenglischen Seebad Rye, wo Henry James damals lebte. Lytton war »halb starr vor Nebel, umzingelt von Golfspielern« im Mermaid Inn abgestiegen. Aus Regen und Düsternis tauchte plötzlich die bemerkenswerte Silhouette des großen Schriftstellers auf. Henry James »war hierher gekommen, um einem jungen Franzosen den antiken Kamin zu zeigen; es war eine unglaubliche Szene – der arme Mann völlig *bouche béante* –, und sämtliche anwesenden Golfer und Bischöfe saßen da und kauten Butterbrötchen. Sein Äußeres ist kolossal, und man kann kaum fassen, daß einer, der so aussieht, so feinsinnige Romane geschrieben hat. Ich würde ihn liebend gern kennenlernen.«

Heimgekehrt aus Rye, schrieb Lytton: »Wenn es nach mir ginge, würde ich jeden Abend auswärts essen, dann eine Gesellschaft oder die Oper besuchen, danach ein Champagner-Souper, und schließlich würde ich ins Bett gehen und in den Armen eines wunderbaren Wesens einschlafen.«

Lyttons Sehnsucht nach einem neuen Leben findet auch in seiner Freundschaft mit Virginia Stephen Niederschlag. Sie arbeitete bereits an ihrem ersten Roman *The Voyage Out* (Die Fahrt hinaus) und zeichnete mit der Figur des St John Hirst ein Porträt ihres Freundes. Immer auf der Hut, unheilbar intellektuell und ein Frauenfeind, schwelgt der Held in Erinnerungen an Cambridge und versucht, aus seiner erdrückenden Familie auszubrechen. »Sie wollen, daß ich Mitglied des Oberhauses oder Geheimrat werde.« Am Fenster stehend sieht er aus wie »ein eigentümlicher Wasserspeier«; und wenn er sich in den Sessel fallen läßt, scheint er »nur noch aus Beinen zu bestehen«. Er erklärt, daß es »auf der Welt nie mehr als fünf Menschen gebe, mit denen sich zu reden lohne«. Er ist von Ehrgeiz zerfressen: »Ich hasse jeden, der etwas besser kann als ich – selbst wenn es völlig absurde Sachen sind.« Als er Rachel Vinrace, der Heldin, die viel von Virginia selbst hat, kritische Sätze an den Kopf wirft, zu denen ihr so schnell keine Entgegnung einfällt, denkt sie im stillen, daß »sein Körper häßlich und sein Geist widerwärtig« sei.

Virginia spürte eine Verwandtschaft mit dem unglücklichen Lytton. Beide waren labil, dünnhäutig, zutiefst mißtrauisch und obendrein schüchtern. Sie waren nicht im Einklang mit der Welt, gaben aber in ihrem Reich eindeutig den Ton an. Sie bewunderte seinen Verstand – »wie ein Torpedo«; seine Witze rührten sie; sie begann sich mehr für ihn zu interessieren.

Seit Vanessas Heirat wurde über Virginias Ehechancen spekuliert. »Die Welt ist voller Freundlichkeit und Dummheit, ich wünschte, man hörte auf, mir zuzureden, daß ich heiraten soll«, stöhnte sie in einem Brief an ihre Freundin Violet Dickinson. »Bricht jetzt die menschliche Grobheit aus? Ich finde das widerlich.« Eine Ehe zwischen einer »Sapphistin« und einem »Sodomisten« wäre eine äußerst subversive Antwort auf den Druck der Konvention. Manchmal beneidete Virginia ihre sinnliche verheiratete Schwester. Aber die Ehe lockte sie eigentlich nicht. Es gab Verehrer, die sie umwarben; einem erklärte sie schlichtweg, daß Lytton in ihren Augen der einzige Kandidat sei, der für sie in Frage käme, auch wenn sie ihn nicht liebe. »In verschiedener Hinsicht ist er der perfekte Freund«, erklärte sie Molly MacCarthy später, im März 1912, »aber eigentlich ist er eher eine Freundin.«

Die Freundschaft löste zahlreiche Gerüchte aus, weckte mancherlei Erwartung. »Hat Lytton Dir heute nachmittag einen

Antrag gemacht?« fragte Vanessa am 30. Juli 1908. »Ich finde, wenn Du jemanden heiratest, dann ihn.« Dennoch, überlegte sie, wäre die gewünschte Beziehung wohl am ehesten erreicht, »wenn Lytton sich in Adrian verlieben würde.« Virginia und Adrian waren ein zänkisches Geschwisterpaar, ihr gemeinsamer Haushalt am Fitzroy Square war kein Vergnügen. Aber es gab noch andere Gründe, warum Vanessa ihre Schwester mit Lytton verheiraten wollte. Ihr Ehemann Clive hatte erklärt, sie – Vanessa – und Virginia seien die beiden Menschen auf der Welt, die er am meisten liebe. Doch nach der Geburt seines Sohnes Julian schien er sich vorzugsweise um Virginia zu kümmern.

Anfang 1909 erfanden Lytton und Virginia, Clive und Vanessa und andere Bloomsberries ein Briefschreibspiel. Sie legten sich Pseudonyme zu und hofften, langfristig einen Briefroman zustande zu bringen. Unter einem Decknamen schrieb Lytton, nachdem alle einen Abend bei den Bells verbracht hatten, an Virginia; zuerst strich er ein bißchen um den heißen Brei, doch dann erklärte er ihr, er sei, was Clives Verhalten ihr gegenüber beträfe, »zu den erstaunlichsten Schlußfolgerungen« gekommen. »Du hast es also gemerkt?« schrieb sie zurück und gestand, es sei inzwischen für sie und Vanessa »ziemlich ungemütlich«. Ihr war klar, wie gern Vanessa es sehen würde, wenn sie Lytton heiratete, doch noch Ende 1908 hatte sie Clive getröstet: »Du hörst sicher gern, daß ich nicht in ihn verliebt bin und auch bei ihm nichts darauf hindeutet, daß er in mich verliebt ist.«

Sie betrachtete ihn als Seelenverwandten, und Lytton sah das offenbar ähnlich. Dennoch, am 17. Februar 1909 hielt ihn nichts mehr zu Hause in Hampstead, er fuhr an den Fitzroy Square und machte Virginia einen Heiratsantrag. Zu seinem großen Entsetzen nahm sie ihn sofort an. Und kaum hatte er ihr Ja-Wort, begriff er die Absurdität der ganzen Geschichte. »Auf der Stelle war mir klar, daß ihr Ja-Wort mein Tod wäre, und irgendwie kam ich da natürlich auch wieder raus, bevor das Gespräch zu Ende war«, schrieb er Leonard am übernächsten Tag. »Das

Virginia Woolf und Lytton Strachey als Gäste von Ottoline Morrell, 1923

Schlimmste war, daß mir im Verlauf unseres Gesprächs immer deutlicher wurde, wie unmöglich das Ganze war. Das Nicht-Verstehen war so schrecklich! Aber wie kann man von einer Jungfrau erwarten, daß sie versteht? Nomen est omen. Wenn ich die Größe hätte oder harmloser wäre, hätte ich es vielleicht geschafft und die Oberhand behalten und mich aufgeschwungen und sie ganz zu der Meinen gemacht, oder ich hätte mich damit abgefunden, auf alles zu verzichten, was das Leben wichtig macht … Ihr Gefühl war absolut, und eine Zeitlang war sie so überlegen, daß ich ins Wanken kam. … Ich war in Panik, daß sie mich küssen würde.«

In einem Brief an seinen Bruder James beschreibt er den Heiratsantrag als entschiedenen Schachzug »im Rahmen meiner Fluchtversuche«. Entfliehen wollte er nicht nur seiner Familie in Belsize Park Gardens, sondern auch den beiden Freunden, die ihn dort regelmäßig besuchten, Duncan und Maynard. Seit acht Monaten waren sie in eine ausweglose Dreierbeziehung verstrickt. Lytton war Spielball in einem Gefühls- und Stimmungschaos zwischen Wut und Resignation, Großmut und Eifersucht. Er wahrte auf fabelhafte Weise die Form, auch gegenüber Maynard, der im Februar zusammengebrochen war und sich bei James ausgeweint hatte. Die Spannung hatte sich ins Unerträgliche gesteigert, es war eine »rabenschwarze Zeit«, und Lytton holte sich überall Rat. Daß er in einem Anfall von Verzweiflung um Virginias Hand anhielt, war immerhin ein Versuch, den Teufelskreis zu durchbrechen, was aber einer Verleugnung seiner Homosexualität gleichkam – der er sofort ein Dementi folgen ließ. Er vertraute sich Vanessa an, »die einzigartig ist«, wie er Leonard schrieb, »aber sie erkennt trotzdem nicht das eigentliche Problem – sie nimmt weder Duncans Qualen noch meinen konfusen Zustand zur Kenntnis. Heute nachmittag habe ich wieder mit Duncan geschlafen, und momentan ist er in Cambridge und schläft mit Keynes. Ich weiß nicht, ob ich glücklich oder unglücklich bin.«

Am Folgetag, dem 20. Februar, fand die Angelegenheit mit Virginia ihren Abschluß. »Ich hatte ein klärendes Gespräch mit Virginia«, meldete Lytton seinem Freund Leonard. »Sie behauptete, daß sie nicht in mich verliebt sei, und ich habe endgültig festgestellt, daß ich sie nicht heiraten werde. Also sind die Dinge schlicht wieder beim alten.«

Allerdings hatte Lytton begriffen, daß Virginia sich in einer ähnlichen Notlage befand wie er. Und wie Leonard in Ceylon. Schon zwei Monate zuvor, an Weihnachten 1908, hatte Lytton in einem melodramatischen Brief einen seiner Gedankenblitze losgelassen und vorgeschlagen, Leonard solle doch Virginia einen Antrag machen – und sie und sich selbst befreien. Leonard antwortete durchaus angetan: »Virginia zu heiraten wäre absolut wunderbar. Ich stelle sie mir göttlich vor. ... Meinst Du, Virginia würde mich nehmen? Schick' mir ein Telegramm, wenn sie ihr Jawort gibt. Ich werde das nächste Schiff nach Hause nehmen; & nach meiner Ankunft komme ich direkt zu Dir, und wir sprechen darüber.«

Lytton war aus dem Häuschen. »Du bist ganz und gar wunderbar, und ich möchte Dir um den Hals fallen«, schrieb er zurück (19. Februar 1909).

> *Ist es nicht merkwürdig, daß ich mich nie in Dich verliebt habe? Und vermutlich nie verlieben werde ... Wenn Du kämst und um ihre Hand anhieltest, würde sie Ja sagen. Bestimmt. Momentan ist sie fast mit Sicherheit in mich verliebt, obwohl sie das Gegenteil denkt. Ich habe mich ziemlich daneben benommen, wie Du weißt, aber nur so konnte ich mir über alles klar werden. Der Horror des gegenwärtigen Wirrwarrs hat mich dazu verleitet und die Vorstellung vom paradiesischen Ehefrieden. Nur was faktisch in Aussicht stand, konnte mir zeigen, daß es einfach keine Alternative zu diesem Horror gibt, und daß ich mich damit abfinden und es durchstehen muß oder sterben.*

Lytton riet Leonard: »Es steht völlig außer Frage, daß Du sie heiraten solltest. *Du* hättest die Größe, und Du hast einen immensen Vorteil, nämlich körperliches Verlangen.« Dann teilte er seinen Vorschlag Vanessa mit. Aber Vanessa hatte ihre Zweifel. Sie glaubte immer noch, daß ihre Schwester in ein paar Jahren Lytton heiraten würde, »oder praktisch verlobt mit ihm« wäre, wie sie Clive auseinandersetzte. Denn sie wußte, was Lytton auch wußte: daß Virginia auf ihre Weise Lytton liebte. »Oh, es war richtig, daß ich vor 12 oder 15 Jahren in ihn verliebt war«, vertraute Virginia 1925 ihrem Tagebuch an. »Sein Wesen gleicht einer köstlichen Symphonie, wenn alle Geigen spielen ... so tief, so phantastisch.«

Erst im Herbst 1910 waren Vanessa und Virginia sich endgültig einig, daß »eine Verbindung mit Lytton unmöglich war & die Ehe mit jemandem anderes durchaus möglich«. Aber mit wem? Leonard hatte erklärt: »Ich bin nicht an gestern gebunden: Weder erkenne ich es wieder, noch mich darin.« Doch Lytton betätigte sich weiter als Heiratsvermittler. »Wenn Du zurückkommst«, schrieb er im Mai 1909, »könntest Du Virginia heiraten, was fast alle Schwierigkeiten auf einen Schlag beseitigen würde. Versuche es. Sie ist eine erstaunliche Frau, und ich bin der einzige Mann im Universum, der ihr einen Korb geben würde; und selbst ich habe deswegen manchmal meine Zweifel.« Er drängte Leonard, per Telegramm um ihre Hand anzuhalten, und nachdem sein Vorschlag unbeantwortet blieb, schrieb er am 21. August wieder, das Schicksal seines Freundes sei eindeutig besiegelt.

Du mußt Virginia heiraten. Sie sitzt da und wartet auf Dich, gibt es einen Hinderungsgrund? Sie ist die einzige Frau auf der Welt mit genug Grips; ein Wunder, daß es sie gibt; aber wenn Du nicht aufpaßt, geht die gute Gelegenheit vorbei. Womöglich geht sie im nächsten Moment mit weiß der Himmel wem auf und davon – Duncan? Durchaus möglich. Sie ist jung, wild, neugierig, unzufrieden und möchte sich dringend verlieben.

»Natürlich«, erwiderte Leonard einen Monat später »weiß ich, daß eine Heirat mit Virginia das einzig Richtige wäre.« Aber noch machte er einen Bogen um die »gräßlichen Komplikationen« der Ehe, wie er das Brautwerben nannte. Genau diese Welt hatte er hinter sich gelassen. »Ich stelle fest, daß ich mich hoffnungslos in meiner Umgebung verkrieche, aber was tun?« hatte er Lytton geschrieben. »… ich arbeite, mein Gott, wie ich arbeite. Ich habe die Arbeit zur Methode reduziert & zur Manie erhoben.« Lytton riet ihm noch einmal, zurückzukommen, bevor das Jahr 1910 zu Ende sei, und Virginia zu treffen. Aber Leonard kehrte erst im Sommer 1911 für einen einjährigen Urlaub zurück.

»Ich bin immer noch ziemlich aufgeregt und erschöpft«, hatte Lytton gleich nach seinem Heiratsantrag Virginia geschrieben. »… Ich hoffe, Du hast gute Laune. Was mich betrifft, ich

Virginia und Leonard Woolf, 1912

bin immer noch ganz durcheinander, und die Zukunft ist ein Fragezeichen. Aber wie Du schon sagtest, was auch geschieht, wichtig ist, daß wir uns mögen: und daran hat keiner von uns beiden einen Zweifel.«

Liebe und Farben

Frances Spalding

Zu den glücklichen Begegnungen, die das Leben aller Betroffenen veränderten, zählte das Wiedersehen zwischen dem Kunstexperten und Museumsmann Roger Fry und Vanessa und Clive Bell an einem Januarmorgen 1910 auf dem Bahnsteig in Cambridge. Fry war fünf Jahre zuvor bei einer Dinnereinladung Vanessas Tischherr gewesen, und sie hatte gestaunt, daß man sich mit »einem dieser furchteinflößenden Wesen aus den oberen Gefilden« so gut unterhalten konnte. Sie hatte ihn damals auch zu Hause besucht und dort ein tragisches Elend vorgefunden. Frys Frau Helen, Malerin und Mutter zweier kleiner Kinder, war psychisch krank. »Mein genereller Eindruck war der einer sonderbar lebenden Familie, nicht ganz glücklich, wo aber enorme Tatkraft und besonderes Interesse wirkten. Ich bin danach nie wieder hingegangen.«

Liebe und Farben

Frances Spalding

Für Roger Fry begann das Jahr 1910 mit Katastrophen: Seine ehrenvolle Stellung am New Yorker Metropolitan Museum endete über Nacht, seine Bewerbung um die Slade-Professur in Oxford wurde abgelehnt. Außerdem hatte sich inzwischen herausgestellt, daß die Geisteskrankheit seiner Frau unheilbar war und sie für den Rest ihres Lebens in eine Anstalt eingewiesen werden mußte. Helens Elend hatte ihn hart gemacht: »Ich bedaure nicht einmal mehr die Schwielen, die meine Seele sich im Verlauf der Geschichte zugelegt hat. Aber ab und zu packt es mich, und ich könnte heulen über das Elend und die Vergeudung, aber das Leben geht vor.«[1] Kummer und Verzweiflung zum Trotz schöpfte er frische Kraft, um sich der Gegenwart zu stellen. »Ich habe neue Hoffnung in bezug auf die Kunst«, erklärte er einem befreundeten Maler, »und alle, die es ernst meinen und noch nicht versteinert sind, sollten sich zusammentun und etwas schaffen.«[2] Dennoch hatte Fry nur geringe Chancen, eine Erneuerung zustande zu bringen: 1908 war er aus dem New English Art Club ausgetreten und hatte in der Kunstszene keinen Einfluß mehr. Im damals fortschrittlichsten Künstlerkreis Englands, der Fitzroy Group um den Maler Walter Sickert – die sich in Sickerts Atelier in der Fitzroy Street 19 traf –, spielte er keine Rolle. Und, wichtiger noch, er hatte keinen Kontakt zu der jungen Künstlergeneration, die sich an der Slade-Kunstschule entwickelt hatte. Doch eines frühen Montagmorgens im Januar 1910, als er im Bahnhof von Cambridge auf den Zug nach London wartete, beendete ein zufälliges Wiedersehen seine Isolation.

In vielfacher Hinsicht war dieser Augenblick entscheidend für seine Zukunft. Vanessa Bell hatte Fry auf dem Bahnsteig stehen sehen, zögerte zwar kurz, weil sie es für unwahrscheinlich hielt, daß er sie wiedererkannte; dann aber überwand sie ihre Schüchternheit, begrüßte ihn und stellte ihm ihren Ehemann Clive vor. Die drei Reisenden stiegen in dasselbe Abteil. Fry hatte zwar an einem Artikel arbeiten wollen, doch bald befand er sich in angeregter Unterhaltung, meist mit Clive Bell.

Clive, der schon als Student in seinem Zimmer in Cambridge die Reproduktion eines Gemäldes von Degas hängen hatte, war nach seinem Studium nicht nur zur Jagd nach British Columbia gereist, sondern hatte auch einige Zeit zu historischen Studien in Paris verbracht. Durch seine Malerfreunde hatte er Bilder von Matisse und Gauguin kennengelernt. Also drehte sich das Gespräch an jenem kalten Morgen in der Eisenbahn hauptsächlich um die moderne französische Kunst. Clive Bell berichtete später, Fry habe damals bereits die Idee gehabt, die französischen Postimpressionisten auszustellen. »Als Roger Fry mir an jenem Morgen erzählte«, erinnerte er sich später, »daß er vorhabe, dem britischen Publikum die Werke der zeitgenössischen französischen Maler nahezubringen, versicherte ich ihn in jeder Hinsicht meiner Unterstützung, hielt ihn aber für einen Phantasten.«[3]

Dennoch nahm der Plan in den Köpfen der beiden Männer Gestalt an, sie sprudelten vor Ideen, während Vanessa schweigend dasaß und den Gesprächspartner ihres Mannes eingehend betrachtete. »Als er mir gegenüber in der Ecke saß, sah ich mir seinen Kopf genau an; er schaute in sein Manuskript, las aber nicht, dachte nach, hörte zu, wartete mit der Antwort, ungemein lebendig, aber ruhig. ›Was für ein erstaunlich schöner Mensch‹, dachte ich und betrachtete die herben Gesichtszüge, umrahmt vom Licht der Waggonfenster. Ich glaube, ich habe nicht viel geredet, aber ich fand ihn zunehmend menschlich, und am Ende lud er uns zu sich nach Guildford ein.«[4]

Die neue Freundschaft zwischen den Bells und Fry kam allen zugute. Roger Fry machte Clive und Vanessa mit den Kunsthändlern der Londoner Bond Street bekannt, in deren Galerien ungeahnte Schätze schlummerten – von seltener »primitiver«

Roger Fry

Kunst bis zu den Alten Meistern. Im Gegenzug lernte Fry die jungen Künstler kennen, die in Vanessas Freitags-Club verkehrten, wo Ausstellungen organisiert und Vorträge gehalten wurden. Als der Club sich 1905 formierte, hatte Virginia gespottet, daß »die eine Hälfte des Komitees sich nur für Whistler und die französischen Impressionisten erhitze und die andere knochentrocken britisch« sei.[5] Doch trotz der konträren Vorlieben gewann der Club an Bedeutung und zählte 1910 eine beträchtliche Anzahl junger Absolventen der Slade-Kunstschule zu seinen Mitgliedern. Vanessa, die zuerst Sir Arthur Copes Kunstschule für Frauen, später die Royal Academy Schools besucht hatte, malte inzwischen seit fast zehn Jahren. Fry bewunderte sicher beides: ihre künstlerischen Ambitionen und ihre geradezu klassische Schönheit. Kein Wunder, daß er sich gern bereit erklärte, dem Freitags-Club seine Kunstauffassung zu vermitteln – was am 21. Februar 1910 geschah.

Wichtiger war allerdings, daß Roger Fry durch seine Freundschaft mit den Bells ins Herz der Bloomsbury Group gelangte – in jenen inneren Kreis, dessen Humor, Intellektualität und philosophische Grundhaltung ihm enorm entgegenkamen. Sein erstes Auftreten in der Gruppe hinterließ bei Virginia Woolf einen lebhaften Eindruck:

Es muß etwa 1910 gewesen sein, als Clive eines Abends höchst aufgeregt die Treppe heraufgerannt kam. Er habe gerade eines der interessantesten Gespräche seines Lebens geführt. Und zwar mit Roger Fry. Sie hätten stundenlang über Kunsttheorien diskutiert. Roger Fry sei der interessanteste Mensch, den er seit seinen Cambridge-Tagen getroffen habe. Also kam Roger zu Besuch. Er kam, glaube ich, in einem großen doppelreihigen Mantel, und in jeder Tasche steckte ein Buch, ein Farbkasten oder sonst etwas Faszinierendes; besondere Zigarettenmundstücke, die er einem kleinen Mann in der Gasse abgekauft hatte; er trug Leinwände unterm Arm; sein Haar wehte; seine Augen leuchteten. Er hatte mehr Wissen und Erfahrung als wir alle zusammen.[6]

Virginia Woolf beschreibt weiter, wie dieser Mann, der um einiges älter war als sie alle, mit ihnen über einen gerade erschienen autobiographischen Bestseller mit dem Titel *Marie-Claire* diskutierte, den eine Pariser Näherin, Marguerite Audoux, veröffentlicht hatte. Bald hatte er die ganze Gesellschaft in ein literarisches Streitgespräch verwickelt.

Als Fry zur Bloomsbury Group stieß, war diese bereits zusammengewachsen und festgefügt, allerdings nicht durch Regeln oder ein gemeinsames Manifest, sondern durch nicht leicht zu erklärende Verbindungen und Reaktionen. Ideen und Gefühle (beeinflußt vom Philosophen G. E. Moore) bildeten die gemeinsame Basis für die Individualisten und schirmten sie gegen die Außenwelt ab. Der Tenor ihrer ausgedehnten Diskussionen entsprach ihrer Zugehörigkeit zur oberen Mittelschicht; der begüterte, intellektuelle Hintergrund war die Voraussetzung für ihre liberalen Ideen. Ihre wichtigste Waffe im Kampf gegen die Moralvorstellungen ihrer Elterngeneration war die Redekunst, die sie feinsinnig – wenn auch manchmal mit verheerenden Folgen – kultivierten. Der Schriftsteller Gerald Brenan verglich Bloomsbury, wenn es richtig in Fahrt war, mit einem Orchester, das einen guten alten Ohrwurm spielt:

> *Die Soloinstrumente waren Virginia Woolf und Duncan Grant; jeder wußte, daß sie nie den Einsatz zu ihren kunstvollen Trillern verpaßten; sie spielten die Oberstimmen zu den ernsten, beharrlichen Äußerungen der übrigen Instrumente. Roger Fry trieb das Thema provozierend voran; Vanessa Bell, die stillste der Gesellschaft, ließ eines ihrer »Bonmots« fallen, während Clive Bell die Fagottstimme übernommen hatte und für ein allgemein lebhaftes Gegrummel sorgte. Er spielte den Herausforderer und provozierte Virginia zu einer ihrer berühmten Kadenzen.*[7]

Fry teilte Bloomsburys wichtigsten Glaubenssatz, daß die intellektuelle Redlichkeit Grundbedingung einer lebendigen Zivilisation sei. Er teilte auch das Mißtrauen gegenüber der Gesellschaft mit ihrem Hang zu Prunk, Ruhm, Macht und schnellem Erfolg und bekräftigte Bloomsburys Abscheu vor Bigotterie, Vulgarität und Penetranz. Ihm ist es zuzuschreiben, daß Bloomsbury in den folgenden Jahren Frankreich für sich entdeckte – Kunst und Küche, und einen intellektuellen Lebensstil, der vergleichsweise frei von Heuchelei war. Er war es auch, der *Bœuf en Daube* zum Leibgericht der Gruppe erhob; er konnte es selbst vorzüglich zubereiten. Virginia Woolf machte es in ihrem Roman *To the Lighthouse* (Zum Leuchtturm) zum gelungenen Höhepunkt von Mrs Ramsays Dinnerparty.

Der Hauptunterschied zwischen der Welt, in der Roger Fry sich bis dahin bewegt hatte, und seinen neuen Freunden war deren Lebenslust und Respektlosigkeit. Sie hatten zwar einen Hang zum Theoretisieren, aber sie taten es geistvoll, künstlerisch und frech. Von nun an bildete der Geist von Bloomsbury seinen Lebenshintergrund, und in Gesprächen, Übereinkünften und Konflikten steuerte er klug und empfindsam nicht nur Wesentliches bei, sondern wurde auch von diesem Freundeskreis getragen – einem Kreis, der, wie es Stephen Spender beschrieb, »den konstruktivsten und kreativsten Einfluß auf den englischen Geschmack zwischen den beiden Kriegen hatte«.[8]

Nach jenem frühmorgendlichen Wiedersehen im Zug von Cambridge nach London gründete Fry ein Komitee, das seine Ausstellungsidee in die Tat umsetzen sollte, anfangs aber wenig aktiv wurde, so daß die Angelegenheit für das nächste halbe Jahr erst einmal ruhte. Vielleicht war er auch ein bißchen voreilig gewesen, denn er befand sich in einem Stadium der Neuorientierung, wirkte oft kopf- und richtungslos, liebäugelte ständig mit neuen Ideen und schärfte erst sein Verständnis für die moderne Kunst.

Zu einer wichtigen Erkenntnis kam er, als er ein Buch über Zeichnungen südafrikanischer Buschmänner rezensierte. Angesichts der Abbildungen stellte er fest, daß die Kunst der Buschmänner keinesfalls primitiv, sondern ausgesprochen differenziert war. Die Darstellung einer Kampfszene zum Beispiel folgte nicht der äußeren Vorstellung, sondern dem Verständnis der Handlung – wobei der Maler seine eigene emotionale Reaktion einbezog. Die Kämpfer werden in jeder erdenklichen Pose dargestellt, in alle Himmelsrichtungen eilend, kniend, kriechend, oder in direkter Auseinandersetzung mit dem Feind. Das Bild wirkt wie aus der Vogelperspektive gemalt. Diese Zeichnungen unterstützten Frys Theorie, daß in der Kunst die Aussage vor der Darstellung rangieren konnte, Ausdruck und Wirkung also wichtiger waren als die Logik der Wirklichkeit.

Im Oktober griff er die zu Jahresanfang ausgeheckte Ausstellungsidee spontan wieder auf. Mit einer Flasche Champagner machte er einen Krankenbesuch bei seinem erkälteten Freund Desmond MacCarthy und überredete ihn zu einer Reise nach Paris, wo Clive Bell bereits wartete. Fry plante, mit Hilfe zahlreicher Kunsthändler und Sammler die besten Exponate zeitgenössischer französischer Kunst zusammenzutragen. Er hatte bereits die Grafton Galleries in der Dover Street für seine Idee begeistert. Selbst den eigentlichen Besitzer dieser Galerie, die Yorkshire Penny Bank, hatte er von dem finanziellen Erfolg des Unternehmens überzeugt. Nur MacCarthy, den Fry zum Ausstellungssekretär ernannt hatte, kannte Frys nicht unrealistische Befürchtung, das Ganze könne ein großer Reinfall werden – er sollte die Ausgaben so gering wie möglich halten. Bevor er in Paris ankam, hatte Fry wenig Ahnung, was er ausstellen wollte: Vieles sah dort er zum ersten Mal. »In Paris ging er tagtäglich Bilder besichtigen«, erinnerte sich MacCarthy, »und er bekam fast alles ausgeliehen, was ihm besonders gefiel. Ich weiß noch, wie hingerissen er war. Er saß vor den Bildern, die Hände auf den Knien, und schwärmte: ›Wunderbar, wunderbar.‹«[9] Danach unternahmen Fry und MacCarthy noch eine Fahrradtour durchs Land. Später fuhr MacCarthy allein nach München und nach Holland, um weitere Bilder auszusuchen, einige davon bei Van Goghs Schwägerin Mme Gosschalk-Bonger. Erst als sämtliche Bilder in London eingetroffen waren, wurde deutlich, was für eine brillante Auswahl – verglichen mit der britisch-tristen Kunst – Fry und MacCarthy zusammengetragen hatten.

Nun mußte schnellstens ein Titel für die Ausstellung gefunden werden. Eigentlich wollte Fry die Bezeichnung »Expressionisten« ins Spiel bringen, denn um expressionistische Malerei handelte es sich bei den ausgewählten Bildern ganz offensichtlich. Doch ein junger Journalist, mit dem er das Titelproblem diskutierte, hatte einiges dagegen einzuwenden, und schließlich verlor Fry die Geduld und erklärte: »Nennen wir sie doch einfach Postimpressionisten; schließlich folgten sie auf die Impressionisten.«[10] Bei dieser Bezeichnung blieb es; die Ausstellung hieß »Manet und die Postimpressionisten«, und der Begriff – vage und wenig exakt wie bei Sammelbegriffen oft üblich – ging damit in die Kunstgeschichte ein.

Als der Tag der Pressekonferenz kam, war MacCarthy fast ein Nervenbündel, und nicht einmal die Morgenzeitung mit der positiven Besprechung eines von ihm herausgegebenen Buches konnte ihn beruhigen. Nicht zu Unrecht machte er sich Sorgen, Fry würde in letzter Minute die Hängung noch einmal über den Haufen werfen und so die Numerierung im Katalog völlig durcheinanderbringen. Die Pressebesichtigung fand bereits zwei Tage vor der offiziellen Eröffnung statt, und so konnten die Zeitungen die bereits geschürte Neugier anfachen und mit empörten Kritiken und negativer Berichterstattung die Öffentlichkeit stark beeinflussen. Seit dem Whistler/Ruskin-Prozeß in der zweiten Hälfte des neunzehnten Jahrhunderts war die gemächliche Londoner Kunstwelt nicht mehr derartig durcheinandergewirbelt worden.

Die meisten Bilder, von denen sich das Londoner Publikum schockiert und provoziert fühlte, waren bereits zwanzig, dreißig Jahre alt. Manet war inzwischen eigentlich ein Altmeister. Hier wurde er nicht zur Beschwichtigung der Öffentlichkeit mitausgestellt, sondern weil Fry, wie der deutsche Kunsthistoriker Julius Meier-Graefe (dessen großes Werk über die moderne Kunst 1908 in englischer Übersetzung erschienen war), die Auffassung vertrat, daß Cézanne in direkter Nachfolge von Manet stehe, besonders in der Farbkontrastierung. Abgesehen von Manet waren Cézanne, Van Gogh und Gauguin die Stars der Ausstellung. Im Katalog sind fünfunddreißig Ölgemälde von Gauguin verzeichnet, zweiundzwanzig Van Goghs und einundzwanzig Cézannes; manche von ihnen zählen inzwischen zu den bekanntesten und beliebtesten Werken der Kunstgeschichte; zum Beispiel Manets

Un Bar aux Folies-Bergères, Cézannes *La Vieille au Chapelet* und *Femme aux Yeux Verts* von Matisse; dazu viele der besten Werke Van Goghs, wie *Champ de Blé aux Corbeaux.*

Doch 1910 waren fast alle diese Bilder dem britischen Publikum fremd, kein Wunder also, daß man Schwierigkeiten mit ihnen hatte. Bis zu dieser Ausstellung gab es in ganz England drei Van Goghs in Privatsammlungen. Fry hatte bei seiner Auswahl besonderen Wert auf den expressionistischen Aspekt des Postimpressionismus gelegt, und zu den Cézannes zählten auch drei frühe, besonders grobe Gemälde. Von den drei Großen war Gauguin ein mäßiger Erfolg, Van Gogh wurde schlicht lächerlich gemacht, und Cézanne fand man schwer verständlich. Da diese drei den größten Teil der Ausstellung einnahmen, gingen die Vertreter neuerer Strömungen wie Fauvismus und Kubismus unter. Der Kubismus war überhaupt nur mit einem Werk vertreten, nämlich Picassos Porträt des Clovis Sagot, das heute in der Hamburger Kunsthalle hängt. Heutzutage gehören Cézanne, Van Gogh und Gauguin zu den bekanntesten Namen in der Kunstgeschichte, doch damals beschrieb die britische Presse sie als »Stümper« und »Irre«. In *The Pall Mall Gazette* wurden die Gemälde als »Produkte einer Irrenanstalt« beschimpft.[11] In der *Morning Post* hieß es: »Die Emotionen dieser Maler (von denen Van Gogh ein Irrer war) sind vielleicht für Studenten der Pathologie oder Spezialisten für das Abnormale von Interesse.« Diese Kritik gipfelte in der hysterischen Feststellung, daß die am schicksalsträchtigen Guy-Fawkes-Day, dem 5. November, eröffnete Ausstellung »die Existenz einer ausgedehnten Verschwörung« enthülle, die darauf abziele, »das Gesamtgefüge der europäischen Malerei zu zerstören«.[12]

Manche Kritiker suchten im Einleitungstext des Katalogs Erklärungshilfe. MacCarthy hatte ihn nach Frys Notizen geschrieben und argumentierte hauptsächlich, daß die Künstler »die emotionale Bedeutung der Dinge festhalten wollten, was das wichtigste Anliegen der Kunst« sei. Diese vage Behauptung mußte für eine große stilistische Vielfalt herhalten, und es war nicht verwunderlich, daß sie Irritation hervorrief. »Wo sind die ›emotionalen Ideen‹ in diesen Kleckserеien?« wetterte ein Leser der *Nation*, »es gibt sie nicht, absolut gar nicht, sondern nur die niederträchtige Leugnung alles dessen, was in der Vergangenheit großartig war.«[13] Auch die *Times* kritisierte Fry, den »ausgezeichneten Wissenschaftler und Kritiker«, daß er den großen künstlerischen Leistungen der Vergangenheit den Rücken kehre.[14] Der Leiter des Kupferstichkabinetts des British Museum, Laurence Binyon, sprach von »affektierter Naivität«.[15] Der Dichter und Diplomat Wilfred Scawen Blunt schrieb am 15. November in sein Tagebuch, was sicher der Meinung vieler entsprach:

Die Malerei ist auf dem Niveau eines unwissenden, sieben oder acht Jahre alten Kindes, der Farbsinn ist der eines Teetablett-Malers, die Methode die eines Schuljungen, der auf einer Tafel herumwischt, auf die er vorher gespuckt hat … Von den Rahmen abgesehen ist die ganze Sammlung keine 5 Pfund wert, und dann auch nur als Brennholz für ein schönes Feuer … Dies sind ganz und gar keine Kunstwerke, es sei denn, man nenne es Kunst, wenn jemand eine Handvoll Dreck an die Wand wirft. Diese Werke zeugen von Faulheit und unfähiger Dummheit; eine pornographische Zurschaustellung.[16]

Diese grobe Fehleinschätzung entsprang der Insellage und der damaligen Provinzialität der englischen Kunst. Durch die gängige, übermäßig detailreiche und erzählende Malerei war das Publikum in seiner Wahrnehmung abgestumpft. Darstellung und Thematik waren übermäßig betont worden und die Form war in den Hintergrund getreten.

Doch der Zorn, die Drohungen und die spitzen Regenschirme, die das aufgebrachte Publikum in der Ausstellung gegen die Bilder erhob, die persönlichen Angriffe auf Frys Moral und die Verleumdung des Ausstellungssekretärs sind nicht nur auf Vorurteile zurückzuführen. Die Öffentlichkeit empfand die Bilder als revolutionär, witterte Gewalt und verband sie mit damals aktuellen politischen Unruhen. In der durch die Ausstellung entfachten Diskussion gerieten die Bilder in Zusammenhang mit der Debatte um die irische Selbstbestimmung, mit dem Streik der walisischen Bergarbeiter – der im November vom Militär beendet worden war –, selbst mit der Angst vor einer deutschen Invasion, sowie der zunehmenden Gewalt der Frauenrechtlerinnen. Die Suffragetten waren wenige Tage nach Eröffnung der Postimpressionisten-Ausstellung ins Unterhaus einmarschiert, als dort die Frage des Wahlrechts für Frauen verhandelt wurde. In den darauffolgenden sechsstündigen handgreiflichen Auseinandersetzungen hatte es hundertsiebzehn Verhaftungen gegeben. Diesem »Schwarzen Freitag« folgte eine Welle der Gewalt; Fensterscheiben splitterten, Bilder wurden zerstört, Bomben explodierten und Feuer wurde gelegt, als die Suffragetten ihre Hoffnung auf parlamentarischen Einfluß schwinden sahen und Gewalt als ihr letztes Mittel erkannten. Die Frauenrechtlerinnen hatten mit den Postimpressionisten insofern einiges gemeinsam, als beide nicht nur enorm vital, sondern auch hundertprozentig von ihrer Sache überzeugt waren. Im *Daily Herald* erklärte Christina Walshe: »Die Postimpressionisten befinden sich in Gesellschaft der großen Rebellen der Welt. In der Politik sind nur die Frauenfrage und der Sozialismus von Belang. Beide sind postimpressionistisch in ihrem Bedürfnis, die alten verrotteten Formen über Bord zu werfen und für sich ein neues funktionierendes Ideal zu finden.«[17] Die Suffragetten wurden in den Zeitungen als unweiblich angegriffen; dem Postimpressionismus warf man vor, in seinen Darstellungen die herkömmlichen Vorstellungen von weiblicher Schönheit zu unterminieren. Nicht wenige Kritiker unterstellten dem Postimpressionismus moralische Verwerflichkeit: »Offenbar bringt er eine Welle der Verderbtheit mit sich, wenn nicht des völligen Wahnsinns; das Gesamtprodukt verrät nicht nur Unfähigkeit, sondern Entartung – besonders in seinem Bemühen, alle Formen weiblicher Schönheit zu erniedrigen und in Verruf zu bringen.« [18]

Durch die Reaktionen auf seine Ausstellung wurde Roger Fry allerdings in seiner Auffassung bestätigt, Kunst und Leben seien nicht voneinander zu trennen. Rückblickend begriff er, daß die Bilder nicht nur ästhetische Wertmaßstäbe angriffen, sondern die existierende Gesellschaftsordnung zumindest ein wenig in Frage stellten.

Unter den Gebildeten, bis dahin meine eifrigsten Zuhörer, fand ich die hartnäckigsten und leidenschaftlichsten Gegner der neuen Bewegung. Ständig warf man mir Anarchismus vor. Vom ästhetischen Standpunkt gesehen war natürlich genau das Gegenteil der Fall, und lange war mir der Grund für die widersprüchlichen Ansichten und heftigen Feindseligkeiten ein Rätsel. Inzwischen ist mir klar, daß ich ihre Privilegien in Frage stellte. Das war mein Vergehen. Diese Leute wußten instinktiv, daß ihre besondere Kultiviertheit für sie ein gesellschaftliches Plus war. Wenn sie Begriffe wie Tang und Ming oder Amico di Sandro und Baldovinetti im Munde führen konnten, verlieh es ihnen sozialen Status und Distinktion. Was mir zeigte, daß wir die ganze Zeit auf der Basis eines gemeinsamen Mißverständnisses laboriert hatten; und zum Beispiel die frühen Italiener aus völlig unterschiedlichen Gründen bewundert hatten. Man empfand, daß man Amico di Sandro und Baldovinetti nur schätzen konnte, wenn man einen erheblichen Bildungsgrad erworben und darauf viel Zeit und Aufmerksamkeit verwandt hatte, daß dagegen die Bewunderung eines Matisse nur eine gewisse Sensibilität erforderte. Man konnte einigermaßen sicher sein, daß das Hausmädchen im ersteren Fall keine Konkurrenz darstellte, daß es einem aber, wenn man Pech hatte, im zweiten Fall durchaus überlegen war. So daß der Vorwurf des revolutionären Anarchismus eher von einem gesellschaftlichen als einem ästhetischen Vorurteil herrührte. [19]

Frys Londoner Ausstellung der Postimpressionisten zerstörte über Nacht, wie Quentin Bell feststellte, »das gesamte Gewebe bequemer Verlogenheit, auf die diese Epoche ihre Ansichten von Schönheit, Sittlichkeit und Anstand gründete«.[20]

Auch in persönlicher Hinsicht veränderte die Ausstellung Roger Frys Leben. Wie viele gute Ausstellungen war auch diese hier im wesentlichen aus reiner Lust am Lernen entstanden, und so ließ sich Roger Fry keine Diskussion über die Bilder entgehen. Er legte seine Ansichten dar und war neugierig auf die Meinung seines Gegenübers. Doch hauptsächlich sah er sich immer wieder die Bilder an, wie Virginia Woolf in ihrer Biographie über ihn schrieb: »Und Roger Fry betrachtete sie, verschlang sie mit Blicken, wie ein Kolibri-Nachtfalter über einer Blume, aufgeregt, aber ruhig. Und dann atmete er zufrieden durch und wandte sich, wem auch immer, Sympathie heischend zu.«[21] Der Wirbel um die Ausstellung bewog ihn dazu, seinem eigentlichen Fachgebiet, den Alten Meistern, den Rücken zu kehren und sich ganz seiner eigenen Malerei und der modernen Kunst zu widmen. Von den ausgestellten Bildern kaufte er Derains *Le Parc de Carrières, Saint Denis*, das heute in der Londoner Courtauld Gallery hängt – eine bescheidene Wahl, denn er mußte sich, seit er sein Traumhaus Durbins gebaut hatte, finanziell zurückhalten. Das Bild hatte jedoch nachhaltige Wirkung auf seinen eigenen Malstil.

Frys Drang, die eigene Begeisterung praktisch umzusetzen, steckte auch Vanessa Bell und Duncan Grant an. Beeinflußt von Fry entfernte sich Grant von seinem bisherigen naturalistischen Malstil und begann wild herumzuexperimentieren, bis er seinen persönlichen Ausdruck fand. Aber die Faszination, die aus Grants plötzlicher Vorliebe für leuchtende Farben und groben Pinselstrich spricht, war in ganz Bloomsbury zu spüren; mit einemmal standen sie im Mittelpunkt einer leidenschaftlichen Kunstdebatte. Über Nacht war das feine edwardianische Zeitalter vorüber. Fry entdeckte kühn gemusterte Stoffe, die in Manchester für den afrikanischen Markt hergestellt wurden; er kaufte verschiedene Muster, und als er sie in das Haus seiner Freunde am Gordon Square 46 brachte, wirkte die pastellfarbene Innendekoration daneben mit einem Schlag altmodisch. Die Vitalität des Postimpressionismus bemächtigte sich nicht nur der Wände, sondern auch des Lebens aller Beteiligten. »Oh, Donnerwetter, Roger!« klagte Virginia ihrer Schwester, »Kultiviert! Wir, im postimpressionistischen Zeitalter!«[22] Donnerwetter auch, als Fry, Vanessa und Clive Bell, Virginia und Adrian Stephen und James Strachey auf einem Kostümball als Südsee-Eingeborene à la Gauguin auftauchten, braun geschminkt und in nichts als den afrikanischen Stoff aus Manchester gehüllt.

Die neue Begeisterung brauchte ständig frische Impulse. Fry wagte die These, die postimpressionistische Revolution sei zu vergleichen mit der Blüte der byzantinischen Kunst nach dem Niedergang des römischen Naturalismus. Also beschloß man eine Expedition zu den berühmten byzantinischen Mosaiken. Und so machten sich die Bells, H. T. J. Norton und Roger Fry im April 1911 auf die Reise in die Türkei.

Wegen einer unerwarteten Romanze wäre diese Türkeireise beinahe nicht zustande gekommen – einem Techtelmechtel zwischen Roger Fry und seiner Freundin und Bewunderin Lady Ottoline Morrell. Lady Ottoline war äußerlich eine eher kuriose Erscheinung: groß, rothaarig, mit spitzem Kinn und aristokratischer Nase; sie hatte einen Hang zu theatralischen Gewändern und überging jede durch ihre Person ausgelöste Irritation mit aristokratischer Grandezza und der nötigen exzentrischen Pose. Mit Vorliebe schockierte sie die Oberschichtgesellschaft und umgab sich gern mit Künstlern und Bohemiens wie Augustus John und Henry Lamb, denen sie besonders durch ihr Aussehen und ihre blasierten Reden imponierte. Dabei war sie ausgesprochen entgegenkommend und gastfreundlich und bekam dadurch tiefe Einblicke in die Intrigen und Leidenschaften des

Künstlerdaseins. Sie hatte eine außergewöhnliche Fähigkeit, ihre Protégés in ihrem Wirken zu bestätigen; deshalb blieben sie ihr auch treu, wenn die erste Faszination vorüber war und sie die gutgepuderte Fassade der Salonlöwin durchschaut hatten.

Zum ersten Mal erfuhr Fry von Lady Ottoline in einem Brief, den ihm seine Frau Helen nach Amerika schrieb. Die beiden Frauen hatten sich in Frys Abwesenheit angefreundet, und Helen besuchte Lady Ottoline 1906, gleich nachdem diese Zwillinge zur Welt gebracht hatte, von denen ein Kind starb. Als Helen später wegen ihres labilen Zustands lange Zeit in The Priory in Roehampton war, schrieb Lady Ottoline an Fry: »Ich kann gut nachempfinden, welche Qualen Sie durchmachen angesichts der Umdämmerung dieses wunderbaren, schönen Wesens.«[23]

Im Verlauf dieser Freundschaft entdeckte Fry Lady Ottolines Geschmack und Weltoffenheit. Die neuste Entwicklung der französischen Kunst war ihr nicht unbekannt: Auf einer Reise nach Paris im Oktober 1909 hatte sie mit Dorelia John die dortige Ausstellung der Postimpressionisten besichtigt und Matisse in seinem Atelier besucht. Mit ihrem Mann war sie bei Gertrude und Leo Stein gewesen, um deren Sammlung von Cézannes, Matisses und Picassos zu sehen. Sie gehörte zum Komitee der Londoner Postimpressionisten-Ausstellung. Fry lud sie sogar nach Paris ein, um die Bilder für die Ausstellung mit auszusuchen: »Ich brauche in diesem schrecklichen Jahr wenigstens etwas wirklich Erfreuliches, und das ist ein Treffen mit Ihnen in Paris. Wir gehen zum Salon d'Automne und besichtigen die Cézannes, Van Goghs etc., die nach England kommen sollen.«[24] Sie nahm ihn beim Wort und besuchte Fry, Bell und MacCarthy, die eifrig Bilder aussuchten, im Oktober 1910. Fry war durchaus angetan von ihrem Erscheinen und fand sie »fabelhaft«.

Die Ausstellung, die »wie seit langem nichts sonst«[25] die britische Öffentlichkeit wachrüttelte, riß auch Fry aus seiner Depression. »Merkwürdig, als mein bis dahin völlig von Helen in Beschlag genommenes Innenleben aufbrach, wurde auch der

Rest viel lebenswerter«, erklärte er Ottoline, »und Sie wissen, wieviel Sie dazu beigetragen haben.«[26] »Freitag war ich kurz in der Grafton Gallery«, berichtete sie Fry, »und war einfach gefesselt von Van Gogh mit seiner Seelenvision.«[27]

Solche Begeisterung festigte die Freundschaft. Im Winter 1910/11 ging Fry mit Lady Ottoline und ihrem weniger exzentrischen Ehemann ins Konzert, besuchte sie auf dem Lande, lud sie nach Durbins ein und malte Lady Ottoline in, wie sie fand »neutralen Farben«.[28] Dann wurde, unmittelbar vor Frys Abreise in die Türkei, aus der Freundschaft buchstäblich über Nacht eine Affäre. Fry, kopflos, kritzelte hastige Dankes- und Lobeshymnen. In der Hoffnung auf ein zweites Rendezvous erwog er allen Ernstes, seine Fahrkarte umzutauschen. Der Verdacht, daß Lady Ottoline – die gerade mit dem Maler Henry Lamb und dem Philosophen Bertrand Russell beschäftigt war – ihn womöglich nur erhört hatte, weil seine Abreise bevorstand, kam ihm nicht.

Schließlich behielt er seine Fahrkarte und nahm mit H. T. J. Norton die Kanalfähre. In Gent warteten beide auf die übrigen Mitreisenden. Die Bells verspäteten sich, weil Vanessa wegen einer drohenden Fehlgeburt immer wieder Schwächeanfälle hatte und nicht sicher war, ob sie die Reise wagen konnte.

Bei der Ankunft in Konstantinopel wurde Fry mit einem Schlag ein anderer Mensch. Seine Neugier war geweckt.

Aus einem Sprachführer hatte er sich etwas Türkisch beigebracht, saß nun bei den gemeinsamen Ausflügen radebrechend und gestikulierend neben dem Kutscher und führte die kleine Reisegesellschaft zu allen interessanten Sehenswürdigkeiten. Anders als die übrigen britischen Touristen hatte er keine Berührungsängste gegenüber den Einheimischen; er redete, lachte und feilschte mit ihnen und wurde deswegen respektiert. Wenn er mit seinem Skizzenblock dasaß, ermahnten die Türken ihre Kinder, ihn nicht zu stören. Oft malte er mit Vanessa, manchmal bekamen beide von Fremden Kaffee serviert. Einmal wurden sie von Einheimischen nach Hause eingeladen, was damit endete, daß Fry den Hausherrn porträtierte und Vanessa dessen Frau.

Von Konstantinopel setzte die Gruppe über nach Istanbul. Fry organisierte ein Boot, mit dem sie übers Marmara-Meer segelten, vorbei an roten Gemäuern am Wasser, den Ruinen byzantinischer Paläste, grauen Hütten und weißen Moscheen. Während Roger und Vanessa malten, machten die anderen beiden Streifzüge durch die Stadt, die Fry als eine Mischung »aus New Jersey City, den Slums von Fulham Road, den schlimmsten Vororten von Paris, und Gott weiß was für Müllkippen der Zivilisation«[29] beschrieb. Er war in seinem Element: »Ich fühle so viel Vertrauen bei diesen Leuten ... sie sind so direkt und instinktiv.«[30]

Nach ein paar Tagen ging es nach Bursa, wo sich Vanessas Gesundheitszustand verschlechterte und man deshalb länger als die geplanten zwei Tage bleiben mußte. Fry war fasziniert von der Umgebung: Schnee auf dem Olymp, die Hänge rot und violett, in den Ebenen Gruppen von Silberpappeln und ein Meer von Mandelblüten. Die Stadt mit ihren Minaretten und Zypressen sollte später zu Hause auf seinen großformatigen Bildern wieder auftauchen.

Vanessa hatte in Bursa eine Fehlgeburt. Es gab weder medizinischen Beistand, noch waren die Freunde eine besondere Hilfe. Nur Fry behielt einen klaren Kopf; er besann sich auf die Erfahrungen in der Krankenpflege, die er im Verlauf seiner Ehe notgedrungen gesammelt hatte, und übernahm das Kommando. An Lady Ottoline schrieb er: »Große Sorgen macht mir ihre anschließende Panik, als entglitte ihr alles. Aber aufgrund meiner großen Erfahrung konnte ich ihr wohl helfen.«[31] Allerdings war seine Krankenpflege ausgesprochen unkonventionell. Er verschrieb keine Ruhe, sondern Chaos. Vanessas Zimmer war ein einziges Durcheinander; Gläser, Flaschen, Bücher, Briefe, Leinwände, Paletten – und das in täglich zunehmender Zahl. Von seinen kurzen Streifzügen durch die Stadt kam Fry mit bedruckten Taschentüchern, Schals und Teppichen vom Basar zurück, und wenn er länger wegblieb, kehrte er mit unzähligen Skizzen heim, die er in ihrem Zimmer zur Begutachtung aufstellte. Er pflegte sie Tag und Nacht, und obwohl ihr Zustand ernst war und es keinerlei Medikamente gab, zweifelte er keinen Augenblick, daß sie wieder gesund würde. Damals wurde Vanessa klar, woher er seine Energie und sein Selbstvertrauen nahm. Sie erinnerte sich: »Er erzählte mir, daß er enorme Kraft besitze und irgendeine Macht ihm vollkommene Sicherheit gebe, genau das Richtige zu tun, Kraft, für sich, mich und die anderen zu sorgen.«[32]

Auf der Rückfahrt nach England saß sie – begleitet von ihrer eigens angereisten Schwester Virginia – Fry in der Eisenbahn gegenüber. Der eigentümliche Reisegefährte beschäftigte sie: Dieser Mann hatte seinen ganzen Willen eingesetzt, um sie wieder gesund zu machen, und sie dabei auf viele gute Ideen gebracht. Beide spürten eine unmittelbare Sympathie, unterhielten sich angeregt, und die Reise von Wien bis London verging wie im Fluge. Sie war überrascht, welches Gespür für Landschaften er hatte; fiel ihm auf der Fahrt etwas auf, holte er Skizzenbuch und Stift und hielt die Eindrücke fest. Seine Taschen waren ein Gemischtwarenlager – Messer, Radiergummi, Flaschenöffner, Schere, Schlüssel –, er hieß deswegen allgemein »Der weiße Ritter« nach einer Figur aus »Alice im Wunderland«. In England angekommen, betrachtete Vanessa ihre Umgebung mit Frys Augen: Die augenblickliche Londoner Modefarbe Blau kam ihr, verglichen mit den leuchtenden Blauschattierungen des Orients, viel zu grell vor.

Roger Fry brauchte sein Leben lang Frauen um sich, die ihn kritisch berieten und ermutigten. Hieß 1910 seine Muse Lady Ottoline, so war das nun vorbei, denn in der Türkei hatte er sich in Vanessa verliebt. Vanessa mit ihrer Kompromißlosigkeit, die sich auch in ihrem schönen, klaren Gesicht ausdrückte, war absolut nicht bereit, ihren Freund Fry mit Ottoline zu teilen;

wahrscheinlich drängte sie Fry, reinen Tisch zu machen. Das führte zu einem Streit zwischen den einstigen Vertrauten, den Ottoline zwar mitverschuldete, der aber trotzdem unnötig heftig ausfiel, wenn man bedenkt, daß beide – und ihre jeweiligen Partner – gute alte Bekannte waren. Am 18. Mai 1911 war er bei Lady Ottoline zum Essen eingeladen; der Ehrengast war Winston Churchill. Zwei Tage später kam es zu einer Szene, die Ottoline in ihrem Tagebuch festhielt: »Plötzlich fiel er mit wütender Miene über mich her und verlangte eine Erklärung, wieso ich herumposaunt hätte, daß er in mich verliebt sei. Ich war völlig vor den Kopf gestoßen, denn daran hätte ich im Traum nicht gedacht – und hatte auch keiner Seele etwas erzählt.«[33] Wobei Frys Zorn wohl nicht unbegründet war, denn auf diese Weise hatte Lady Ottoline (ihr Tagebuch schrieb sie für die Nachwelt) von ihrer Affäre mit Bertrand Russell ablenken wollen.[34]

Auch nach ihrer Rückkehr blieb Vanessa gesundheitlich angeschlagen; nach einem zweitägigen Besuch bei Fry in Durbins kehrten die Symptome zurück, und der Arzt riet ihr dringend zur Erholung. Im Juli quartierte sie sich ohne ihre Familie in Frys Nähe in Guildford ein, und die beiden verbrachten viel Zeit zusammen. Zuerst hatte sie ihre Beziehung geheimgehalten, aber da ihre Ehe ohnehin durch Clives Flirt mit Virginia einen Knacks bekommen hatte, machte sie bald kein Geheimnis mehr aus ihren Gefühlen. Außerdem war es nur normal, daß die beiden Maler Bloomsburys, Vanessa und Duncan, viel Zeit mit Fry verbrachten.

Für Vanessa hatte dieser Sommer 1911 etwas Magisches: Die Hitzewelle schien genau der passende Hintergrund für die heißen Kunstdebatten und -experimente. Unangemeldet tauchten Fry und Duncan bei ihr auf und bezogen ein Matratzenlager auf der Terrasse. Des Nachts faulenzten alle drei im Boot auf dem Fluß, und die beiden Männer badeten nackt. Tagsüber saß Vanessa für Fry Modell – im Liegestuhl, in einen türkischen Schal gehüllt. Ein kritischer Besucher registrierte erzürnt, daß Vanessa ihren dreijährigen Sohn Julian nicht ausschimpfte, als er ihr eine Handvoll Dreck ins Dekolleté warf. Im September wurde die Idylle auf die Isle of Whight verlegt, wo Fry sich mit seiner Schwester neben den Bells einmietete. Aber diesmal waren die Quartiere zu eng, die Kinder anstrengend, und Vanessa und Fry malten und skizzierten, aber die Intensität fehlte.

Fry selbst hatte nach seiner Rückkehr aus der Türkei den postimpressionistischen Stil für seine eigene Malerei entdeckt. Im Verlauf der Londoner Ausstellung hatte er begriffen, welche erstaunliche Realität die französischen Bilder ausstrahlten, »kraftvoll und geschlossen in der Form«.[35] Zwar hatten die Kritiker Cézannes *La Vieille au Chapelet* wegen des aprikosenfarbenen Gesichts verspottet; für Fry symbolisierte es »jenes unabhängige Innenleben, jenen Widerstand und Nachdruck, die zu einem guten Bild gehören, das mehr ist als der Reflex einer eindringlicheren Wirklichkeit«.[36] Doch Matisse war es, dessen Bilder ihm besonders unter die Haut gingen. Bald nach seiner Rückkehr schrieb Fry aus London seinem Malerfreund Simon Bussy: »Ich bin jetzt ganz und gar *Matissiste*. Anfangs hatte ich ja Zweifel, aber nachdem ich seine Bilder insgesamt studiert habe, bin ich völlig von seinem Genie überzeugt.«[37]

Vanessa Bell hatte inzwischen Duncan Grant mit ihrer Begeisterung für Mosaiken angesteckt. »Mit meinen Bildern ging es nicht weiter, was aber nichts Ernstes war«, erklärte sie Fry. »Duncan sagt viel Nettes darüber und findet, daß wir Mosaiken machen sollten.«[38] Und bald darauf schreibt sie ihm: »Ich versuche zu malen, als würde ich ein Mosaik anlegen, aber ich pünktele nicht, sondern betrachte das Bild in Farbsegmenten.«[39] Bloomsburys Mosaikmalerei hatte also eher etwas von bunten Glasfenstern – man versuchte, die Dreidimensionalität des Vorbilds auf die zweidimensionale Leinwand zu bannen. Als die Maler 1913 den Omega Workshop eröffneten, zierten Reproduktionen byzantinischer Mosaiken die Ladenwände.

Im Januar 1912 stellte Roger Fry zweiundfünfzig eigene neue Bilder in der Alpine Club Gallery aus. Die Kritiker stürzten sich natürlich auf diese einmalige Gelegenheit, den Impresario der neuen Kunstbewegung unter die Lupe zu nehmen. Doch insgesamt sahen sie die britische Version des Postimpressionismus positiv. »Mr Fry macht aus dem französischen Import endlich etwas Englisches«, hieß es in der *Morning Post.* »Nicht diese unangenehme Atmosphäre wie auf den Bildern eines Van Gogh oder Matisse, auch nichts Abstoßendes, Böses, das keine Ästhetik ausräumen kann, wie in den zweifellos interessanten Werken Gauguins oder des verkümmerten und verkommenen Talents Picasso.«[40] Frys rhythmisch reduzierte Form war fortschrittlicher als alles, was bis dahin in einer Einzelausstellung eines britischen Künstlers zu sehen war, und selbst *The Times* mußte zugeben, daß seine Reduzierung eine Illusion der Realität schuf, die »besonders intensiv schien, weil sie nicht offensichtlich und unmittelbar wirkte.«[41]

Fry hatte in seinem neuen, strengen Stil sowohl Vanessa Bell als auch E. M. Forster porträtiert. Forster war gern gesehener Gast bei den Frys, und wahrscheinlich hatte er sich nach einem guten Sonntagsbraten breitschlagen lassen, Fry Modell zu sitzen. Er kommentierte die Prozedur folgendermaßen:

> *Roger Fry malt mich. Es gleicht mir momentan noch zu sehr, aber er versichert, daß er das noch ändern kann. Der Postimpressionismus beschränkt sich bisher auf meine Unterlippe und mein Kinn, das aussieht, als sei Suppe draufgekleckert. Ansonsten sieht man einen intelligenten, gesunden jungen Mann, dem allerdings eine Hand fehlt und dessen Beine irgendwie merkwürdig aussehen, vielleicht Folge eines Flugzeugunglücks, denn er wirkt wie aus großer Höhe aufs Sofa gefallen.*[42]

Trotzdem bezahlte Forster 17 Pfund, 10 Shilling für sein Porträt und brachte es nach Hause, nach Weybridge, wo weibliche Familienmitglieder es stolz ins Wohnzimmer hängten. Ein Geistlicher, der die Damen besuchte, beäugte es mit großem Ernst und fragte Forsters Mutter: »Ihr Sohn ist doch hoffentlich nicht verquer?«[43]

Fry durfte auf seinen Ausstellungserfolg stolz sein. Im Juli 1912 reiste er wieder nach Paris, um erneut französische Kunst für eine zweite Postimpressionistenschau zusammenzutragen. Vor seiner Abreise schrieb er seiner Mutter: »Das britische Publikum ist seit der letzten Ausstellung schon wieder eingedöst und braucht einen neuen Elektroschock – hoffentlich kann ich bald damit dienen.«[44]

Kriegsdienst

Michael Holroyd

Als England in den Ersten Weltkrieg eingriff, verständigte sich Bloomsbury auf Positionen wie Kriegsdienstverweigerung und Pazifismus. Dabei engagierte sich – eigentlich erstaunlich für einen an Weltschmerz und vielen Wehwehchen kränkelnden Individualisten – besonders Lytton Strachey als politischer Aktivist. Bei weitem nicht alle Bloomsbury-Freunde waren von Anfang an gegen das Militär. Selbst Clive Bell, dessen Antikriegsschrift »Peace at Once« später öffentlich verbrannt wurde, erwog, einem nicht kämpfenden Teil der Truppe beizutreten. Duncan Grant meldete sich erst einmal zur Reserve. E. M. Forster ging als Rot-Kreuz-Beobachter nach Ägypten. Doch Lytton schrieb schon am 21. August 1914: »Es ist wie Marionettentheater, die armen kleinen offiziellen Puppen tanzen und kreischen ihre offiziellen Sprüche, wobei die Drähte von einer teuflischen »Unsichtbaren Macht« gezogen werden. Man möchte natürlich jemandem die Schuld geben – vorzugsweise dem Kaiser –, aber mir scheint es eine tragische Ironie, daß eigentlich alle hilflos sind. Der wahre Horror besteht darin, daß Europa nicht mal halbzivilisiert ist und die friedlichen Länder nicht stark genug sind, die anderen ruhig zu halten.«

Kriegsdienst
Michael Holroyd

»Mein Leben hier ist neuerdings recht kurzweilig«, schrieb Lytton Strachey am 8. November 1915 an David Garnett. Zum Vergnügen nahm er Deutschstunden – einmal wöchentlich bei einem gestrengen englischen Blaustrumpf am Mecklenburgh Square. Er mühte sich mit Heinrich Heine ab; doch er machte Fortschritte. Außerdem arbeitete er an einer kurzen Lebensbeschreibung des einflußreichen Public-School-Direktors des neunzehnten Jahrhunderts, Thomas Arnold: »Eine wahrlich traurige Geschichte; hoffentlich kommt trotzdem was Unterhaltsames dabei heraus«, schrieb er seiner Mutter am 12. Dezember nach Mentone. »Er war ein selbstgerechter Dickkopf, leider energischer und sturer als die meisten, so daß er gehörig Unheil anrichtete – unsere vermaledeiten Public Schools beweisen es!«

Er verbrachte einen gemächlichen, aber nicht untätigen Winter. »Ich besuche die Vorlesungen von Maynard und Mr Shaw«, berichtete er Francis Birrell im November.

> *Letztgenannte Veranstaltung war höchst eigentümlich, Bertie Russell hatte den Vorsitz, und eine Menge Zuhörer erwarteten gespannt eine pazifistische Rede, alles was fortschrittlich ist – doch der gute, arme Mr Shaw redete mit zitternden Lippen und leuchtenden Augen von »England« und verkündete, es sei sein einziger Wunsch, daß wir erst die Deutschen besiegten, und dann wieder gegen sie kämpften, und dann weiter siegten, viele, viele Male! Er glich eher einem netten altmodischen Admiral auf Achterdeck. Und die Zeitungen sind so dumm, daß sie nicht über ihn berichten, weil er eben Mr Shaw ist – dabei könnten sie ihn als unseren führenden Patrioten feiern.*

Die dämmrigen Londoner Straßen mit ihrer anheimelnden Verdunkelung hatten es Lytton ganz besonders angetan. »Ich finde sie so romantisch und aufregend!« begeisterte er sich in einem Brief an Ottoline (21. Januar 1916). »Fast zuviel, fürchte ich!« In regelmäßigen Abständen, wenn ihm nach friedlichem Landleben war, verbrachte er die Wochenenden bei Clive und Vanessa, Leonard und Virginia oder Ottoline und ihren Verehrern. »Das Land ist sicher der Ort fürs friedliche Glück – wenn einem danach ist«, erklärte er Ottoline am 24. Februar 1916. »Ich glaube, die halbe Zeit möchte man's; und die andere halbe Zeit *un*friedliches Glück. Aber Glück die *ganze* Zeit.«

In jenen Winterwochen drehten sich die Gespräche immer wieder um die Wehrpflicht. Um in England, wo ein Großteil der Bevölkerung die allgemeine Wehrpflicht ablehnte, genug Männer zum Militär einziehen zu können, hatte die Regierung 1915 das sogenannte »Derby Scheme« eingeführt. Es handelte sich dabei um einen Freiwilligenplan wie in Ländern auf dem Kontinent: Männer im diensttauglichen Alter sollten den militärischen Eid leisten, um – wenn nötig – eher aus moralischer als juristischer Verpflichtung in den Krieg zu ziehen. Bloomsbury war beinahe geschlossen gegen das »Derby-Scheme« und hielt es für erpresserisch und verharmlosend; die Freunde betrachteten den Regierungsplan als direkte Vorstufe zur allgemeinen Wehrpflicht. »Die Wehrpflicht-Krise hat unsere Kreise in erhebliche Erregung versetzt«, hatte Lytton an James Strachey schon am 23. September geschrieben. »... Ich persönlich bin verzagt – deswegen und wegen der meisten übrigen Angelegenheiten auch.«

Im Dezember war dann klar, daß besagtes »Derby Scheme« nicht den gewünschten Erfolg gebracht hatte, und in der ersten Januarwoche 1916 wurde ein Gesetz verabschiedet, das den Militärdienst neu regelte: Alle alleinstehenden Männer waren automatisch wehrpflichtig und zählten zur Reserve, konnten also bei Bedarf einberufen werden. Die Labour-Minister der Koalitionsregierung drohten mit Rücktritt – und nahmen ihre Drohung dann zurück. Nichts stand dem Gesetz mehr im Weg; dennoch hoffte Lytton bis zum Schluß auf oppositionellen Widerspruch. »Philip Morrell meint, es brauche zwei, drei Wochen, um durch die Gremien zu kommen«, informierte er James; »und meinst Du nicht auch, daß man noch was dagegen unternehmen sollte? Auf alle Fälle müßte es ständig Flugblätter und Aufrufe geben. Wenn möglich, Treffen im ganzen Land und Unterschriften gegen das Gesetz.«

Um die Anti-Wehrpflicht-Kampagne zu unterstützen, trat Lytton dem NCF *(No Conscription Fellowship)* und dem NCC *(National Council against Conscription)* bei – zwei Vereinigungen gegen das Wehrpflichtgesetz, die eine pazifistische Linie vertraten und die bedingungslose Freistellung der Kriegsdienstverweigerer von jeder Kriegsaktivität forderten. Bisher wurden Wehrdienstverweigerer zum Ersatzdienst eingezogen oder mußten ins Gefängnis. Mehrere Bloomsbury-Freunde, unter ihnen James Strachey, der gerade seine Stelle beim *Spectator* an einen militaristischen Kollegen verloren hatte, halfen im NCC-Büro in der Bride Lane aus, schrieben Adressen, frankierten Briefe und formulierten Flugblätter. Flugblatt Nr. 3 – das erklärte, die Motivation der Regierung bei der Einführung der Wehrpflicht liege hauptsachlich darin, Streiks zu verhindern und die Arbeiter einzuschüchtern – stammte aus Lyttons Feder.

> Wehrpflicht
> *Wahre Gründe und angebliche Gründe.*
>
> *Sie sagen, sie wollen die Drückeberger bestrafen.*
> *Sie wollen die Streikenden bestrafen.*
> *Sie sagen, sie wollen Deutschland vernichten.*
> *Sie wollen die Arbeiterklasse vernichten.*
> *Sie sagen, sie wollen Europa befreien.*
> *Sie wollen England versklaven.*

Verhindert, daß sie ihr Ziel erreichen,
auch wenn sie ihre Ziele verschleiern!

Die Katze sagte zur Maus, sie habe nur die edelsten
Absichten, und käme die Maus ein klein bißchen näher,
könnten beide sich den Käse teilen.
Die Maus sagte: »Danke, Pussi, du willst nicht den Käse;
du willst mich mit Haut und Haaren!«

Die Presse erklärte das Flugblatt, bald nachdem es in Umlauf war, für aufrührerisch. Selbst Oppositionspolitiker distanzierten sich davon. Also beschloß man, es aus dem Verkehr zu ziehen, obwohl bereits eine halbe Million verteilt worden war. Die *Morning Post* hatte es abgedruckt, um die Pazifisten zu diskriminieren, und fragte ihre Leser: »Kann man sich eine üblere und bösartigere Verleumdung vorstellen?« – »Die sind ja nicht bei Trost«, lautete Lyttons Kommentar daraufhin. Zwischen beiden Seiten klaffte ein tiefer Graben.

Ermutigend war für Lytton nur, daß der ganze Bloomsbury-Kreis geschlossen hinter ihm stand. Die Freunde waren der Überzeugung, daß die ursprüngliche Absicht Englands in diesem Krieg – nämlich dem Militarismus entgegenzutreten – mit der Einführung der Wehrpflicht unvereinbar sei. Sie mißtrauten der britischen Kriegspolitik und befürworteten seit 1916 eine politische Lösung durch einen Friedensvertrag. In seiner Erklärung als Kriegsdienstverweigerer erläuterte Lytton, wie er zu seiner pazifistischen Einstellung gekommen war. Über die Zeit vor 1916 heißt es darin:

Ich hatte mich bisher hauptsächlich mit literarischen und philosophischen Themen beschäftigt; doch mit dem Krieg wurde die vorrangige Bedeutung internationaler Fragen mir notgedrungen bewußt. Ich vertrat seit vielen Jahren eine kritische Haltung gegenüber der Gesamtstruktur der Gesellschaft; und nachdem ich die diplomatische Lage und auch die aus dem Krieg hervorgegangene polemische und philosophische Literatur studiert hatte, entwickelte sich zwangsläufig meine gegenwärtige Auffassung. Meine Überzeugungen bezüglich meiner eigentlichen Kriegspflicht habe ich weder schnell noch leichtfertig gewonnen; und ich werde nicht gegen diese Überzeugungen handeln, egal welche Konsequenzen mein Verhalten hat.

Lytton war zwar überzeugt, daß die Welt noch immer von Gemäßigten und nicht von Extremisten regiert werde. Doch den Anblick dieser Männer mit ihren Nadelstreifenanzügen, ihrer Jovialität, fand er zutiefst bedrohlich. Es kam ihm unfaßbar vor, zu welchem Denken die Mehrzahl der Biedermänner und -frauen fähig war. Blinde Ergebenheit und Kriegshysterie hatten dazu geführt, daß Menschen in beiden Lagern ohne weiteres ihre Individualität und Humanität aufgaben. Schon vor der Einführung der Wehrpflicht hatte die britische Regierung die Rekrutierung von Soldaten mit den gleichen schimpflichen Methoden betrieben wie die Deutschen. »Trägt Dein Schatz Khakigrün? … Erfüllt Dein junger Mann nicht seine Pflicht gegenüber König und Vaterland, wird er eines Tages auch DICH IM STICH LASSEN!« Das war eine Propaganda, »der weder durch Tatsachen noch Vernunft Grenzen gesetzt wurden«. Ein Patriotismus, der Verlogenheit rechtfertigte, um die nationale Einheit zu sichern, entsprang nicht übertriebener, sondern mangelnder Liebe zum eigenen Land. Als Propagandist der Gegenseite drehte Lytton den Spieß um. In »The Claims of Patriotism« (Forderungen des Patriotismus) schrieb er für die pazifistische Zeitschrift *War and Peace*:

Der Liebhaber, der seine Liebste so leidenschaftlich verehrte, daß er ihr, mit katastrophalen Folgen, nur Luft, Liebe und Mondschein zukommen ließ – liebte er sie in Wirklichkeit vielleicht gar nicht genug? Jedenfalls kann man die Geschichte durchaus so verstehen. Und deshalb sollten sich die Patrioten dieses traurige Gleichnis gelegentlich vor Augen führen und daran denken, daß Liebe – auch die Liebe zum Vaterland – durch nichts mehr versüßt wird als durch eine Portion gesunden Menschenverstands – und obendrein vielleicht auch eine Portion Zynismus.

Lytton mit seinem besonderen Pragmatismus und Zynismus fand Großbritannien nach der Verabschiedung des Wehrpflicht-Gesetzes um nichts weniger militaristisch als Deutschland. »Was würde es ändern, wenn die Deutschen tatsächlich hier wären?« Er wehrte sich generell gegen Militarismus, egal, ob auf Feindes- oder Alliiertenseite.

Lytton war überzeugt, daß ein Krieg höchstens als letztes Mittel der Verteidigung und niemals als nationalistische Demonstration gerechtfertigt sei. Die Tage des aggressiven Nationalismus schienen gezählt. Lloyd George stolzierte in der politischen Arena herum wie ein zum Aussterben verdammtes prähistorisches Monstrum. Als der Krieg dem Ende zuging, schrieb Lytton an Maynard Keynes: »Meiner Ansicht nach wäre es ideal, die Wiedergutmachung insgesamt abzuschaffen – aber das entspricht nicht der politischen Praxis – jedenfalls noch nicht; vielleicht wird es am Ende einmal so kommen.«

Fast alle seine Freunde, von Maynard Keynes bis Bertrand Russell, waren der gleichen Meinung. »Bertie spricht mir aus der Seele«, schrieb Lytton am Vorabend des Inkrafttretens des Wehrpflichtgesetzes an Ottoline (31. Dezember 1915). »Ich habe ihn heute morgen besucht, und wir haben nicht weit vom Trafalgar Square in einem höchst merkwürdigen tunnelartigen Bunker, wo die feinen Herren wie die Papageien auf Barhokkern saßen, mit Maynard zu Mittag gegessen. Maynard ist, weiß Gott, ein Wunder. Er hat sich nicht vereidigen lassen und hat es auch nicht vor. Er konnte uns nicht viel erzählen. Die hohen Tiere im Finanzministerium, McKenna und Runciman, würden vielleicht zurücktreten, wenn das Gesetz durchkäme – er würde dann auch zurücktreten und mit ihnen in die Opposition gehen.«

Doch als die Wehrpflicht in Kraft getreten war, trat keiner der drei zurück. Lytton und Russell fanden, Maynard habe »gekniffen«, sie drängten ihn, das Finanzministerium zu verlassen, und argumentierten, daß seine Befürwortung der Kriegsdienstverweigerung kaum in Einklang zu bringen sei mit seiner Aufgabe, die billigste Methode zu erfinden, die Deutschen zu töten: »Maximale Vernichtung bei minimalen Kosten.« Maynard war hin und her gerissen zwischen seinen Bloomsbury-Freunden und den Kollegen im Finanzministerium.

Mit Lytton war Maynard durchaus einig, daß der Krieg sinnlos sei und als »Friede ohne Sieg« beendet statt bis zum bitteren Ende ausgefochten werden sollte. Falls Lloyd George dazu entschlossen wäre, käme »der Punkt, an dem er selbst notgedrungen seinen Abschied nehmen würde – Genaueres konnte er allerdings nicht sagen«, erklärte Lytton gegenüber James Strachey, Maynards Haltung betreffend. Am nächsten Tag überwies Maynard dem *National Council against Conscription* fünfzig Pfund. Das Finanzministerium hatte ihn zwar vom Wehrdienst freistellen lassen, dennoch ließ er sich Ende Februar als Kriegsdienstverweigerer registrieren, war aber »zu beschäftigt«, um einen Monat später zur Anhörung zu gehen. Vermutlich hatte er also nach Lyttons Standpauke durchaus erwogen, im Finanzministerium zu kündigen, sich aber im letzten Augenblick dagegen entschieden. Besonders seine Eltern drängten ihn, seine Stelle nicht aufzugeben. Außerdem war er überzeugt, daß der Krieg nicht mehr lange dauern könne; solange er anhielt, konnte er womöglich Duncan und seine übrigen Bloomsbury-Freunde vor der Gefängnisstrafe bewahren, die das neue Gesetz für Kriegsdienstverweigerer vorsah. Als Lytton und Russell ihm wieder einmal moralische Inkonsequenz vorwarfen, konterte er pragmatisch. Erst gegen Ende des folgenden Jahres gestand er Duncan deprimiert: »Ich arbeite für eine Regierung, die ich verachte, weil sie meiner Ansicht nach kriminelle Ziele verfolgt.«

Zwar waren Maynard, Lytton und Russell grundsätzlich gleicher Meinung, dennoch ging jeder im Verlauf des Kriegs einen anderen Weg. Nach Inkrafttreten des Wehrpflichtgesetzes erlahmten Lyttons politische Aktivitäten, wohingegen Bertrand Russell sich von da an besonders engagierte. »Die Anti-Wehrpflicht-Bewegung dümpelt dahin, jedenfalls was mich betrifft«, schrieb Lytton an Ottoline (21. Januar 1916). Russell hingegen hielt eine ganze Serie gut besuchter pazifistischer Vorträge. Lytton hörte sie alle und lobte sie überschwenglich. »Berties Vorträge helfen einem«, schrieb er am 16. Februar. »Sie sind wunderbar tröstlich und herzerfrischend. Man lechzt nach seinen Worten und erwartet sie sehnsüchtig von Woche zu Woche, ich möchte nichts verpassen – gestern habe ich mich, eher tot als lebendig, in diese gräßliche Caxton Hall geschleppt, und es hat sich wirklich gelohnt. Kolossal, wie er vor nichts haltmacht – Regierungen, Religionen, Gesetze, Eigentum, selbst die guten Sitten – sie fallen wie die Kegel, alle Neune – ein herrlicher Ausblick! Und seine konstruktiven Ideen sind fabelhaft; man hat immer das Gefühl, daß sie genau mit den eigenen Gedanken übereinstimmen – nur daß die vage und wenig überzeugend sind; und er bringt alles auf den Punkt, durchdenkt alles, bis es einem absolut einleuchtet. Wahrscheinlich gibt es augenblicklich niemanden auf dieser Erde, der so grandios ist.«

Ende 1917 beschloß Russell dann, seine pazifistische Kampagne einzustellen. Er war – wie Lytton – überzeugt, daß es inzwischen wichtiger sei, für einen konstruktiven Nachkriegsfrieden zu arbeiten. Immerhin konnte er dabei einige Erfolge verzeichnen und Friedensaktivisten vor hohen Strafen bewahren.

Lytton schrieb inzwischen an seinem Buch *Eminent Victorians* – es wurde sein Beitrag gegen den Krieg. Offenbar lenkte ihn die Verschlimmerung der politischen Situation zeitweilig von seinem schlechten Gesundheitszustand ab. Er war, wie er Virginia am 25. Februar 1916 mitteilte, guter Stimmung. »Ich weiß nicht, warum – vielleicht weil der Horror der Außenwelt sich dermaßen bemerkbar macht – die Tribunale und all das –, und *dabei* kann man wirklich nicht still liegenbleiben.« An Ottoline schrieb er (16. Februar 1916): »Manchmal bin ich, angesichts des gegenwärtigen Horrors, ganz überrascht, wie man einfach weiterlebt – und sogar am Rande des Abgrunds gelegentlich Pirouetten dreht!«

Nach Verabschiedung der beiden Wehrdienstgesetze (das zweite bezog sich nicht nur auf Junggesellen und kinderlose Witwer, sondern auch auf verheiratete Männer zwischen achtzehn und einundvierzig) beantragte er sofort die Befreiung vom Wehrdienst aus Gesundheits- und Gewissensgründen. Er vermutete, daß er aufgrund seiner angeschlagenen Gesundheit bei der Musterung in Tauglichkeitskategorie IV b eingestuft und zu Büroarbeiten herangezogen würde. Doch er wollte den Kriegsdienst generell verweigern und, wenn es sein mußte, ins Gefängnis gehen. »Das Problem der Gewissensgründe ist ausgesprochen schwierig und kompliziert«, schrieb er am 28. Februar 1916 an James Strachey, der in ähnlicher Situation war. »Zweifellos habe ich eine ganze Menge gegen den Krieg, was nichts mit dem Gewissen zu tun hat; aber ich weiß eindeutig, daß ich, wenn ich IV b gemustert werde, bei der Büroarbeit die ganze Zeit ein schlechtes Gewissen hätte, weil ich den Krieg damit doch unterstützen würde; und wenn das kein Verweigerungsgrund ist, weiß ich's auch nicht … Jedenfalls will ich lieber ins Gefängnis als diese Arbeit tun.«

Das Warten auf die Anhörung in seinem Stadtteil Hampstead war zermürbend. »Ich bin meistens völlig durch den Wind – mein Kopf ist wie Brei, und ich bin ständig schlapp«, berichtete er Bunny Garnett. »Aber ich nehme jetzt besondere Kost zu mir und trinke abends Petroleum und mache ab und zu sogar Freiübungen. Wenn ich bloß aus dieser verfluchten Stadt und vor den noch verfluchteren Tribunalen abhauen könnte – am liebsten würde ich einen Monat schlafen; aber woanders wohnen kommt frühestens in Frage, wenn ich den ersten Schritt hinter mir habe.«

Seine Panik nahm zu, nachdem er sich mehrere Sitzungen des Tribunals in Hampstead angehört hatte. »Es war schrecklich, und tödlich wirksam«, erzählte er Ottoline im März. »Ausgesprochen höflich. Aber sie wollten ganz klar von vornherein keine Ausnahmen machen, und die Sitzungen waren eigentlich eine Farce. Man bekam eine Gänsehaut, während man sah, wie ein Opfer nach dem anderen dem Ruin oder der Vernichtung zugeführt wurde.« – »Die Tribunale werden gleich neben der Rechtswillkür Heinrichs des Achten ihren Platz in der Geschichte finden«, schrieb er an Dorothy Bussy (25. März 1916).

Die Anhörungen dienten in gewisser Weise dazu, das mit allgemeinem Entsetzen registrierte zunehmende Gemetzel an der Westfront den »Drückebergern« in die Schuhe zu schieben. Nur wenige Zeitungen wagten es, diese Tribunale zu erwähnen; auch über die Debatten im Unterhaus wurde nicht berichtet. Nur wer die amtlichen Parlamentsberichte las, wußte, was vor sich ging. Es war nicht verwunderlich, daß die zusammengewürfelten Gremien, ohne juristische Ausbildung oder Verfahrensrichtlinien in dieser allgemein haßerfüllten Atmosphäre – dabei mit enormer Macht ausgestattet –, sich schwertaten, die komplizierten Gesetze zur Wehrdienstverweigerung angemessen auszulegen. Ihr Machtmißbrauch bezog sich nicht nur auf die Wehrdienstverweigerer, auch mit Härtefällen gingen sie gnadenlos um. »Ich glaube, auch wenn man in seinem Antrag mit dem lieben Gott argumentiert hätte, wäre das zwecklos gewesen«, schrieb Lytton an Francis Birrell (März 1916), »– der ist ganz aus der Mode; und Jesus wird offen ausgelacht. Schon komisch, daß man sich mit diesem Burschen in einem Topf wiederfindet.«

Am 7. März erschien Lytton vor einem Beratungskomitee, wo sein Antrag vorläufig abgelehnt wurde. Wenige Tage später war er zum Tribunal vorgeladen. In der Zwischenzeit halfen die Freunde ihm über seine schlimmsten Befürchtungen hinweg.

Wie ein Leistungssportler bereitete er sich mit stärkender Ernährung und Gymnastik auf seine Anhörung in Hampstead vor. Nach seiner Erfahrung vor dem Beratungskomitee plante Lytton eine bissige Verteidigungsrede und malte sich die wildesten Kreuzverhöre mit den Militärvertretern aus. Obwohl er, wie er Ottoline mitteilte (11. März 1916), »den Gürtel festzog, die Ärmel aufkrempelte und die Zähne fletschte«, begeisterte ihn die Aussicht auf ein Verfahren wenig, das ohne Rechtsbeistand, ohne Hoffnung auf Gerechtigkeit oder die einfachsten Regeln der Fairneß stattfinden würde. »Ich komme mir nicht besonders schlagfertig vor und habe weder meine Stimme noch mein Temperament im Griff«, schrieb er an Francis Birrell; »außerdem hasse ich jegliche Art öffentlicher Auftritte.«

Das Spektakel war dementsprechend kurios. »Meine Anhänger drängten sich in großer Zahl im Rathausflur und strömten dann in den Saal«, berichtete Lytton seiner Schwester Pippa am 17. März 1916. »Mein Fall stand als letzter auf der Liste. Man fing frühmorgens gegen fünf an, und ich war um 7.30 da, ausgestattet mit allen möglichen Schriftstücken, Gesetzestexten, Anti-Kriegsdienst-Erklärungen etc.« Freunde und Familie waren eine imposante Schar. Zuerst kam, mit einem hellblauen aufblasbaren Gummikissen, Philip Morrell, der Lyttons guten Ruf bezeugen sollte. Ihm folgten die meisten der dreizehn Strachey-Geschwister und nahmen gegenüber den acht Tribunalmitgliedern Aufstellung, die an einem langen Tisch saßen. Weitere fünfzehn Begleiter – von Malern zu Pazifisten – nahmen im Publikum Platz. Schließlich kam der Antragsteller selbst: »Ein wunderbarer Anblick … schrecklich würdevoll.« Unterm Arm trug Lytton eine karierte Wolldecke. Da ihn wieder die Hämorrhoiden plagten, überreichte ihm Philip Morrell mit ernster Miene das Gummikissen, und vollbärtig, wie Lytton war, blies er es mit großer Geste auf. Dann legte er es auf die Holzbank und setzte sich ohne ein Wort direkt vor den Bürgermeister, legte die Wolldecke sorgfältig über die Knie, »hob seinen Kopf wie ein alter Seelöwe und betrachtete in aller Ruhe die vielen alten Herren«, wie Vanessa Bell später berichtete.

Das Verhör begann. Der Vertreter der Armee ließ einen wahren Fragenregen auf ihn herniederprasseln.

»Habe ich recht verstanden, Mr Strachey, daß Sie moralische Einwände gegen alle Kriege haben?«

»Oh, nein«, kam die prompte Antwort, »nicht gegen alle. Nur diesen.«

»Dann sagen Sie mir, Mr Strachey, was Sie täten, wenn ein deutscher Soldat vorhätte, Ihre Schwester zu vergewaltigen?«

Lytton drehte sich um und betrachtete nachdenklich seine Schwestern. Dann, wieder zum Ausschuß gewandt, antwortete er unbestimmt: »Ich würde versuchen, dazwischenzugehen.«

Das Tribunal fand das gar nicht komisch. Sein Antrag auf ersatzlose Freistellung vom Wehrdienst aus Gewissensgründen wurde vertagt und vom Ergebnis der ärztlichen Untersuchung abhängig gemacht. Also saß Lytton wenige Tage später von elf Uhr morgens bis halb vier Uhr nachmittags, vertieft in ein Buch über die Geschichte Englands, umgeben von einer Menge lärmender junger Männer. Seine schwächliche Konstitution war ihm endlich einmal nützlich. Er wurde als »gesundheitlich für jede Art von Kriegsdienst untauglich« ausgemustert und konnte das Gebäude als freier Mann verlassen. »Es ist eine ungeheure Erleichterung«, gestand er am selben Abend Lady Ottoline. »Alle waren ausgesprochen höflich und wohlwollend – außer einem Kerl – einem unbedeutenderen Doktor, der unverschämt wurde, bis ich ihn eines Besseren belehrte. Es war schon eigenartig, sich mit vier Männern der Unterschicht – zwei davon schlichte Straßen-Rowdys, dreckig, schmutzig – in einer Zimmerecke hinter einem Wandschirm auszuziehen. Einen Augenblick lang begriff ich, was es heißt, aus der Unterschicht zu *sein* – eine schreckliche Schmach! Als ich wieder herauskam, nachdem

Lady Ottoline Morrell im Garten ihres Landsitzes Garsington

alles vorbei war, und mich Polizisten und Schaffner ›Sir‹ nannten, empfand ich das als eine Genugtuung.«

Er fuhr sofort nach Garsington, dem Landsitz der Morrells, und blieb mit wenigen Unterbrechungen dort bis zum Sommer. Lady Ottolines Ehemann, der liberale Abgeordnete Philip Morrell, hatte dort eine Reihe landwirtschaftlicher Arbeitsplätze von »nationaler Bedeutung« schaffen können, und mehrere Bloomsbury-Kriegsdienstverweigerer leisteten dort ihren Ersatzdienst. An den Wochenenden bekamen die Gast-Arbeiter/Arbeiter-Gäste per Automobil, Motorrad oder Fahrrad Besuch von Familie, Freunden und Liebsten; und dann brach selbst unter den friedfertigsten Pazifisten der Kampf um Badezeug, Tennisschläger, Handtücher und Essen aus. Lady Ottoline spielte, zumindest tagsüber, die Rolle einer Hotelmanagerin. Des Nachts nahmen die Liebesgeschichten überhand. »Alle paaren sich, von den Möpsen und Pfauen bis hin zu Ott und dem Premierminister«, berichtete Vanessa ihrem Freund Roger Fry. Und Fry beklagte sich nach einem solchen Wochenende bei Vanessa, er habe zwar »leider keine Gelegenheit zum Beischlaf gehabt«, habe aber »die ganze Nacht kein Auge zugetan, weil auf dem langen Flur ständig Türen geknallt« worden seien. »Vielleicht hätte ich zumindest der Form halber ein paarmal zur Toilette gehen sollen.«

In diesem »bunten Haufen aus Bloomsbury und sonstigen komischen Vögeln« lernte Lytton bald auch eine jüngere Generation von Schriftstellern, Malern und Studenten kennen. Katherine Mansfield gehörte dazu – »sehr amüsant und reichlich mysteriös«; Aldous Huxley – »jung und typisch Oxford«; auch die schöne Exilantin Maria Nys, Tochter eines belgischen Industriellen, später Aldous Huxleys Ehefrau – ihr brachte Lytton für die Aufnahmeprüfung des Newnham College in Cambridge Latein bei. Sowohl Katherine Mansfield als auch Maria Nys mit ihrem verwundbaren Kinderblick und ihrem erotischen Körper übten eine schwer zu definierende Anziehungskraft auf ihn aus. »Wieso um Himmels willen war ich in diesen Lateinstunden dermaßen keusch?« fragte er sich am 26. Juni 1916. »Es wäre ein leichtes gewesen, anders zu sein – ich hätte mit beträchtlichem Vergnügen meine Hand auf ihren entblößten Hals legen können, und sogar auf ihre Beine; und vermutlich wäre sie insgesamt durchaus angetan gewesen. Doch ich ahnte wahrscheinlich, daß sie so bald wie möglich einem »Tantchen« jede Einzelheit erzählen würde, und das bremste mich.«

Im ganzen Land kursierten Gerüchte über Kriegsdienstverweigerer in Gefängnissen, bei Brot und Wasser, und als Kanonenfutter an der Front. Doch in der frühsommerlichen Stille hinter den hohen Eibenhecken und der ruhigen grauen Steinfassade verhallten diese Gerüchte in einem müden Echo, klangen unwahrscheinlich. »Es ist hier ungewöhnlich friedlich«, schrieb Lytton im Mai an Maynard, »und ich liege unter meiner bunten Steppdecke in der Sonne. Ich hoffe, daß ich bald genug Kraft habe, um mich wieder für einige Zeit London auszusetzen. Es ist schrecklich, hier hilflos herumzusitzen, während die armen Kerle das durchmachen. Aber man müßte schon der Allmächtige persönlich sein, um wirklich etwas zu ändern.«

Eine Geschichte aus zwei Häusern

Robert Skidelsky

Die Häuser der Bloomsbury-Freunde sind Legende. Wie Ottoline Morrell nach Garsington, Lytton Strachey nach Ham Spray, Vanessa und Duncan nach Charleston, Virginia und Leonard nach Rodmell gehören, zog es John Maynard Keynes nach Tilton, das er für sich und seine Frau, die russische Tänzerin Lydia Lopokova, kaufte und wo sein Biograph Lord Skidelsky heute wohnt. Maynard Keynes war das Kuckucksei im Nest der Bloomsberries. Von allen am wenigsten kunstbeflissen, vertrat er als Regierungsbeamter und Wirtschaftswissenschaftler im und besonders nach dem Ersten Weltkrieg eine finanzpolitische Linie, die in ihrer Weitsicht die Grenzen Englands hinter sich ließ und schon damals Europa als Ganzes begriff. Seine Berühmtheit machte den Freunden mehr zu schaffen, als sie zugeben wollten. Virginia Woolf ließ manchmal – das sah sie selbstkritisch – kein gutes Haar an ihm und nahm ihm übel, daß er ihre Bücher nicht las.

Eine Geschichte aus zwei Häusern

Robert Skidelsky

In Charleston gibt es ein Keynes-Zimmer. Es liegt im ersten Stock, gleich oben gegenüber der Treppe, mit Blick über den Teich. Quentin Bell ärgert sich ein bißchen, daß es das Keynes-Zimmer genannt wird. Eigentlich war es sein Zimmer, findet er. Ich möchte erklären, warum es das Keynes-Zimmer wurde und warum es dann doch nicht mehr das Keynes-Zimmer war.

Vanessa Bell und Duncan Grant kamen im Sommer 1916 zum ersten Mal nach Charleston. Vanessa, Duncan und Duncans enger Freund David Garnett (Bunny) hatten zusammen in Wissett in Suffolk gewohnt. Im Juli 1916 mußten Duncan und Bunny, als Kriegsdienstverweigerer anerkannt, eine Arbeitstelle finden, die von »nationaler Bedeutung« war. Ihre Beschäftigung in Wissett zählte nicht, weil sie keinen Arbeitgeber vorweisen konnten. Was sie brauchten, war eine bezahlte Stelle als Landarbeiter. Vanessas Schwager Leonard, der damals in Asham nahe Firle wohnte, entdeckte Charleston. »Es hat einen reizenden Garten mit einem Teich und Obstbäumen und Gemüse, zur Zeit alles ziemlich wild, aber Du könntest es schön machen«, schrieb Virginia ihrer Schwester. »Das Haus ist sehr hübsch, mit großen Zimmern und einem Zimmer mit großen Fenstern, passend als Atelier.« Es stand leer, man konnte es von Lord Gage mieten, und Bauer Hecks war bereit, die beiden Wehrdienstverweigerer zu beschäftigen. Maynard Keynes kam im Oktober 1916 zum ersten Mal zu Besuch nach Charleston – »Duncans neuem Landhaus«, wie er es nannte. Bald wurde es sein bevorzugtes Wochenendziel.

Maynard Keynes war dreiunddreißig und ledig. Er hatte in Cambridge Nationalökonomie und Philosophie studiert und übte mittlerweile ebenfalls eine Tätigkeit von »nationaler Bedeutung« aus, allerdings anderer Art als Duncan und Bunny. Er arbeitete im Finanzministerium als enger Berater des Schatzministers Reginald McKenna und war dem Premierminister Lloyd George ein Dorn im Auge. Er teilte die Anti-Kriegshaltung seiner Freunde. Sein bester Freund war Duncan Grant, durch ihn lernte er auch Vanessa gut kennen. Alle drei verband eine dauernde und tiefe Zuneigung.

Zum harten Kern des Haushalts in Charleston zählten – nach Quentin Bells Beschreibung – »Vanessa, Duncan, David Garnett, eine Gouvernante und ihr Liebhaber, vier Kinder inklusive der Tochter und des Neffen der Gouvernante, eine Köchin und ein Küchenmädchen«. Auch Maynard zählte als Wochenendgast zu Vanessas »Familie«. Er beteiligte sich an Miete und Nebenausgaben. Meist kam er freitags oder samstags, berichtete nach seiner Ankunft das Neueste vom Krieg und verzog sich bis zum nächsten Mittag ins Bett. Dann arbeitete er seine Akten aus dem Finanzministerium auf und hinterließ einen Papierkorb voll zerrissener Blätter. Danach machte man Spaziergänge über die Downs, und am Abend erzählte man sich den letzten Klatsch. Er beteiligte sich auch an der Gartenarbeit, befreite, auf einem Teppichrest kniend, den Kiesweg mit Hilfe seines Federmessers systematisch von Unkraut. Bunny Garnett fand, am Zustand des Gartenwegs lasse sich ohne weiteres ablesen, wie lange Maynard zu Besuch gewesen sei. Bei seinen Spaziergängen entdeckte Keynes auch sein späteres Haus, Tilton, damals ein verfallenes Bauernhaus weiter oben am Privatweg zum Anwesen von Lord Gage.

Nach Kriegsende führte Keynes ein ähnliches Leben wie während des Krieges. Im ersten Halbjahr 1919 leitete er die Delegation des britischen Schatzministeriums bei der unglückseligen Pariser Friedenskonferenz zur Vorbereitung der Versailler Verträge. Voller Abscheu legte er im Juni 1919 sein Amt nieder. Im August und September wohnte er in Charleston und schrieb seine Abhandlung *The Economic Consequences of the Peace*

Duncan Grant, Maynard Keynes und Clive Bell

(Die wirtschaftlichen Folgen des Friedensvertrages), mit der er weltberühmt wurde. Täglich frühstückte er morgens um acht, zog sich danach ins »Keynes-Zimmer« zurück und schrieb bis zum Mittagessen. Später las er *The Times*, und bis zum Tee arbeitete er im Garten. Am 3. September schrieb er an seine Mutter: »Ich habe mein Pensum von 1000 druckreifen Worten täglich an allen sieben Wochentagen durchgehalten ...« Es gibt ein

Photo, das Vanessa von Maynard gemacht hat, darauf trägt er einen weichen weißen Hut und einen bemerkenswert zerknitterten Anzug. Mehr als je zuvor gehörte er zur Familie. Er wurde der Patenonkel von Vanessas und Duncans gemeinsamer Tochter Angelica. Und er beriet die beiden in Geldangelegenheiten. Als die drei 1920 zusammen nach Italien fuhren und die Lira dramatisch gefallen war, machte Maynard durch seine Währungsspekulationen für alle einen Haufen Geld und gab die Parole aus, Geldausgeben sei kein Vergnügen, sondern Pflicht. Sie gerieten in einen wahren Kaufrausch und erstanden für über 300 Pfund Möbel und Stoffe. (Die Möbel sind zum Teil bis heute in Charleston.) Wieder in England, mußten sie allerdings feststellen, daß sie bankrott waren. Auf dieser Italienreise geschah auch, was Duncan später im Memoir Club zum besten gab. Der Kunstkritiker Bernard Berenson hatte die High Society von Florenz auf den weltberühmten Wirtschaftswissenschaftler aufmerksam gemacht. Bei einer noblen Abendgesellschaft, die der amerikanische Kunstsammler Charles Loeser zu Ehren von Keynes gab, wurden Keynes und Grant verwechselt. Ohne mit der Wimper zu zucken, gab Grant also viel Kluges zu den Reparationsbedingungen des Versailler Vertrags zum besten, und Keynes als *il pittore* begutachtete die Cézannes an den Wänden – ein Spaß, für den der Gastgeber allerdings wenig Sinn hatte.

Im August und September 1920 wohnte Keynes noch einmal im »Keynes-Zimmer« in Charleston. Er überarbeitete sein *Treatise on Probability* (Über die Wahrscheinlichkeit). Trotz seiner persönlichen Finanzkrise war er bester Laune. Lytton Strachey, der Anfang September zu Besuch nach Charleston kam, beschrieb die Szenerie, die er vorfand, als »wie üblich halbfiktiv: Duncan malt den ganzen Tag in Vanessas Zimmer und umgekehrt, Pozzo schreibt über Wahrscheinlichkeit und die Geschichte der Währung, kontrolliert die Geschäfte von King's College und redigiert das *Economic Journal*, Clive tut, als läse er Stendhal, Mary Hutchinson (Clives Geliebte) schreibt Briefe auf blauem Briefpapier, die Kinder schreien und fallen in den Teich.« Maynard startete einen Versuch und stellte die Uhren eine Stunde zurück – wozu, weiß keiner. Die Dienstboten rebellierten und zogen die Küchenuhr nicht mehr auf: Also wußte niemand mehr, wie spät es wirklich war. Clive bestand auf Mahlzeiten zur gewohnten Zeit. »Wie verrückt sie alle sind«, schrieb Lytton an Carrington. »Das Ergebnis ist absolut tschechowesk. Aber glücklicherweise ist die Atmosphäre restlos komisch. Jeder lacht und schreit und schiebt alles auf den anderen.« Keynes hatte immer auch seine Kritiker in Bloomsbury, und Virginia Woolf, die in jenem September von Monk's House nach Charleston kam, zeichnete im Tagebuch ein weniger wohlwollendes Bild:

> *Maynard im Lampenschein gab ein lebhaftes Bild ab – wie ein vollgefressener Seehund, Doppelkinn, roter vorspringender Mund, kleine Augen, sinnlich, brutal, phantasielos: einer dieser Anblicke, die durch eine Zufallspose zustande kommen, und der verschwand, als er den Kopf wandte. Ich glaube allerdings, daß das etwas von dem veranschaulicht, wie ich ihn empfinde. Außerdem hat er keines meiner Bücher gelesen.*

Hier deutet sich bereits die spätere Entfremdung an. Keynes besaß eine imposante, weltmännische Seite, die Bloomsbury eigentlich verachtete. Von allen Bloomsbury-Freunden besaß er am wenigsten ästhetisches Empfinden – obwohl er Künstler verehrte, die Ökonomie zur Kunst erhob und den Kunstsinn auf das öffentliche Leben anwandte.

1921 verbrachte Keynes zum letzten Mal den Sommer in Charleston, und wieder schrieb er ein Buch – *A Revision of the Treaty* (Revision des Friedensvertrages). Im Oktober kehrte er nach Cambridge zurück; Charleston wurde winterfest gemacht, und Vanessa, Duncan und die Kinder verbrachten die kalte Jahreszeit in Saint Tropez. Dort schlug am 22. Dezember 1921 der folgende Brief Maynards an Vanessa wie eine Bombe ein:

Loppy kam letzten Sonntag zum Lunch, und ich habe mich wieder sehr in sie verliebt. Sie kommt mir in jeder Hinsicht perfekt vor. Neu ist, daß sie ganz zauberhaft und überaus bewußt und klug englische Worte gebraucht. Ich gehe morgen ins Ballett und lade sie hinterher zum Essen ins Savoy ein.

Loppy war die russische Ballerina Lydia Lopokova. Keynes hatte sie bereits im Herbst 1918 kennengelernt, als sie zum ersten Mal in London mit Diaghilevs Ballets Russes auftrat und mit *Les Femmes des Bonne Humeur* und *La Boutique Fantasque* großen Eindruck machte. Danach verschwand sie auf mysteriöse Weise für zwei Jahre von der Bildfläche. 1921 trat sie wieder in Erscheinung. Als Keynes sich in sie verliebte, tanzte sie die Fliederfee in Diaghilevs aufwendiger Produktion von Tschaikowskys »Dornröschen« im Alhambra Theatre. Duncan und Vanessa waren überrascht, aber nicht beunruhigt von dieser Wendung des Geschehens, denn Maynard hatte sich noch nie für Frauen interessiert. Lydia war ihnen von ihren Auftritten 1918/19 ebenfalls keine Unbekannte. Sie gingen davon aus, daß Maynard sie unauffällig zu seiner Geliebten machen würde, ähnlich wie Clive es mit seinen Geliebten tat. Daß dies ein Ende ihres gut eingespielten Zusammenwohnens bedeutete – in Charleston und in London am Gordon Square –, ahnte keiner. Doch aus Maynards Briefen entnahm man bald, daß er hoffnungslos verliebt war und heiraten wollte (Lydia war verheiratet, hatte sich aber mit ihrem Ehemann auseinandergelebt). Duncan und Vanessa rieten Maynard zur »Flucht nach Indien« – wohin er als Mitglied einer Königlichen Kommission reisen sollte. Doch er sagte die Reise Lydia zuliebe ab. Schlimmer noch: Er quartierte Lydia am Gordon Square ein und überließ es Vanessa, die Anfang 1922 aus Frankreich zurückkehrte, sich um sie zu kümmern, während er wochentags in Cambridge war.

Lydia Lopokova gehörte nicht zu Bloomsbury und konnte auch nicht dazugehören. Sie kam aus einer anderen Welt und war ein vollkommen anderer Menschenschlag. Dennoch bestand Maynard von Anfang an darauf, daß sie in die »Bloomsbury-Familie« aufgenommen und Teil seines Lebens mit Vanessa, Duncan, Clive, Virginia, Leonard und den anderen würde. Vanessa und Clive wehrten sich entschieden dagegen, und vielleicht wollte nicht einmal Lydia das. Was Maynard wollte, hing nicht von persönlichen Vorlieben und Abneigungen ab, sondern war schlicht unmöglich. Als er dann vorschlug, den Sommer 1922 wieder – allerdings mit Lydia – gemeinsam in Charleston zu verbringen, bremste Vanessa ihn. Am 19. Mai schrieb sie Maynard:

> *Clive sagt, er finde es für jeden von uns unmöglich … eine neue Ehefrau oder einen Ehemann länger als eine Woche in den bestehenden Kreis mitzubringen. … Duncan und ich meinen, daß man sich mit der ganzen Sache auseinandersetzen muß. … Denk' aber nicht, daß meine Worte Kritik an Lydia sind, bestimmt nicht. Wir meinen, daß keiner in eine so intime Gesellschaft wie unsere kommen kann, ohne sie zu verändern. … Ich habe keine Lösung zum Sommerproblem zu bieten. Wir hätten Dich natürlich gern hier in Charleston. Aber ich fürchte, Du mußt dich zwischen uns und Lydia entscheiden.*

Schließlich wurde ein Kompromiß beschlossen: Maynard und Lydia kamen Ende August für ein paar Tage zu Besuch nach Charleston, und Clive zog solange aus. Für den Rest des Sommers mieteten sie ein Haus in der Nähe von Marlborough, wo Maynard reiten ging. Den nächsten Sommer verbrachten sie in einem Hotel in Exford in Somerset, und Maynard ging zur Jagd. Vanessa und Duncan sprachen inzwischen abschätzig von »den Keynes«. Die Wohngemeinschaft zerbrach, und nur am Gordon Square 46, wo Vanessa noch Räume hatte, gab es weiterhin gemeinsame Mahlzeiten. »Meine Liebe, es tut mir leid, daß Du so viel von Deiner Zeit mit den Keynes verbringen mußt«, schrieb

Duncan am 28. September 1923 aus Charleston an Vanessa. »Es muß schrecklich für Dich sein. Versuch' ein eigenes Eßzimmer einzurichten, sobald Grace wieder da ist.« Und am 8. Oktober schrieb Vanessa aus London an Duncan: »Wir haben mit den Keynes, die wie üblich ziemlich trist waren, zu Mittag gegessen. Clive kam zum Abendessen, und ich hatte ein entsetzlich schlechtes Gewissen in unserem wirklich sehr hübschen Eßzimmer, wo Grace ein und aus eilte und es köstliches Essen gab, während ich an das kühle Paar mit Harland (Keynes' Köchin) oben denken mußte.« Die Bloomsbury-Freunde waren offenbar der festen Überzeugung, daß Maynard und Lydia – auch wenn sie heiraten wollten – sich eigentlich nichts zu sagen hatten, und deshalb erschienen sie ihnen immer »ziemlich trist«.

Dann, 1924, nahm die Entwicklung eine dramatische Wendung. Maynard und Lydia verbrachten über Ostern eine Woche in Charleston bei Duncan. Lydia verliebte sich in die Landschaft von Sussex, und Maynard entdeckte, daß Tilton leer stand, worauf er in Erwägung zog, es als Sommerhaus zu mieten. Vanessa war wütend. Sie verkündete, sie gäbe Charleston auf und zöge nach Yorkshire, wenn »die Keynes« ihre Nachbarn würden, so sehr befürchtete sie, »das kühle Paar«, das sich nichts zu sagen hatte, könnte dauernd in Charleston erscheinen. Duncan schrieb am 15. Juni 1924 aus Berlin: »Die Keynes meinen es offenbar ernst mit Tilton, aber ich glaube, wir werden sie nicht oft zu Gesicht bekommen – ich bin ziemlich sicher. Maynards Heirat ist eine trostlose Tatsache, mit der wir uns abfinden müssen. Sie wird noch trostloser, wenn Maynard vorher kapiert, wie trostlos es ist, Lord! Lord!« Maynard war von seiner Sommeraktion begeistert. »Dies ist das hübscheste Haus mit Garten, das ich je gehabt habe«, schrieb er seiner Mutter, »und wir sind hier sehr glücklich ... Nirgends kann man besser arbeiten.« Am 4. August 1925 heirateten Maynard und Lydia. Am 1. Oktober erklärte er seiner Mutter, er sei »fest entschlossen, Tilton zu übernehmen« – und zwar mit einem Pachtvertrag für einundzwanzig Jahre. Er plante größere Umbauarbeiten, außerdem »unten im Hof eine neue Bibliothek mit Südblick über die Downs«. Seine Euphorie kannte keine Grenzen, als er feststellte, daß »Tilton vor 1000 Jahren Telitone hieß … und die Pächter de Cahagnes – was soviel heißt wie Keynes«.

Zwischen den Kriegen diente Tilton den Keynes als Ferienhaus. Sie verbrachten Weihnachten und Ostern dort und zwei Sommermonate – den August und September. 1936 bauten sie noch einmal um und an – einen Seitenflügel und zusätzliche Badezimmer. Mit der Zeit füllte sich das Haus mit häßlichen Möbeln. Maynard kaufte bei einem Antiquitätenhändler in Cambridge und auf Auktionen, manchmal vierzig Teile auf einmal; aber Tilton nahm alles in sich auf. Lydia legte keinen Wert auf Inneneinrichtung. Erstklassig waren nur die Bilder – Sickert, Picasso, Braque, Cézanne, Renoir, Degas, Seurat. Im Badezimmer hing eine Zeichnung von Degas und in Maynards Schlafzimmer ein Cézanne; das Porträt des Paares von William Robert schmückte die Bibliothek. Ansonsten waren die Wände wahllos mit den Meisterwerken gepflastert.

Auch wenn Virginia Woolf sich den Mund zerriß über die Anzahl der Badezimmer, die der »große Keynes« installieren ließ, und obwohl Tilton im Gegensatz zu Charleston Telefon und elektrisches Licht besaß, war das Haus absolut nicht herrschaftlich. Wasserrohrbrüche gehörten zur Tagesordnung. In der Eingangshalle stand eine Heißluftheizung, gespeist von einem Boiler im Keller. Ansonsten gab es Kohleöfen, und in Maynards Bibliothek wellten sich die Buchseiten vor Feuchtigkeit. Der Wind fuhr in die Schornsteine, daß es qualmte; im Treppenhaus zog es. Allen Widrigkeiten zum Trotz waren Maynard und Lydia überglücklich. Sie liebten die Gerüche und Geräusche des Landlebens. Zwar waren sie keine passionierten Wanderer – eher gingen sie ein paar Meilen durch die Felder und Waldstücke und fielen dann erschöpft in ihren Rolls-Royce, der mit dem Gärtner Edgar Weller am Steuer auf sie wartete. »Ein

Morgen wie eine Melodie«, schrieb Lydia einmal in den ersten Märztagen, »Musik in der Luft, Düfte, stark und mild, man gähnt, streckt sich und blinzelt in vollkommener Glückseligkeit.« In den langen Sommern konnte Lydia in einer abgeschirmten Gartenecke nackt in der Sonne liegen, während Maynard in der Loggia seine weltumwälzenden Werke schrieb. 1935 unternahm Maynard einen Abstecher in die Landwirtschaft: Im Kofferraum seines Morris Cowley fuhr er mit Lydia eine Ladung quiekender Schweine auf den Markt nach Lewes.

Tilton war zwar nur ein paar hundert Meter von Charleston entfernt, aber beide Haushalte schenkten einander wenig Beachtung. Die Keynes sahen auch die Woolfs im nahen Rodmell nicht oft. Vanessas Furcht vor Lydias Überfällen erwies sich als unbegründet. Offenbar spürte Lydia, daß Vanessa sie ablehnte, und blieb lieber zu Hause. Virginia und Leonard bewunderten Maynard hauptsächlich wegen seiner Intelligenz – aber mit Lydia waren »Cambridge-Gespräche« unmöglich. In Vanessas Charleston-Photoalbum taucht Lydia zum ersten Mal 1932 auf – acht Jahre, nachdem die Keynes den ersten Sommer in Tilton verbracht hatten. Quentin Bell erinnert sich, daß »Lydia und Maynard ein-, zweimal während der Sommerferien zu Geburtstagen kamen und daraufhin die Erwachsenen zu sich einluden. Wir trafen sie zwar manchmal auf Spaziergängen, aber wir hätten uns gegenseitig nie uneingeladen besucht. Außerdem gab es in Tilton größere Gesellschaften, bei denen Lydia auftrat und manchmal auch Maynard. »Bloomsbury war sich einig«, schrieb Nigel Nicolson, »daß die Keynes in ihrer Gastfreundschaft ausgesprochen ökonomisch waren.« Virginia erzählte Lytton am 3. September 1927 von »einem Abend in Tilton, wo wir die Knochen von Maynards Moorhühnern abnagten, wovon es drei für elf Personen gab. Diese Knauserei ist eine ständige Quelle der Begeisterung für Nessa – ihre Augen leuchteten, als die Knochen die Runde machten.« Nach dem Abendessen gab es eine *brillante Vorführung in der neuen Loggia, mit ländlichen Zuschauern. Sheppard (späterer Provost von King's College) halbnackt ... war eine perfekte Miss Tettrazini: Maynard war unaussprechlich unmäßig und obszön, hob sein linkes Bein und sang ein Lied über Frauen. Lydia war Queen Victoria und tanzte vor Alberts Büste. Was die Bauerntölpel wohl davon hielten?*

Es gibt Berichte von zufälligen Begegnungen, die beweisen, wie selten man Maynard und Lydia in Charleston zu Gesicht bekam. Im August 1930 ging Vanessa in Lewes einkaufen. Danach berichtete sie Duncan:

Da haben wir die Keynes in ihrem Rolls getroffen. Maynard sah unglaublich weiß und fett aus. Ich habe ein bißchen mit ihm geredet, und dann sagte er, ich solle in ein Geschäft gehen – er sagte, da drinnen findest Du Lydia – also ging ich rein und suchte vergeblich nach jemandem, der wie Lydia aussah – dann entdeckte ich eine sehr schäbige mickrige farblose kleine Gestalt, ziemlich häßlich und breit und ganz unscheinbar, nicht mal laut, in einer Ecke, die sehr billige häßliche Gartenhandschuhe kaufte. Ich empfand sie mir gegenüber sehr kalt und steif ... also erledigte ich schnell meine Einkäufe und ließ beide allein.

Und am 6. August, fünf Jahre später, schreibt Vanessa an Duncan folgendes:

Wir gingen heute zum Tee zu den Wölfen. Als wir ankamen, sah ich durchs Fenster, daß jemand da war, ein älterer Mann mit grauem Haar und sehr beleibt, der eher wie ein Duckworth aussah, dachte ich, war mir aber nicht sicher – und als wir reingingen, war es Maynard! Tatsächlich hat er sich in den letzten paar Monaten verändert, schien mir – Lydia fand ich auch sehr häßlich und mittelältlich. Zweifellos kamen wir ihnen auch so vor, aber Maynard sollte doch nicht so viel älter und übler aussehen als Clive, Leonard oder Du – ich glaube, es liegt an seiner Freßlust, die wirklich kolossal und leicht ekelerregend ist, weil sie vor nichts Halt macht. Er mag einfach Massen von Kuchen, soweit ich sehen konnte. Sie blieben die ganze Zeit, solange wir da waren. Wir saßen draußen vor Virginias neuer Hütte, was an einem heißen Abend ein ziemlich guter Platz ist, und haben uns angeregt unterhalten, Geschichten über Tom (Eliot) und so weiter, aber natürlich alles sehr allgemein und eigentlich unpersönlich. Ich fühle mich von den Keynes meilenweit entfernt – ich glaube, Lydia möchte nicht, daß ich die Vergangenheit mit Maynard auch nur erwähne –, selbst Anspielungen auf die Via Margutta waren offensichtlich mal vu. Manchmal scheint er sich doch noch an einen anderen Stand der Dinge zu erinnern, aber das wird immer von Lydia gebremst. Na ja, vermutlich regt man sich ja gern über alte Freunde und deren Betragen auf, aber Maynard hat seine ganze Beweglichkeit und seinen Charme verloren, finde ich – es drehte sich natürlich alles ums Theater in Cambridge und Lydias Inszenierung von »Baumeister Solness«.

Diese Eindrücke geben ein verzerrtes Bild. Denn ein Rest von Zuneigung blieb immer bestehen, besonders zwischen Maynard und Duncan. Und alle möglichen Berührungspunkte bestanden weiterhin – durch die Malerei, das Theater, das Ballett. Maynard verlor nie den Kontakt zur jüngeren Generation, insbesondere zu Julian und Quentin. Doch der Bruch von 1922/23 wurde nie ganz behoben. Maynard starb in Tilton am Ostersonntag 1946; Lydia lebte weiter dort bis 1977 – gebrechlich und exzentrisch; in Schals und Maynards alte Pullover gehüllt, wankte sie durch die Gegend – dann kam sie in ein Altersheim nach Seaford. Vanessa und Duncan wohnten weiter in Charleston, Vanessa bis zu ihrem Tod 1961, Duncan bis 1978. Für die dritte Generation in Charleston – Quentins und Angelicas Kinder – war Tilton ein geheimnisvolles und verbotenes Terrain. Vanessa rümpfte über

Lydia die Nase; Lydia winkte immer freundlich, lud aber nie die Kinder nach Tilton ein. Erst die zehnjährige Henrietta Garnett brach den Bann, marschierte nach Tilton und klopfte an die Haustür. Später erzählte sie:

> *Sie war winzig. Obwohl ich erst zehn war (und ich bin auch heute nicht besonders groß), war ich größer als sie. Sie hatte eine erstaunliche Menge Kleider an für einen so warmen Tag, und um den Kopf hatte sie viele Schals gebunden. Sie sah eher wie ein alter Teewärmer aus, abgesehen von ihren Füßen, die zart und wunderschön waren, und ihren sehr graziösen Händen.*
>
> *Wir mochten uns auf Anhieb. Ich glaube, es war merkwürdig, daß ein kleines englisches Mädchen und eine alte russische Frau so gute Freunde wurden. Aber so war es ... Lydia hatte etwas sehr Einnehmendes, Kindliches; und ich war noch lange nicht erwachsen. Sie plauderte mit Hingabe, ich hörte hingerissen zu und fragte sie aus ... Bei diesem ersten Besuch bot sie mir ein Glas süßen Sauternes und eine glasierte Marone an.*

Bloomsbury nach 1918

Quentin Bell

In der Zeit nach dem Ersten und vor dem Zweiten Weltkrieg errang Old Bloomsbury seine Reife. Und die Jüngeren – die Folgegeneration, zu der auch Quentin Bell gehörte – brachten den erwünschten frischen, kritischen Wind mit. Quentin Bell – so charakterisiert ihn sein Schüler, der Kunsthistoriker Simon Watney – war ein Vernunftmensch, der sich nicht zu voreiligen Urteilen hinreißen ließ. »Er wurde in ein Jahrhundert extremer Konflikte und Unvernunft hineingeboren, und er bedauerte die Vermengung von ästhetischen und moralischen Werten, die um sich griff, wie er fand. Als in den siebziger Jahren des zwanzigsten Jahrhunderts der Begriff ›elitär‹ zum Schimpfwort wurde, mit dem man alle kulturellen Interessen von Minderheiten brandmarkte, beunruhigte ihn das.«

Bloomsbury nach 1918

Quentin Bell

»Ich bilde mir manchmal ein, die Welt verändere sich. Ich denke, ich sehe die Vernunft Raum gewinnen.« Diese Worte schrieb Virginia Woolf 1928. Sie wirken mittlerweile absurd optimistisch, und dennoch sah es in den zwanziger Jahren eine Zeitlang so aus, als könnte sie recht haben.

Die Spanne zwischen 1924 und 1931 ließe sich mit einem kurzen Wintertag vergleichen, vor Anbruch der langen Nacht des Faschismus; aber sie reichte immerhin für Bloomsburys Blütezeit, in der die Gruppe Zeichen setzte, dabei aber ihre Identität verlor. Die letzten Schrecken des Kriegs, des Bürgerkriegs und der Hungersnot waren vorbei, der Preis – die Zahl der Toten – stand inzwischen fest; die Alliierten hatten sich zerstritten und begriffen, daß nur die Russische Revolution als von ihnen geschaffenes unübersehbares Faktum übriggeblieben war. Nun zeigte sich, daß Bloomsburys Zweifel am Krieg durchaus nicht von der Hand zu weisen waren. Auch in anderer Hinsicht schlug man gegenüber dem Kreis mildere Töne an. Es war inzwischen klar, daß Cézanne doch kein Irrer war und Picasso kein Marktschreier. Wichtiger noch, daß die viktorianische Sexualmoral ins Wanken geraten war. Sie war noch nicht überholt; das würde erst ein weiterer Krieg schaffen – aber sie war doch stark angeschlagen. Der lange Kampf gegen Zensoren und Innenminister, in dem Bloomsbury damals eine wichtige Rolle spielte, hatte zwar noch nicht den gewünschten Erfolg gebracht; es war aber ein Kampf auf gleicher Ebene, mit zunehmender Hoffnung auf Erfolg. Maynard Keynes, immer ein politischer Optimist, drängte die Liberale Partei, das Recht auf sexuelle Freiheit in ihr Parteiprogramm aufzunehmen.

Bloomsbury – während des Kriegs auseinandergerissen und

Quentin Bell und Duncan Grant im Garten von Charleston

in alle Winde zerstreut – war nun wieder vereint. Allerdings ließ sich der Vorkriegszustand, der ständige, ungezwungene Austausch, nicht ohne weiteres wieder herstellen; Vanessa Bell fand später, Bloomsbury sei eigentlich 1914 zu Ende gewesen. Doch alle, die von Anfang an dabei gewesen waren, hatten überlebt und trafen einander wieder. Dieses »gewisse Etwas Bloomsbury« existierte noch, wenn auch einige der Freunde sich rar machten – wie Sydney Waterlow, H. T. J. Norton und Adrian Stephen. Andererseits gab es eine Menge neuer Freunde, Leute, die mit Bloomsburys Ideen weitgehend übereinstimmten, Freunde, die bald vom ursprünglichen Kern kaum noch zu unterscheiden waren.

Der Erfolg führte zur Nachahmung. In den Künsten gibt es für den jugendlichen Nachahmer – und damit sind fast alle jungen Künstler gemeint – immer zwei Möglichkeiten, und mit beiden erweist der Jünger seinem Meister einen schlechten Dienst. Entweder wird er zum bloßen Schatten seines Vorbilds und vermittelt damit der Welt einen Abklatsch seines Lehrers, oder er entdeckt über kurz oder lang seinen eigenen Stil und kehrt, manchmal brutal, dem Objekt seiner einstigen Bewunderung den Rücken. Bloomsbury hatte beiderlei Anhänger, und besonders erstere trugen viel dazu bei, die Szenerie zu vernebeln, weshalb sich heute so schwer sagen läßt, wo Bloomsbury anfing und wo es aufhörte.

The Economic Consequences of the Peace von John Maynard Keynes erschien 1919; Roger Frys *Vision and Design* 1921; *Night and Day* (Nacht und Tag) von Virginia Woolf 1919; und *Jacob's Room* (Jacobs Zimmer) 1922. Das Jahrzehnt nach dem Ersten Weltkrieg war vom Bewußtsein Bloomsburys geprägt. Wer die jährliche Ausstellung der »London Group« besichtigte, fand die Wände voller Bilder im Stil Duncan Grants; Leser der Zeitschrift *Nation* begegneten Bloomsbury alle paar Seiten. Zwangsläufig gab es da Stimmen, denen dieses intellektuelle Klima nicht paßte und denen nicht geheuer war, daß sich in einer relativ kleinen Gruppe so viel kritische Macht konzentrierte. In den Augen seiner Gegner war Bloomsbury eine skrupellose Insidergruppe, in der man sich gegenseitig Privilegien zuschanzte und sich nach außen hin abschottete.

Solche Anschuldigungen gegen Bloomsbury erweisen sich als haltlos. Clive Bell lobte die Bilder Roger Frys nicht; Virginia Woolf kritisierte Stracheys *Elizabeth and Essex* wenig schmeichelhaft. T. S. Eliot, in Literatur und Lebensstil Bloomsburys großer Gegenspieler, fand in Leonard und Virginia Woolf seine Verleger und Freunde. Und besonders die jungen Maler, die sich Duncan Grants Vorbild entzogen, erfuhren viel Sympathie und Unterstützung aus Bloomsbury.

Dennoch ist leicht verständlich, warum man Bloomsbury nicht recht über den Weg traute. Erfolg an sich macht nie beliebt, und in den zwanziger Jahren war Bloomsbury unverzeihlich erfolgreich. Schlimmer noch, man schien den Erfolg geradezu mit der Muttermilch getrunken zu haben. Eine ganze Reihe Bloomsbury-Freunde stammten aus dem Adel, aus »Aristokratien«, wie Virginia Woolf sie in *Night and Day* beschreibt; die Hilberys sind trotz all ihrer guten Eigenschaften unsympathisch, nicht weil sie Geld und Privilegien besitzen, sondern weil sie selbstverständlich voraussetzen, daß sie im kulturellen Leben Englands eine führende Rolle spielen. Man warf den Bloomsbury-Freunden Arroganz und intellektuellen Snobismus vor. Und am allerschlimmsten war, daß diese es nicht einmal nötig hatten, arrogant zu sein; daß sie es sich leisten konnten, *nicht* versnobt zu sein. Man warf ihnen eine elitäre Haltung vor – zu Recht und auch zu Unrecht.

Obwohl der Bloomsbury-Kreis nach dem Ersten Weltkrieg beträchtlich wuchs, blieb die gemeinsame Basis konstant. Der ursprüngliche Bruch mit der »guten« Gesellschaft; die Ausstellung der Postimpressionisten; der Krieg: Alles hatte einen verbindenden Effekt, und eine Zeitlang gab es so etwas wie »Old Bloomsbury« – den harten Kern, der gemeinsam für dieselben Ziele gekämpft, dieselben Triumphe gefeiert und dieselben Katastrophen erlebt hatte. Dort herrschte eine besondere Atmosphäre, die schwer in Worte zu fassen ist. Und ich bin mir beim Schreiben dieser Zeilen selbst nicht sicher, ob sie wirklich existierte; doch letztlich meine ich, daß sie für Außenstehende oft überdeutlich war.

Diesen Außenstehenden sei also der Vorwurf verziehen, die Bloomsberries seien sich ihres kulturellen Erbanspruchs eine Spur zu bewußt gewesen und hätten im ihnen wohlgesonnenen intellektuellen Klima der Zeit die Nase reichlich hoch getragen.

Zu diesem Vorwurf läßt sich allerdings einer hinzufügen, der noch schwerer wiegt: Bloomsburys Ideen waren, als sie formuliert wurden, im Grunde überlebt; die Geschichte hatte sie radikal und tragisch eingeholt.

Die Ideen Bloomsburys lassen sich an vier Veröffentlichungen der zwanziger Jahre verdeutlichen: *The Economic Consequences of the Peace* von Maynard Keynes; *Civilisation* von Clive Bell; *Orlando* und *A Room of One's Own* (Ein eigenes Zimmer) von Virginia Woolf.

The Economic Consequences of the Peace enthält meines Erachtens zwei Thesen, eine ökonomische und eine politisch-moralische. Für den Laien ist die ökonomische Frage so unwiderlegbar logisch, wie sie schon damals für mich als Kind war, als Keynes mir erzählte, er gehe nach Versailles, um den Alliierten begreiflich zu machen, daß die Deutschen nicht Reparationsgelder zahlen konnten, die sie gar nicht besaßen. Auch die moralische These ist im Grunde klar. Denn sicher ist es unmoralisch, die Vorherrschaft des eigenen Staates durchzusetzen, wenn man vorher seinem politischen Gegner genau dieses Machtstreben als Verbrechen vorgeworfen hat. Aber Keynes vernebelt die moralische Frage teilweise durch sein taktisches Vorgehen. Denn Versailles war ja nicht Karthago, und der Friede würde Deutschland nicht endgültig schachmatt setzen – was vielleicht sogar besser gewesen wäre; es war ein Friede, wie ihn die Samniten den Römern aufzwangen, eine Demütigung, aber keine totale Entwaffnung. Die Kritik an den Versailler Verträgen war allerdings ausgesprochen berechtigt, denn diese führten mit größter Sicherheit in die nächste Katastrophe. Keynes hatte also völlig recht, wenn er in diesem Fall Großmut für die *weiseste* Lösung hielt.

Keynes' Angriffsmethode gleicht jener Stracheys, doch während Strachey die Helden der viktorianischen Ära aufs Korn nimmt, richtet Keynes sich gegen seine eigenen Zeitgenossen. Die großen Kriegsführer, Wilson, Clemenceau und vor allem Lloyd George, werden drastisch vom Sockel geholt. Angesichts der enormen Bedeutung ihrer Aufgabe, der grandiosen Möglichkeiten, die sie gehabt hätten, lassen sich die Dimensionen zurechtrücken: Es waren dumme, habgierige, böse, kleinliche Männer, und zuletzt stehen sie nicht wie monströse Bösewichte da, sondern eher wie unfähige, verantwortungslose Winzlinge, die durch einen unglückseligen Zufall mit dem Globus Ball spielen durften.

Das Buch ist in Eile geschrieben: Es sollte polemisch sein, und zwar bitterböse polemisch. Ich will und kann nicht einschätzen, inwieweit Keynes' These berechtigt ist, interessant ist aber, welcher Verbrechen Keynes die Alliierten beschuldigt: Dummheit und Feindseligkeit. Wilson war einfach dumm, Clemenceau einfach feindselig, Lloyd George, mit dem Keynes am härtesten ins Gericht geht, war klug genug, die Feindseligkeit zu durchschauen, und dennoch so dumm, sie zu seiner Richtschnur zu machen. Wenigstens er hätte es besser wissen können, war aber dem Volkszorn zuliebe den niederen Instinkten gefolgt.

The Economic Consequences of the Peace ist ein vorzüglicher Prolog zu Clive Bells *Civilisation*. Denn dieses Buch stellt – in Anbetracht der Tatsache, daß im Ersten Weltkrieg angeblich die Zivilisation verteidigt wurde – die grundsätzliche Frage, was Zivilisation sei. Diese Frage ist nicht leicht zu beantworten. Und obwohl der Autor mit viel Elan vorgeht und geistreich darlegt, was Zivilisation *nicht* ist, fällt seine positive Definition wenig überzeugend aus. Virginia Woolf sah das so: »Er vergnügt sich enorm in den Eingangskapiteln, aber am Ende kommt heraus, daß Zivilisation eine Lunchparty am Gordon Square No. 50 ist.«

Diese Kritik, wenn auch kurz und natürlich unfair, hat doch etwas Wahres an sich. Zivilisation, erfahren wir, ist ein Mittel zur guten Geisteshaltung, besser gesagt, jener Geisteshaltung, die der Autor hochschätzt; sie hat nichts mit der Gesellschaftsordnung oder mit technischem Fortschritt zu tun. Drei unbestritten zivilisierte Staaten waren Athen im fünften Jahrhundert v. Chr., Italien zwischen 1450 bis 1527 und Frankreich von der Fronde bis zur Revolution; das neunzehnte Jahrhundert wird stillschweigend als barbarisch übergangen, und die meisten anderen auch. Tatsächlich sind die Grenzen noch enger gesteckt; eigentlich ist der Autor nur von der französischen Aufklärung fasziniert, und selbst da läßt er Ludwig XIV. links liegen in seiner Begeisterung für Ludwig XV. und Ludwig XVI.

Die nostalgische Vorliebe für das achtzehnte Jahrhundert, die Clive Bell mit Lytton Strachey und Virginia Woolf teilt, läßt sich durchaus nachvollziehen. Zwischen Glaubenskriegen und nationalen Auseinandersetzungen war es eine Zeit mit relativ geringen Spannungen zwischen den Klassen und hatte – wenn man Bloomsburys Hang zu Vernunft, Freundschaft und eher weltlichen Genüssen teilt – tatsächlich einiges für sich. Doch das reicht kaum, um daraus eine Definition der Zivilisation abzuleiten.

Tatsächlich ist »Zivilisation« etwas, das Clive Bell nicht einmal auf die breite Kultur eines Jahrhunderts bezog, sondern nur auf einen sogenannten »zivilisierten Kern«, besser gesagt, *La Bonne Societé*, die gute Gesellschaft. Seine »Zivilisation« heißt also: gute Sitten und erlesene Vergnügungen, Attribute der wohlhabenden Klassen. Folglich muß man – so Bells These – die Existenz einer dienenden Klasse akzeptieren, die ihr Dasein – und hier war er ein unverbesserlicher Optimist – möglichst freiwillig dem Nutzen der Elite widmete.

Solche Ansichten rufen natürlich kaum die Begeisterung linksgerichteter Intellektueller hervor, und in den dreißiger Jahren waren demnach manche Kommentare höchst unfreundlich. Den jungen Sozialisten jener Zeit war der Ton des Buches insgesamt zuwider – es klang zu sehr nach einem, dem es mehr um die Äußerlichkeiten des Lebens ging als um das Wesentliche. Clive Bell lag offenbar mehr am Herzen, wie man ein gutes Essen bestellt, und weniger, wie man ein gutes Leben führt.

War der Tenor des Buches unangenehm, so war auch die These wenig einsichtig. Ein Archäologe, der in der Wüste Gobi Fundamente freilegt, die ohne Zweifel zu einem Bahnhof aus dem fünften Jahrhundert gehören, würde immer behaupten, er habe die Überreste einer Zivilisation entdeckt, und die gesamte aufgeklärte Welt würde ihm zustimmen. Kein vernünftiger

Mensch würde einwenden: Wir können noch nichts über den Zivilisationsgrad dieser Leute sagen, solange wir nicht wissen, ob sie beim Erzählen schmutziger Witze den angemessenen Ton trafen. Doch genau das beinhaltet Bells These. Anders gesagt: Es wird stillschweigend vorausgesetzt, daß Zivilisation auf materiellem Reichtum beruht, und daß materieller Reichtum Kulturphänomene hervorbringt, von denen die französische Gesellschaft der Aufklärung nur ein Beispiel ist. Zivilisation kann in ihren Ergebnissen gut oder schlecht sein, und sie sozusagen von oben zu betrachten, ist ausgesprochen unrealistisch und reaktionär.

Soweit unsere Gegenargumente in den dreißiger Jahren, und wir müssen davon ausgehen, daß es Bloomsbury hauptsächlich um eine »geistige Zivilisation« ging, was zu Clive Bells fataler politischer Haltung führte, jener »anmaßenden Verachtung alles Barbarischen, Spießbürgerlichen und Pöbelhaften« – wie ein Kritiker es formulierte.

Hierbei lassen wir allerdings einen Teil des Beweismaterials außer Betracht, insbesondere einen kurzen Aufsatz mit dem Titel *A Civilized Man*, dessen Verfasser Leonard Woolf ist.

Woolfs »zivilisierter Mensch« ist Erasmus von Rotterdam, und Woolf hält ihn nicht, jedenfalls nicht hauptsächlich, wegen seiner Vernunft und seines Wertesystems für zivilisiert, sondern wegen seiner politischen Haltung. Die Zeitgenossen und seine Biographen sind hart mit Erasmus ins Gericht gegangen, entweder weil er die römische Kirche zu einer Zeit kritisierte, in der Luther seine Thesen anschlug, oder weil er die Reformation nicht zu seiner Sache machte. Woolf erklärt, daß Erasmus beide Seiten ablehnte, weil beide bigott, grausam, haßerfüllt und töricht seien – mit einem Wort, weil sich beide der Barbarei schuldig machten. Gegen sie anzugehen war also Pflicht des zivilisierten Menschen.

Woolf zufolge hat es bisher keine wirkliche Zivilisation gegeben; für ihn ist sie ein möglicher Idealzustand. Sie existiert noch nicht, weil ihre Verwirklichung alle Ebenen der Gesellschaft einbeziehen müßte, und aus gutem Grund gab es bisher immer Gruppen im Staat, die aus Eigeninteresse jegliche Verwirklichung verhindert und Gewalt und Aberglauben propagiert haben.

Deutlich wird, daß sowohl Clive Bell als auch Leonard Woolf etwas anderes unter Zivilisation verstehen als der von mir erfundene Archäologe. Dennoch unterscheiden sich ihre Auffassungen erheblich voneinander: Clive Bell siedelt die Zivilisation in der Elite an, und die Sklaven, die dieser Elite dienen, sind davon für immer ausgeschlossen. Die Art und Weise, wie diese Zivilisation aufrechterhalten wird, spielt keine Rolle; wenn sie sich in einer Demokratie verwirklichen läßt, um so besser, aber auch einer Tyrannei steht Bell nicht grundsätzlich ablehnend gegenüber, solange diese die kulturtragende Klasse mit unverdienten Pfründen versorgt. Für Leonard Woolf dagegen ist jede Zivilisation, die auf militärischer oder kirchlicher Macht beruht, zum Untergang bestimmt, weil diese Mächte sich langfristig gegen die Vernunft wenden, wenn besagte Vernunft ihre Vorherrschaft in Frage stellt. Zivilisation hat seiner Ansicht nach nur eine Chance, wenn sie von der Masse getragen wird.

Der Unterschied zwischen beiden Ansätzen ist gravierend, denn mit der einen Auffassung fügt man sich auch dem Faschismus – und mit der anderen nicht. Dennoch haben sie Gemeinsamkeiten, denn beide akzeptieren letztlich Gewalt; der eine als Mittel zum Widerstand; der andere, um eine Tyrannei zu stützen – dabei war beiden Gewalt äußerst zuwider, schon, weil sie gegen jede Vernunft verstößt.

Damit sind wir wieder bei der inneren Einstellung angelangt, die alle Bloomsbury-Freunde teilten und die Virginia Woolf immer wieder in ihrem Werk durchscheinen ließ.

Orlando, erschienen 1928, ist ein typisches Zeitdokument; es ist von allen Romanen Virginia Woolfs der heiterste, optimistischste. Urbild der Phantasiegeschichte war Vita Sackville-

West, Virginias Freundin und in mancher Hinsicht auch eine Bloomsbury-Figur. Zum Teil ist dieses Buch eine Parodie auf das damals moderne literarische Genre der fiktiven Biographie. Es verläßt den Boden der Tatsachen und erdichtet der Hauptperson einen Lebenslauf vom späten sechzehnten bis ins frühe zwanzigste Jahrhundert. Mitten im siebzehnten Jahrhundert wandelt sich die Hauptfigur vom Mann zur Frau. Virginia Woolf spiegelt in ihrer Haltung zur englischen Geschichte – und das ist das zentrale Thema des Buchs – ziemlich genau die Einstellung ihrer Zeit. Das sechzehnte und siebzehnte Jahrhundert sind schön, wild und phantastisch; im neunzehnten verdunkelt sich der Himmel, »ein turbulentes Wolkengewirr«, ein feuchter, kühler Nebel, der während der Regentschaft Edwards III. weicht; am meisten liebt sie das achtzehnte Jahrhundert und – trotz aller Schrecken – ihr eigenes.

Doch die eigentliche Bedeutung von *Orlando* – aus der Sicht des Bloomsbury-Forschers – tritt erst zutage, wenn wir es zusammen mit *A Room of One's Own* betrachten, das im Folgejahr (1929) erschien. In diesem Buch wird festgestellt, eine junge Frau, die Schriftstellerin werden möchte, brauche jährlich mindestens 500 Pfund und ein eigenes Zimmer. Wichtig sind die Gründe, die Virginia anführt, wenn sie die Gleichbehandlung weiblicher Studierender fordert. Sie beklagt die Unzulänglichkeiten, unter denen ihr Geschlecht zu leiden hat, nicht nur weil sie ungerecht sind, sondern weil sie häßliche Gemütszustände bewirken. Eine literarische Suffragette werde »in Wut schreiben, wo sie ruhig schreiben sollte. Sie schreibt dumm, wo sie weise schreiben sollte. Sie schreibt von sich, wo sie von ihren Figuren schreiben sollte.«

Diese unliebenswerte zornige Ader entdeckte die Autorin auch an sich selbst. Der Fehler liegt aber, wie sie es sieht, nicht nur bei den Männern, sondern bei beiden Geschlechtern. Fatal für einen Künstler ist es, auf seinem Geschlecht zu bestehen, und die großen Schriftsteller, wie Shakespeare, Keats, Sterne,

Cowper, Lamb, Coleridge und Proust waren androgyn; das weibliche Element existiert zusammen mit dem männlichen, und beide dienen der Muse.

In *Orlando* wird diese Idee nicht nur auf die Literatur angewandt, sondern auf das Leben an sich. Nach seiner Verwandlung in eine dreißigjährige Frau stellt Orlando fest:

> *Besser ist es, in Armut und Unwissenheit gekleidet zu sein, welches die dunklen Gewänder des weiblichen Geschlechts sind; besser, die Beherrschung und Zucht der Welt anderen zu überlassen; besser, frei zu sein von kriegerischem Ehrgeiz, von der Liebe zur Macht und von all den anderen männlichen Begierden, wenn man so die höchsten Verzückungen, die der menschliche Geist kennt, voller auskosten kann, »nämlich«, sagte sie laut, wie es ihre Gewohnheit war, wenn sie tief bewegt war, »Beschaulichkeit, Einsamkeit, Liebe«.*
>
> *»Dem Himmel sei Dank, daß ich eine Frau bin!« rief sie und stand im Begriff, sich in die größte Narretei zu verrennen – deren es weder bei Mann noch Frau eine unglückseligere gibt –, nämlich stolz zu sein auf ihr Geschlecht, als sie über dem einzigartigen Wort zögerte, welches sich, ungeachtet all dessen, was wir tun möchten, um es an seinen Platz zu verweisen, am Schluß des letzten Satzes eingeschlichen hat: Liebe.*

Und tatsächlich stellt sich Virginia Woolf nicht nur in ihrer Phantasie, sondern wohl auch im wahren Leben vor, Zwischenmenschliches ließe sich durch androgyne Zuneigung am besten regeln. Orlandos rein männliche Verliebtheit in die ausgesprochen weibliche Sacha endet in Verzweiflung und Enttäuschung. Aber als sie – schon als Frau – erkennt, daß sie in Shelmerdine verliebt ist, stellt sie begeistert fest: »Du bist eine Frau, Shel!« worauf er antwortet: »Du bist ein Mann, Orlando!« So hofft sie, durch diesen schönen Ausgleich der Geschlechter kämen die Menschen besser mit ihren Leidenschaften zurecht.

Wobei nicht betont werden muß, daß diese philosophische Betrachtung von Aggression und Zuneigung keinerlei Wirkung auf die praktische Politik hatte. Bald hatten Mussolini, seine Anhänger und seine Gegner, das Sagen in der Welt.

Das Bloomsbury der zwanziger Jahre war in materieller Hinsicht erfolgreich. Wir und unsere Freunde legten uns einen gewissen Luxus zu; manchmal gab es zum Abendessen Wein, wir bekamen ein Auto, ein neues Grammophon, einen Eisschrank, ein Ferienhaus in Südfrankreich. Es war kein üppiger Luxus: Der Wein war nicht teuer, das Auto war gebraucht, wir teilten uns das Ferienhaus, und es lag auch nicht an der Côte d'Azur. Keynes war der einzige, der ein Vermögen machte; die übrigen wurden einfach »gutsituiert«. Einige der Freunde machten Bekanntschaft mit den »Schönen und Reichen«, mit der Welt einer Lady Colefax und Lady Cunard – jener Welt, die Harold Nicolson in seinen Tagebüchern beschreibt. Aber die übrigen, insbesondere die Maler, machten darum einen großen Bogen. »Old Bloomsbury« – wie Vanessa es nannte, und in den späten zwanziger und frühen dreißiger Jahren zählten dazu sie selbst, Clive Bell, Leonard und Virginia Woolf, Lytton Strachey, Roger Fry und Duncan Grant, Maynard Keynes und Desmond MacCarthy – war gewiß nicht chic; jeder kleidete sich, wie er Lust hatte; man speiste gut, aber ohne Pomp. »Komfortabel« ist wohl der Begriff, der meiner Ansicht nach die Situation am besten umschreibt.

Zum ästhetischen Komfort gehörten die Blumengärten in Sussex mit ihren Gipsabgüssen antiker Skulpturen, die mit den Jahren immer mehr verwitterten; geräumige Ateliers, die auch als Wohnzimmer dienten und die auf eine Art ausgemalt waren, wie man sie heutzutage wohl übertrieben und altmodisch fände; Zimmer, die eher der Gemütlichkeit als der Repräsentation dienten, und an deren Wänden die Schätze aus abenteuerlicheren Jahren hingen – fauvistische und kubistische Bilder, erstanden, als sie nur wenige Pfund kosteten, und die später (leider) veräußert wurden, um finanzielle Katastrophen abzuwenden; daneben afrikanische und chinesische Skulpturen, Kacheltische und Baumwolle für den afrikanischen Handel; abgewetztes, aber gemütliches Mobiliar, große spanische und italienische Töpfe, erstanden für lächerliche Summen und mit viel Mühen in Dritter-Klasse-Eisenbahnabteilen durch ganz Europa geschleppt (und mit ihnen der Ableger der Riesenartischocke mit ihren großen barocken Blättern; nicht zu vergessen auch die ewigen Bücherstapel, das Grammophon mit seinem Aronstab-Trichter und Schallplatten von Monteverdi bis Beethoven (das neunzehnte Jahrhundert war weniger gut vertreten).

In dieser ziemlich schäbigen, aber behaglichen Umgebung trafen sich die Bloomsberries, aßen und redeten. Das war es, glaube ich, was sie zu ihrem Vergnügen brauchten. Gelegentlich hörten sie Musik, spielten Schach oder ein Spiel im Freien; Kartenspiele waren Kindersache, auch die meisten Gesellschaftsspiele. Ein gutes Gespräch reichte ihnen, und Gespräche konnten überall hinführen – theoretisch jedenfalls –, denn in jenen Jahren war Bloomsbury, gemessen am damaligen modernen Maßstab, eher enthaltsam. Man war bereit, sich über homosexuelle Praktiken zu unterhalten, wie man sich über den Philosophen Boëtius unterhielt. Die Atmosphäre war locker und tolerant, aber *les gros mots* – Kraftausdrücke –, wie Clive Bell sie nannte, fielen nicht. Vielleicht aus Rücksicht auf uns Kinder sprach man, wenn es um sexuelle Details ging, eher »durch die Blume«.

Ich glaube, die jüngere Generation stellte später die Toleranz der Bloomsberries gehörig auf die Probe. Denn wir hatten keine Hemmungen – und das an sich ist wichtig –, Old Bloomsbury klarzumachen, daß sie die falsche Richtung eingeschlagen hätten; daß man die gesellschaftliche und politische Situation vor 1914 vollkommen falsch eingeschätzt habe, und daß sie den Krieg hätten voraussehen müssen, daß ihre Einstellungen ausschließlich negativ gewesen seien. Außerdem argumentierten wir, Old Bloomsbury habe zugelassen, daß der Postimpressionismus völlig verharmlost und modisch geworden sei, sie hätten sich wissentlich mit einem Gesellschaftssystem abgefunden, das offenkundig falsch war, sie selbst gehörten inzwischen zum Establishment – und schließlich seien sie unfähig, zu begreifen, daß trotz aller Irrtümer und bürgerlichen Zimperlichkeiten die Sowjetunion die einzige Hoffnung sei, die sich der Welt biete. Das war, in groben Umrissen und je nach individuellem Standpunkt, was wir, die nächste Generation, der Bloomsbury-Gruppe vorwarfen, und wir debattierten darüber um so heftiger, je dramatischer sich die Situation in den dreißiger Jahren entwickelte.

Die Sitwells und die Bloomsberries

Frances Partridge

»Nichts war von unkonventionellerer Konventionalität als der Bloomsbury-Kreis«, fand Edith Sitwell. Sie war bezaubert von Virginia Woolf, abgestoßen von Lytton Strachey. Gut befreundet war sie mit Roger Fry, der mehrere Porträts von ihr malte: »Auf einem davon trug ich ein lilienblattgrünes Abendkleid, und als ich darin im hellen Licht eines Mittsommermittags am Fitzroy Square zusammen mit Mr Fry, dessen buschiges langes graues Haar unter einem riesigen schwarzen Sombrero hervorwehte, von seinem Atelier die Straße zu seinem Haus überquerte, wo wir zu Mittag essen wollten, rief das bei den Nachbarskindern großen Jubel hervor. Da man uns wohl für verirrte Nachtschwärmer hielt, wurden wir bisweilen (wohl nicht ganz unverständlich) gefragt, ob unsere Mütter wüßten, daß wir ausgegangen seien.«

Die Sitwells und die Bloomsberries

Frances Partridge

Vor langer, langer Zeit, als ich einundzwanzig war und die meisten von Ihnen noch nicht geboren waren, verließ ich Newnham College, Cambridge, und suchte – wie die meisten jungen Leute – einen Job. Am liebsten hätte ich in der noch jungen Wissenschaft der angewandten Psychologie gearbeitet, und ich hätte auf diesem Gebiet auch Beschäftigung gefunden, aber leider ohne Lohn. Oder lieber als Bibliothekarin? Oh, da half mein Abschluß überhaupt nicht: Fünf Jahre Ausbildung und noch ein weiteres Examen wären nötig gewesen. Ich war enttäuscht und niedergeschlagen. Doch dann kam das tröstliche Angebot, in der Buchhandlung mitzuarbeiten, die mein Schwager David Garnett mit seinem Freund Francis Birrell unweit des Gordon Square eröffnet hatte. »Bunny« und »Frankie«, wie beide genannt wurden, zählten zum Bloomsbury-Umfeld. Sie handelten mit antiquarischen und ausländischen Büchern und brauchten jemanden, der etwas Ordnung und Organisation in ihre Firma brachte. Also ließ ich mich von zwei undurchschaubaren, schwarz gekleideten Herren, die wir »die Füchse« nannten, in ein paar Stunden in die Geheimnisse der doppelten Buchführung einweihen und richtete mir in der Buchhandlung Birrell & Garnett eine Arbeitsecke ein.

Das Geschäft befand sich im Erdgeschoß eines unbedeutenden, ziemlich schäbigen Gebäudes in Bloomsbury, und die meisten Bücher in den Regalen stammten aus den Sammlungen von Mrs. Constance Garnett oder seiner Lordschaft Augustine Birrell. Kunden wurde nahegelegt, zu kaufen, was vorrätig war, doch wer andere Wünsche hatte, bekam tatsächlich alles in Blitzgeschwindigkeit besorgt (verglichen mit den drei Wochen, die es heute oft dauert). Sämtliche Anwohner des Gordon Square kauften hier ihre Bücher, und so lernte ich die Bells, die Woolfs, die Stracheys, E. M. Forster und Keynes kennen. Dabei wurden häufig ausgiebige Gespräche geführt, es wurde viel gelacht und kein Blatt vor den Mund genommen, so daß ich manchmal meinen Ohren nicht traute. Ich konnte es kaum fassen. Zuerst waren diese Leute praktisch unsere einzigen Kunden; kein Wunder, denn draußen gab es keine verlockenden Auslagen billiger Bücher, man mußte an der Haustür klingeln, durch einen Gang gehen, und wenn man Pech hatte, kam von dem klein geratenen Frankie anstelle von »Womit kann ich dienen?« zur Begrüßung ein angriffslustiges: »Was wollen Sie hier?«

Doch es gab noch zwei Kunden, und zwar aus Chelsea, die ziemlich häufig kamen, als wollten sie unser Tun überwachen. Das waren Osbert und Sacheverell Sitwell, und ihr Besuch lief immer nach dem gleichen Muster ab: Seite an Seite betraten sie den Laden, elegant, beide in langen dunkelblauen Mänteln, beide mit schwarzen Filzhüten (damals ein Zeichen von Kultur); die Gesichter frisch und rosig, mit fabelhaft gutgelaunter, freundlicher Miene. Oft standen sie eine gute halbe Stunde herum, bevor sie ihre Bücherwünsche äußerten, und gaben im Duett das Neueste vom Tage zum Besten – Klatsch über Parties, Ereignisse in Kunst und Literatur oder sogar High-Society-Geflüster, dazu natürlich: Hochzeiten, Ehebrüche, Todesfälle. Man tauschte sich mit gerade anwesenden Mitgliedern des anderen Lagers aus – Maynard, Lytton, oder vielleicht Arthur Waley, der ein enger Freund der Sitwells wurde und oft zu ihnen nach Renishaw fuhr. (Unsere Buchhandlung entwickelte sich also zum Treffpunkt und Debattierzirkel dieser beiden kulturellen Lager.)

Danach verließen die beiden Gäste uns so elegant wie sie gekommen waren, und ihr Abgang verursachte einen kleinen Aufruhr, man diskutierte das Gewesene amüsiert und herzlich. In diesem Zusammenhang erzählte man mir auch, Osbert selbst habe einmal durchblicken lassen, die Sitwells gingen auf einen königlichen Seitensprung zurück – in direkter Linie auf einen

Osbert, Edith und Sacheverell Sitwell, 1926

der FitzClarences, der Kinder des späteren William IV. und Mrs Jordans, der Schauspielerin, die in Bushy mit ihm gelebt habe. (Der Duke of Clarence hegte angeblich »eine besondere Zuneigung für seine Kinder«; das älteste Kind, der Earl of Munster, erschoß sich allerdings später vor Kummer.)

Mit der Zeit wurde ich von den freundlichen Bloomsberries nach Charleston, Tidmarsh und an den Tavistock Square eingeladen; die Sitwells dagegen traf ich bei Vernissagen und Lunchparties und war froh, wenn ich neben Osbert saß, der sich – das habe ich ihm nie vergessen – alle Mühe gab, mich – schüchtern wie ich damals war – zu unterhalten und zum Reden zu bringen.

Das enge Trio der Sitwell-Geschwister unterschied sich schon in seiner Struktur von der umfangreichen Bloomsbury-Gruppe mit ihren Haupt- und Randfiguren; aber auch die Sitwells waren starke Individuen. Edith Sitwell war vom Aussehen her eindeutig eine Plantagenet, und ihre langen Gewänder, selbst entworfenen Hüte und schweren Juwelen waren kreativer Ausdruck ihrer Persönlichkeit. Osbert kam mir immer wie ein Hannoveraner vor, körperlich und charakterlich solide, immer herzlich. Sachie war der Charme in Person, glänzend und heiter – vielleicht wie der junge Shelley. Er strahlte bis ins hohe Alter etwas Jugendliches aus, wovon ich mich ab und zu überzeugen konnte, wenn ich ihn in Farringdon House mit seiner hübschen Frau Georgia wiedersah.

Über Osbert möchte ich etwas mehr sagen, denn ihn kannte ich am besten. Wenn ich ihn »solide« nenne, dann meine ich das als Kompliment. Gleichzeitig ist es ein Versuch, dem Bild von ihm in seinen späteren Jahren etwas entgegenzusetzen, die überschattet waren von seinem Selbstdarstellungstrieb, Verfolgungswahn und zuletzt von der Parkinsonschen Krankheit. Diese Zeit spiegelt sein berühmter Eintrag im *Who's Who*: »Etonschüler, Erziehung während der Ferien. Focht in den vergangenen dreißig Jahren, im Verein mit Bruder und Schwester, eine Reihe von Kleinkriegen und Handgefechten gegen die Spießbürger aus. Obwohl in der Minderzahl, schlug er mit Erfolg Lücken in deren Reihen, wobei er selbst nicht ungeschoren davonkam.«

Doch zurück zum Thema Sitwells und Bloomsberries. Im Ersten Weltkrieg waren bekanntlich die meisten der Bloomsbury-Freunde Pazifisten – Duncan Grant, Lytton und James Strachey, Birrell und Garnett waren Kriegsdienstverweigerer; Virginia und Clive schrieben Anti-Kriegs-Texte (Clives *Peace at Once* sollte, wie er mir erzählte, auf öffentliche Verordnung hin verbrannt werden). Wie verhielten sich die Sitwells? Als 1918 Frieden war, schrieb Edith an Robert Nichols, der an einer schweren Kriegsneurose litt, über ihre »plötzliche Befreiung von unerträglicher Pein; ich weinte und weinte«. Sachie entging dem Militärdienst, weil er zu jung war. Nur Osbert hatte von 1912 bis 1918 bei den Grenadier Guards gedient, die meiste Zeit in Frankreich. »Gewiß war niemand glücklicher«, schrieb er,

»am Ende des so langen, so schrecklichen, mehr als sinnlosen Krieges, als ich.« 1919 kandidierte er als Liberaler für das Parlament, und im Generalstreik 1926 engagierte er sich mit Leonard und Virginia Woolf, Desmond MacCarthy und weniger bekannten Bloomsbury-Randfiguren, wie Ralph Partridge und ich es waren, in einer Kampagne mit dem Ziel, daß die Kontrahenten ins Gespräch kamen und eine gemeinsame Lösung suchten. So daß man sagen kann, die Sitwells und die Bloomsberries waren sich einig in ihrer Ablehnung von Gewalt und Abneigung gegenüber konservativen Strömungen und Spießertum.

Welchen Werken aller Beteiligten man den Vorzug gibt, ist sicher Geschmackssache. Ich persönlich finde, daß Osberts Bücher die Sitwells am besten vertreten; seine ausgesprochen unterhaltsame, lesenswerte fünfbändige Autobiographie *Left Hand! Right Hand!* rangiert dabei an oberster Stelle.

Seit ihrer denkwürdigen ersten Begegnung bei den Feiern zum Waffenstillstand 1918 – bei dem Keynes und Lopokova sich ineinander verliebten – haben sich die Bloomsberries und die Sitwells immer wieder gegenseitig kommentiert.

So Osbert, ein erstaunlich kluger Beobachter Bloomsburys:

> *Ihre Anschauungen zeugten von großer Toleranz; nie zeigte man sich überrascht über menschliche Eigenheiten. … Virginia Woolf war bemerkenswert schön, Körperbau, Figur und Konturen von einer Schönheit, die eher zu den Sternen als zum Mond gehörte. … Lytton Strachey war einer der ungewöhnlichsten Menschen in der Versammlung. Seine einzigartige Mischung aus Freundlichkeit, Selbstsucht, Klugheit, Schüchternheit und Umgänglichkeit war ohne Beispiel.*

Einmal spricht er von »der genialen Vizekönigswürde meines Freundes Clive Bell«.

Virginia, in ihrem unnachahmlichen Stil, schrieb im Tagebuch:

Edith Sitwell kam zum Tee: durchsichtig wie ein weißer Knochen, den man im Moor aufliest, mit Aquamarinsteinen auf den langen, fragilen Händen, die so überraschend schmal in die eigene Hand gleiten, wie ein zusammengeklappter Fächer. … Sie hält die Augen halb geschlossen; gurrt ein komisches kleines Lachen … Sie sagte, ich sei eine große Schriftstellerin, was mich freute … Sie ist ein merkwürdiges Produkt, mir sympathisch; sensibel … sehr liebenswürdig, mit wunderbaren Manieren … Ich bewundere ihre Arbeit: sie hat ein feines Ohr, einen Hang zur Satire & etwas Schönes an sich.

Oder:

Die drei Sitwells haben etwas durchaus Rassiges an sich; ich mag ihre langen Nasen & grotesken Gesichter.

Wenn Sie das nächste Mal in die National Gallery in London gehen, achten Sie unbedingt auf den Mosaikfußboden in der Eingangshalle. Er entstand 1930 und ist ein Werk des russischen Künstlers Boris Anrep. Er hat eine Künstler-Cocktailparty in die klassische Zeit versetzt und zeigt die Größen der zwanziger Jahre in Gestalt von Göttern und Musen; unter ihnen die Bloomsberries – Virginia Woolf, T. S. Eliot, Clive Bell, Lydia Lopokova – und zwei der Sitwells, Edith und Osbert. In seiner Darstellung bietet die Versammlung ein verführerisches Bild der Geselligkeit und Harmonie.

Gesellschaftsspiele und Katzen

Michael Holroyd

Unkonventionelle Lebensgemeinschaften machten Bloomsbury berühmt. Nicht nur in Charleston gab es eine berühmte Ménage à trois. Zwischen 1917 und 1932 praktizierten Lytton Strachey, die Malerin Carrington und ihr Mann Ralph Partridge in Ham Spray House in Wiltshire eine »glückliche Dreieinigkeit« – wobei sich das Trio mit der Zeit zur Viersamkeit erweiterte, als Ralphs spätere Ehefrau Frances dazukam, die zur wichtigen Zeitzeugin wurde. Sie kommentierte das Arrangement in ihren Erinnerungen: »Ich bin überzeugt, daß bei dieser unorthodoxen Lösung eines zeitweilig unentwirrbaren Problems eine gute Portion Glücklichsein für alle herauskam. Aber vielleicht muß man noch weiter gehen. Wer in den zwanziger Jahren aufwuchs, weiß sicher, daß es für ein gebildetes Mädchen äußerst ungewöhnlich war, in ›öffentlicher Sünde‹ mit einem verheirateten Mann zu leben. Meiner Ansicht nach sind Konventionen aber höchstens so wichtig wie Moden. Vielleicht sogar weniger wichtig, denn immerhin bietet die Mode den Modeschöpfern und Ladenbesitzern ein Auskommen und ihren Anhängern Abwechslung und ästhetisches Vergnügen.... Wohingegen, wie ich finde, gesellschaftliche Konventionen verhindern, daß man sich sein eigenes Wertesystem schafft; statt dessen wiegt man sich blind in der Sicherheit, wie die anderen Leute zu sein.«

Gesellschaftsspiele und Katzen

Michael Holroyd

Ich lebe ein Hundeleben zwischen elisabethanischen und eigenen Liebesgeschichten.

Lytton Strachey am 11. Juni 1927

Ham Spray war ein behaglich modernisiertes Landhaus aus der Zeit Jane Austens. Die lange Veranda hatte einen Ausblick nach Süden, vorbei an Rotbuchen, riesigen Eschen und einer üppigen Stechpalme; die Sicht reichte über die Wiesen und Felder bis zu der typischen südenglischen sanften Hügelkette um Newbury – den »Downs«, die wie eine »enorme grüne Woge« eine halbe Meile entfernt zu schweben schien. Das Haus war größer als Stracheys voriges Zuhause Tidmarsh (»wo jedes Schlafzimmer ins andere überging«), aber lang und schmal und deshalb schwer zu heizen. Lytton führte Verbesserungen ein – eine Zentralheizung, eine »elektrische Lichtmaschine«, einen Heißwasserboiler – und baute später den Dachboden am östlichen Ende in ein Atelier für Carrington um. Endlich war er, wenigstens für seine Verhältnisse, wohlhabend. In seinem Schlafzimmer ließ er einen offenen Kamin einbauen, dessen Sims Boris Anrep gestaltete: ein Mosaik mit einem nackten schwimmenden Hermaphroditen, der Carrington glich und verführerisch einen Blick über die Schulter ins Zimmer warf. Angeblich hatte Lytton sein Bett mit Heizdrähten versehen, damit er nachts gemütlich gegrillt wurde – aber das war eines der vielen Gerüchte, die über ihn kursierten.

Im oberen Stockwerk hatte Lytton auch sein Arbeitszimmer eingerichtet. Die Wände waren bis zur Decke mit den Büchern französischer und englischer Autoren vollgestellt, in alphabetischer Reihenfolge, meist aus dem achtzehnten Jahrhundert. Mitten im Zimmer stand ein großer Schreibtisch, und über dem Kamin hing, alles beherrschend, ein Porträt des Philosophen Voltaire, wie er am Tisch sitzt und die Hände segnend über seine Freunde hebt – und natürlich über alle im Arbeitszimmer Anwesenden. Lytton benutzte nie eine Schreibmaschine und diktierte höchst ungern. Er ging im Zimmer auf und ab, formulierte seine Texte und brachte sie Abschnitt für Abschnitt mit seiner ordentlichen Handschrift zu Papier. »Ich schreibe sehr langsam, und zwar fehlerlose Sätze«, sagte er zum Thema Korrekturen.

Der Tagesablauf in Ham Spray war unspektakulär. Nach dem Frühstück arbeitete Lytton; nach dem Mittagessen hielt er ein Schläfchen; nach dem Tee machte er gewöhnlich – stilvoll mit Stock – einen Spaziergang über die Downs. Abends nach dem Essen traf man sich im vorderen unteren Wohnzimmer zum Poker oder sonst einem Kartenspiel, »von anderen Spielen ganz abgesehen«; oder man legte auf dem vorsintflutlichen Grammophon Schallplatten auf – meist Mozart, Beethoven oder Haydn. Manchmal saßen Lytton, Ralph Partridge und Carrington mit der Katze Tiber [1] um den Kamin, und Lytton las mit erstaunlich tiefer, warmer Stimme und ausladenden Gesten aus seiner Lieblingslektüre oder eigenen Manuskripten vor.

Mit der Zeit machte sich Carringtons Einfluß in allen Räumen bemerkbar. Sie nähte Patchworkdecken, machte viktorianisch anmutende Bilder aus farbigem Silberpapier, schmückte Türen und Kaminsimse und bemalte Glas und Porzellan. Kacheln, Teller, Tassen und Untertassen dekorierte sie mit Passions- und Sonnenblumen, aber auch mit Hammelkeulen, Fischen, Vögeln, Schiffen, Muscheln, Bogenschützen, Jagdszenen, Katzenorchestern, Cellos, abstrakten Formen und anderen erstaunlichen Dingen. Neben ihren Entwürfen gab es Zeichnungen von Henry Lamb, Bilder und Täfelungen von Duncan Grant, dazu ein Wandgemälde des Surrealisten John Banting, auf dem ein schwangerer Ralph einen Zwilling trägt. Viele Zimmer hatten an den Wänden die sogenannten »Fanny Fletcher's Papers« – im Kartoffeldruck hergestellte Tapeten in den typischen Bloomsbury-Farben Tiefbraun und Terracotta, Rostrot, Mauve, Olive und wolkigem Gelb, Eierschalenblau oder Blaßgrün.

Zwar hatte Carrington ein Hausmädchen angestellt, aber das Kochen erledigte sie meist selbst. Sie arbeitete im Garten und züchtete ihre seltenen Pflanzen. Sie pflanzte Hagedorn und Wein, ein Maiglöckchenbeet, einen Tulpengarten. Zeitweise schien sie völlig in ihrem Tier- und Pflanzenreich aufzugehen. »Die Lieblichkeit des Landes macht mich offensichtlich dauerhaft glücklich«, schrieb sie ihrer Freundin Barbara Bagenal. »Mir ist fast alles egal, außer dem Blick über die Downs und dem Gang in den Garten. Es gibt so viel zu tun, am Ende liege ich wie eine Katze auf dem Sofa und betrachte Blumenzwiebelkataloge, denke übers Gärtnern nach, übers Malen, überlege, ob ich Briefe schreiben soll, rede mit Lytton, lese die Zeitung und gucke ewig nach draußen auf die Downs.«

Ham Spray war auf Ralphs Namen eingetragen, weil er so viel jünger war als Lytton – was vielleicht Carringtons Sicherheitsgefühl noch steigerte. Daß ihr Leben mit Lytton jetzt noch gefährdet sein könnte, schien schier unmöglich, welche »Widrigkeiten« auch immer am Horizont auftauchten. Was sich außerhalb ihres Zuhauses abspielte, verlor für sie an Bedeutung. Gegen Ende der zwanziger Jahre legte sie immer weniger Wert auf ihr Äußeres, war ungekämmt und mager, ohne Lippenstift oder Make-up. Aber auch in diesen späteren Jahren war ihr Gefühlsleben ungemein intensiv, und sexuell interessierte sie sich zunehmend für Frauen. »Jetzt bedaure ich, daß ich in der Vergangenheit so verdammt dumm war und so viel Verlangen unterdrückte, das ich in meiner Jugend für verschiedene Frauen empfand«, gestand sie Alix Strachey. Ihre »trunkene Leidenschaft« für die schöne Henrietta Bingham erwachte wieder und vertiefte sich. Die »Kentucky-Prinzessin« mit ihrem perfekten, ovalen Gesicht, der dunklen Mittelscheitelfrisur und den betörenden Wimpern über leuchtendblauen Augen konfrontierte Carrington mit ihrer Bisexualität. »Ich träume sechsmal wöchentlich von ihr, Träume, über die mein Intellekt sich entsetzt, und ich schreibe Briefe und zerreiße sie, ständig«, berichtete sie Alix (11. Mai 1925). Dennoch, wirklich beunruhigt war sie nicht. »Tatsächlich«, fand sie, »ruhe ich in mir wie selten und fühle mich in Einklang mit meinem niederen Ich.« Vielleicht lag es daran, daß sie älter geworden war. »Es ist tröstlich, daß man, wenn man über dreißig ist, endlich weiß, was man fühlt, und nur tut, was man will!« erklärte sie ihrem früheren Geliebten, dem Maler Mark Gertler (7. Oktober 1925). »... in Wirklichkeit bin ich sehr glücklich, ich liebe das Land und das Haus so leidenschaftlich, daß ich außerhalb davon offenbar nichts finde, was mich sehr anrührt. Ich male mehr als früher, und jetzt habe ich hier ein schönes Atelier.«

Carrington und Lytton schienen in Ham Spray ein sonderbar zärtliches Paar, und höchstens ein Anflug von Gefahr lauerte am Horizont. »Wenn ich mich an die beiden erinnere, sehe ich sie immer in ihrem gemütlichen, großen Zimmer im Abendschatten«, schrieb Iris Tree. »Bücher, Bilder, die sanft geschwungenen Downs hinter dem Fenster, ein alter Galgen oben auf dem Hügel, der Garten überragt von einer üppigen Stechpalme, Rosen draußen und drinnen. Und Carrington, mit rosigen Wangen, schenkt den Tee ein und lacht, das Gesicht vom Haar verdeckt, und leckt sich genüßlich die Lippen angesichts der köstlichen Dinge und Themen. Lytton sitzt in eine Decke gehüllt da, schnurrt ein wenig boshaft im Genuß der Gedanken, die er gleich äußern wird, und seine zum Feuer ausgestreckten Hände wirken ganz durchsichtig.« Im Dorf Ham betrachtete man ihn mit einer Mischung aus Ehrfurcht, Unwillen, Zuneigung und Vergnügen, wenn er auf dem Dorfplatz, von Dorflümmeln umgeben, verbotene Zigaretten verteilte.

In Ham Spray war ihr Leben üppiger als in Tidmarsh. Essen und Wein waren gut, es gab mehr Komfort, es gab endlose Gespräche. Es schien nicht mehr ganz nur »Leben, zurückgezogen, abgeschieden«, das Lytton an seinem vierzigsten Geburtstag gerühmt hatte. Er empfing mehr Gäste, die unterschiedlichsten Leute. Tagsüber kränkelte er meist, und immer noch konnte er seine Umgebung mit seinem schrecklichen Schweigen zum Erstarren bringen. Doch abends schien er aufzutauen, vergnügte sich an der Gesellschaft seiner vielen jungen Freunde und spielte oft den Narren – stopfte sich den Bart in den Mund, mimte den Tattergreis und steigerte sich begeistert in solche Szenen hinein. »Er besaß eine ausgesprochene Ader für Nonsens, und abends bei Gesellschaftsspielen schüttelte er mühelos Vierzeiler über einen Freund oder über eine Katze aus dem Ärmel«, erinnerte sich Raymond Mortimer. Im Sommer gab es auf einem alten Tennisplatz Federballturniere, man ging im Fluß baden, spielte Boule auf der Wiese oder ein kompliziertes Krocket; drinnen fanden unerwartet verbissene Pingpong-Wettkämpfe statt. Für die Abendunterhaltung schrieb Lytton gelegentlich Einakter mit Rollen für seine Gäste, Stücke mit ausgeklügelter Handlung, in denen die verblüfften Akteure sich am Ende in hermaphroditischer Verwirrung wiederfanden. Beliebt waren auch Amateurfilmvorführungen, wie jene einer Phantasie à la H. G. Wells, die Carrington mit Freunden produziert hatte und die David Garnett im Gedächtnis blieb:

> *Ort der Handlung war Dr. Turners private Irrenanstalt, in der die Insassen bei Experimenten in Tiere verwandelt wurden, und das Ganze handelte hauptsächlich von Saxon Sidney-Turners fiesen Experimenten an der unschuldigen Heldin, gespielt von Rachel MacCarthy mit Gänseblümchenkette.*[2] *Die Szene, wo Saxon als Dr. Turner sie hinter der Badezimmertür beobachtet, war so gekonnt makaber wie in keinem anderen Film, den ich kenne. Meine Schwägerin Frances Marshall konnte auch einigen Erfolg als irrer Vierfüßler, Reitstiefel an den Armen, einheimsen.*[3]

Dora Carrington, Ralph Partridge und Lytton Strachey im Garten von Ham Spray

Ein Zauber lag über dem üppigen grünen Land und umschloß Ham Spray. »Ich bin unendlich zufrieden, wenn ich an mein enormes Glück denke«, schrieb Carrington an Gerald Brenan (23. Januar. 1925). »Ich meine, an einem so schönen Ort zu wohnen & mit so liebenswerten Gefährten & dann London als Abwechslung, wenn mir danach ist ...« Doch behielt dieser Zauber seine Kraft angesichts beider Mißgeschicke und Ängste? Der Schriftstellerin Rosamond Lehmann klagte Lytton einmal, er tausche auf der Stelle all seine literarischen Erfolge gegen gutes Aussehen. Aber nun konnte er sich wenigstens mit gutaussehenden Freunden umgeben und deren Schönheit bewundern. Schüchtern befühlte er deren nackte Arme, kniff sie in die Wangen, strich ihnen durchs Haar, berührte ihre Ohren. Der sonst so kritische Mann schmolz dahin und verherrlichte diese Verehrer, obwohl ihm klar war, daß sie im Kopf nichts hatten als »Erdbeeren und Schlagsahne«. »Gibt es irgendeinen Grund, daß wir uns den *ganzen* Nachmittag langweilen müssen?« fragte er seinen siebzehnjährigen Neffen Richard, der in den Ferien aus Rugby zu Besuch war und eigentlich Hausaufgaben machen sollte. »Komm, wir gehen ins Theater!« – und dann ging er mit ihm in genau das richtige Stück für Schuljungen, das auch ihm selbst Spaß machte. Sonst hatte er eher Schwierigkeiten mit Jugendlichen, denen sein Äußeres und manchmal auch sein Benehmen nicht ganz geheuer war. Jedes nähere Kennenlernen war für Lytton immer noch ein komplizierter Schritt. Ein anderer Neffe, John Strachey, erinnert sich, daß er ihm »entsetzlich kichernd plötzlich einen französischen Kupferstich aus dem 18. Jahrhundert zeigte, auf dem man einer jungen Frau ein Klistier verabreichte. Ich bin sicher, er wollte sich an mich heranmachen. Der Versuch schlug fehl, und ich hatte noch mehr Angst als vorher.«

Gespräche waren für Lytton die angenehmste Beschäftigung überhaupt; »und tatsächlich«, erinnerte sich Lionel Penrose, »kamen die Gespräche der Stracheys diesem Ideal am nächsten.« Man unterhielt sich über Geschichte, Literatur, Kunst und natürlich die Freunde aus Literatur und Kunst. Lytton konnte in Gesprächen die Vergangenheit lebendig machen, er förderte in anderen verborgene Schätze zutage, eine Fähigkeit, die Virginia zu würdigen wußte. Nach seinem Tod bemerkte sie zu Clive: »Findest Du nicht auch, daß es Dinge gibt, die man gern sagen würde und jetzt nie mehr sagen wird?«

Aber nicht alle mochten Lytton Strachey. Seine Begeisterung für grobe Scherze, Schuljungenwitze und Rätsel konnte peinlich sein; und wen er nicht mochte, der bekam gnadenlos seine Intoleranz und Arroganz zu spüren. Der Dichter Stephen Spender, den Wogan Philipps und dessen Frau Rosamond Lehmann mit nach Ham Spray brachten, fand ihn den erstaunlichsten aller Bloomsbury-Freunde. »Er verband auf fabelhafte Weise ihre Lebensfreude mit ihrer gelegentlichen Kühle«, erinnerte er sich. »Manchmal inszenierte er alberne Kinderspiele wie ›Up Jenkins‹, was wir einmal an Weihnachten spielten. Er konnte fabelhaft bissige Bemerkungen loslassen. Sein Gekicher wirkte oft geradezu boshaft; manchmal saß er auch einfach wortlos in seinem Sessel.«[4] Vita Sackville-Wests Ehemann Harold Nicolson nannte ihn eine bärtige, biestige alte Frau.

Aber Lytton war nicht mehr wie früher das große trostlose Geschöpf. Er war »keineswegs häßlich«, stellte Frances Marshall nach näherem Kennenlernen fest. »Er war groß, beweglich, mit sehr langen, schönen Händen, und er legte eine eigenartige Eleganz an den Tag, wenn er mit einem weißen, grün gefütterten Sonnenschirm über den Rasen ging oder besser stelzte, und dann seine langen Beine in einem Liegestuhl verstaute. Seine samtigen braunen Augen waren sehr ausdrucksvoll.«[5] An heißen Tagen trug er einen enormen Sonnenhut und schritt von der Veranda über den Rasen, langsam und elegant wie ein Kranich. Dann ließ er sich in einen Liegestuhl sinken – eine alterslose Gestalt, die Beine zusammen, die Knie auf Kopfhöhe, die durchscheinenden Hände auf der ausgebeulten Hose – und fing an zu reden. Zwischen seiner Schweigsamkeit und seiner Wortgewandtheit herrschte ein merkwürdiger Kontrast, besonders wenn er aus seiner Bewegungslosigkeit heraus plötzlich heftig zu gestikulieren begann. Seine Nichte, die Schriftstellerin Julia Strachey, nannte ihn »die lebhafteste Persönlichkeit, die ich je gekannt habe«.

Auch seine religiösen Ansichten hatten sich gemildert. Das Christentum, im Verlauf der Geschichte ein so erbitterter Feind humanitärer Ideen, fand er bei weitem überholt: nicht mehr kontrovers, nicht einmal mehr interessant. Militante Atheisten waren offenbar auch aus der Mode. »Man kann (mehr oder minder) über Religion sagen, was man möchte«, schrieb Lytton seinem Neffen Richard (5. Mai 1926), »aber vielleicht, weil es keinen mehr besonders interessiert. Es gibt andere, intimere Themen, über die man nicht reden darf – oder höchstens in Andeutungen.«

Solche eher intimen Themen hatte er im Sinn, wenn er im British Museum seinen geheimgehaltenen Studien nachging. Dann wohnte er am Gordon Square 51 in der Wohnung seiner Schwester Pernel, die am Newnham College in Cambridge erst Tutorin, dann Direktorin, Dozentin und später Rektorin war. Die Jüngsten der Bloomsbury-Gruppe – die nächste Generation, angeführt von Angelica Bell – gaben spät abends im Atelier in der Fitzroy Street Feste.[6] Der harte Kern – Old Bloomsbury – traf sich am Tavistock Square 52, wo Leonard und Virginia auf zwei Etagen über den Verlagsräumen der Hogarth Press wohnten. An den lauten Festen in der Fitzroy Street nahm Lytton selten teil, doch er war häufig gesehener Gast am Tavistock Square. Er, Roger Fry, Duncan Grant und Maynard Keynes waren die Wortführer an solchen Abenden, gelegentlich kamen auch Desmond MacCarthy und Morgan Forster dazu. Manchmal traf man sich auch bei Vanessa – sieben, acht Personen, ein paar aus der jüngeren Generation eingeschlossen.

Lytton lud seine Freunde oft in seine Clubs ein – in den Oriental und später in den Athenaeum Club. John Lehmann, den er durch Dadie Rylands kennengelernt hatte (beide arbeiteten zu unterschiedlichen Zeiten bei der Hogarth Press) erinnerte sich, wie er Lytton anstachelte, schlüpfrige Geschichten über Leonard Woolf zum Besten zu geben. »Ich glühte vor Begeisterung«, schrieb er, »wenn Lytton mit seiner hohen, dünnen, aber gebieterischen Stimme einen erstklassigen Wein bestellte und wir lange über Bloomsburys Vergangenheit und Lyttons Zeit in Cambridge diskutierten, über Gedichte (die Lytton in großer Zahl schrieb, wenn auch im Verborgenen) oder über die moderne französische Literatur, in der er alle Übel der deutschen Literatur und nur wenige der großen französischen Tugenden entdeckte. Ich besuchte ihn auch in Ham Spray und stöberte endlos in seiner Bibliothek, während er arbeitete, und danach gingen wir spazieren, wobei wir unser Gespräch wieder aufnahmen – oder besser gesagt, ich fragte ihn weiter aus, und er antwortete seinem unersättlichen Schüler klug und geistreich.«[7]

Seinen Freunden prägte sich die Atmosphäre in Ham Spray mit ihrer alles bestimmenden Ruhe ein, und in dieser besonderen Umgebung teilte sich Lyttons Persönlichkeit, die sich in seiner schriftstellerischen Arbeit nie völlig entfaltete, seinen Freunden unmittelbar mit. »Nachträglich erinnerte man sich an seine Zweifel und sein Zögern, seine Weigerung zu dogmatisieren, seine phantasievollen Exkurse, seine hohe Flüsterstimme, die mitten im Satz unhörbar wurde, und vergaß darüber den klaren und wohlgeordneten Verstand hinter allem«, schrieb Gerald Brenan. »Man entdeckte widersprüchliche Züge – seine weibliche Sensibilität, Lust am Absurden, seinen Hang zu Übertreibung und Melodramatik, sein reifes Urteilsvermögen, und dann einen gewissen Mangel an menschlicher Substanz, eine ererbte Dünnblütigkeit, die seinem Gegenüber manchmal eine Gänsehaut machte. Ihm fehlte es geradezu unanständig an Gewöhnlichkeit.«[8]

Die brüchige Stimme und der lange rötliche Bart, das freche Grinsen bei scharfsinnigen Bemerkungen, die Ruhe, der sanfte, ernste Blick über den Rand der Schildpattbrille waren Attribute einer Persönlichkeit, die im Haus deutlich spürbar war. »Diese hochgewachsene Gestalt«, erinnerte sich F. L. Lucas, »die über die Felder von Ham Spray wanderte, hatte etwas Fremdländisches, wie ein russischer Großgrundbesitzer; oder wie man sich Jehova vorstellt, furchteinflößend für Fremde, aber jederzeit fähig, sich in einen lächelnden epikuräischen Zeus zu verwandeln.«

Vita, Virginia und Vanessa

Nigel Nicolson

Am 14. Dezember 1922 aß Vita Sackville-West mit Clive Bell und Virginia Woolf zu Mittag. Das Dinner wenige Monate später, bei dem auch Lytton Strachey anwesend war, wurde »ein knochentrockener, unglaublicher Abend«. Vier Jahre später – da war die Liebesgeschichte zwischen Virginia und Vita in vollem Gang – ließ Vanessa ausrichten: »Übermittle meine untertänigsten Grüße an Vita, die mich wie ein arabisches Vollblut behandelt, das aus einem Augenwinkel auf ein langohriges Muli blickt.«

Vita, Virginia und Vanessa

Nigel Nicolson

Meine Mutter, Vita Sackville-West, hatte mit Charleston oder dessen Garten wenig zu tun, und Vanessa bat sie auch nie um Rat. Aber sie hatte eine Menge mit dem Garten von Monk's House zu tun, wenn auch ohne großen Erfolg, denn eigentlich war sie in ständiger Verzweiflung darüber, daß beide Woolfs keinerlei visuellen Sinn und Geschmack hätten. Einmal erklärte sie, Leonard versuche, Versailles auf tausend Quadratmetern Sussex zu verwirklichen.

Trotzdem läßt sich einiges über ihre Beziehung zu den beiden Schwestern Virginia und Vanessa sagen. Mit Vanessa war es natürlich nicht so einfach, denn Vita, die ihre eigenen intellektuellen Fähigkeiten sehr bescheiden einschätzte, hatte Angst vor Vanessa, aber nicht vor Virginia. Vanessa konnte ungemein einschüchternd wirken. Selbst ich, der sie selten zu Gesicht bekam, wußte schon als Kind, daß ein falscher Schritt manchmal genügte, um es mit ihr zu verderben – wie zum Beispiel der Direktor der Tate Gallery, John Rothenstein, der bei seinem ersten Besuch in Charleston behauptete, Tizian sei ein schlechter Zeichner gewesen – was Vanessa ihm nie verzieh. Zweifellos konnte sie Menschen, die ihr eigentlich wohlgesonnen waren, mit ihrem schnellen Urteil und ihren beängstigend hohen Ansprüchen in Angst und Schrecken versetzen.

Ein Ereignis wird in Memoiren, Biographien und Tagebüchern ausgiebig behandelt: Das Ehepaar Woolf kam 1929, als Hitler noch nicht an der Macht war, mit Duncan und Vanessa, Quentin und meinem Cousin Eddie Sackville-West meine Eltern in Berlin besuchen. Auch wir Kinder, mein Bruder Ben und ich, waren da. An einem der Abende gingen wir ins Kino, um uns den russischen Film *Sturm über Asien* anzusehen – einen Propagandafilm mit einigen pikanten Szenen, die für Kinder unter zwölf angeblich nicht geeignet waren. Das Ganze geschah genau an meinem zwölften Geburtstag, und am Kinoeingang gab es eine Diskussion zwischen meiner Mutter und der Person an der Kinokasse, ob ich hinein dürfe, wo ich doch gerade erst zwölf sei. Die Antwort lautete, lange vor den Nazis, schlicht Nein. Zwar trügt die Erinnerung oft, aber – obwohl ich damals erst zwölf war – ich erinnere mich wie heute. Ein fürchterlicher Abend: Es regnete, vorher hatte es geschneit, in der Gosse lag Matsch, es war kalt, es war dunkel, und alle waren angespannt und gereizt. Vanessa hatte etwas gegen die Nicolsons. In einem Brief an Roger Fry kommentierte sie diesen gräßlichen Abend: »Ich verstehe nicht, warum Virginia diese Leute in unsere Gesellschaft eingeführt hat.« Deutlicher ging es nicht. Leonard weigerte sich, zu einem Empfang zu gehen, den mein Vater, damals Geschäftsträger an der Botschaft in Berlin, arrangiert hatte, um ihn mit führenden deutschen Politikern bekannt zu machen. Meine Mutter hatte Virginia an dem Tag des Kinobesuchs nach Sanssouci entführt, was ihr alle übelnahmen. Wir Jungen langweilten uns und waren müde. Man ließ mich also nicht ins Kino. Meine Mutter konnte bei solchen Gelegenheiten sehr wütend werden. Wir standen draußen auf dem Gehweg und debattierten. Vita verkündete: »Wenn er nicht rein darf, gehe ich auch nicht.« Das war typisch; sie glaubte immer, sie könne jemanden durch Erpressung umstimmen.

Deshalb war die Beziehung zwischen Vanessa und Vita angespannt. Und Vita kam höchst selten nach Charleston; ich kann mich nur an zwei Besuche erinnern. Ich selbst kam erst nach Duncans Tod zum ersten Mal dorthin. 1935, sechs Jahre nach der Berlin-Katastrophe, traf man sich in Rom. Vanessa schrieb anschließend an Boris Anrep: »Harold ist ganz in Ordnung, aber meiner Ansicht nach könnte man ihn in jede Richtung führen oder drängen. Vita ist so despotisch wie Mussolini und hat ihn völlig im Griff!« Wie sehr Menschen sich über andere Men-

Vita Sackville-West, 1929

schen irren können! Mein Vater war damals ganz und gar nicht nachgiebig. Er war auf der Höhe seiner beruflichen Karriere, er war gerade ins Parlament gewählt worden und war ein führender Gegner der Beschwichtigungspolitik. Er hatte etwas fast Furchteinflößendes und war keineswegs das kleinlaute Wesen, das Vanessa in ihm vermutete.

Zum Vergleich Vita und Mussolini: Ich muß zugeben, daß sie etwas Herrisches an sich hatte. Ich weiß noch, wie etwa zu jener Zeit draußen eine Meute Jagdhunde über unsere Felder rannte und einen Hirsch verfolgte. Der Hirsch sprang in den See, die Hunde hinterher, sie schwammen, und der Jäger folgte in unserem Ruderboot, das am Ufer vertäut gelegen hatte. Vita sah das, ergriff ihr Gewehr, marschierte zum See und schoß, nicht auf den Hirsch, nicht auf die Hunde, auch nicht auf den Jäger, sondern auf unser Boot und versenkte es. Dann schulterte sie das noch rauchende Gewehr, und meinem Vater fielen fast die Augen aus dem Kopf.

Das war, wenn Sie so wollen, ihre Mussolini-Seite. Aber sie besaß auch etwas sehr Sanftes, Schüchternes. Am Ende des Kriegs, als mein Bruder Ben und ich nach drei Soldatenjahren in Afrika und Italien zurückkamen, sagten wir zu ihr: »Komm, wir geben ein Fest.« – »Wir haben in Sissinghurst noch nie ein Fest gegeben«, sagte sie, »Um Himmels Willen, wozu?«

»Immerhin haben wir den Krieg gewonnen, und wir sind wieder heil nach Hause gekommen.«

Dann fragte sie: »Was für ein Fest?« – »Eine Cocktailparty.« – »Aber wir haben keine Ahnung, wie man Cocktails macht.«

Ben meinte: »Darüber gibt es ganze Bücher, das finden wir schon heraus.« Doch meine Mutter versuchte uns mit allen Mitteln von unserer Idee abzubringen: »Aber wir kennen hier doch niemanden«, was beinahe stimmte, weil wir zwar in London viele Leute kannten, aber um unsere Nachbarn bisher immer einen großen Bogen gemacht hatten.

Wir sagten: »Wir kennen drei Leute.« Die würden wir einladen, und sie sollten ihre Freunde mitbringen. Zuletzt blieb ihr nichts anderes übrig, als zuzustimmen. Jeder der Eingeladenen sagte natürlich zu, weil er neugierig war, wie es bei uns aussah. Das Fest fand in der Bibliothek statt. Es war schrecklich: Wir konnten die Leute einander nicht vorstellen, weil wir keine Ahnung hatten, wer sie waren. Die Cocktails waren ungenießbar. Und gleich am Anfang kam eine Dame auf meine Mutter zu und fragte: »Können Sie mir vielleicht sagen, wer die Dame in

Blau da drüben ist?« – »O ja«, sagte Vita, begeistert, endlich eines der drei ihr bekannten Gesichter zu sehen«, das ist Mrs Hamilton Price.« – »Nein«, sagte die Dame. »Mrs Hamilton Price bin ich.« Das gab dem Fest dann den Rest, und wir haben zu Vitas Lebzeiten dort nie wieder gefeiert.

Aber zurück zu ihrer Beziehung zu Vanessa. Nur zweimal kamen die beiden sich wirklich nahe. Einmal, als Julian Bell in Spanien ums Leben gekommen war und Vita einen Kondolenzbrief an Vanessa schickte. Vanessas Antwort an Vita war entgegenkommender und warmherziger als je zuvor. Sie schrieb: »Die vergangenen Wochen waren wirklich entsetzlich, wie Sie sich vorstellen können. Aber ich glaube, ohne Virginias ständige Anwesenheit und Hilfe hätte ich sie nicht überlebt. Doch das kann ich Virginia gar nicht sagen. Können Sie es ihr sagen?« Was für ein Licht werfen diese Zeilen auf die Beziehung zwischen den beiden Schwestern. Sie waren sich so nah und doch so fern, daß die eine der anderen nicht ihre tiefe Dankbarkeit gestehen konnte. Daß Vanessa sich Vita als Vermittlerin aussuchte, ist überraschend, denn sie kannte sie kaum. Aber sie wußte, daß Vita ihrer Schwester Virginia vermutlich mehr bedeutete als alle übrigen Personen in ihrem Leben, von ihrer Familie abgesehen.

Die zweite Gelegenheit war natürlich, als Virginia starb. Es gab einen Briefwechsel nach Virginias Selbstmord, ganz kurz, drei, vier Briefe auf jeder Seite. Vanessa lud Vita nach Charleston ein. Ich glaube, es war das zweite Mal, daß sie überhaupt dorthin kam. Wir wissen kaum, was damals zwischen ihnen stattfand, aber es war mit Sicherheit für beide ein ausgesprochen emotionaler Augenblick, jede der beiden war vermutlich so zurückhaltend, wie es ihrem Naturell entsprach, doch beide hatten das Gefühl, einen dauerhaften Bund zu schließen. Die Briefe, die damals geschrieben wurden, sind bisher selten zitiert worden.

Damit endete im Grunde die Beziehung zwischen Vanessa und Vita. Vitas Beziehung zu Virginia war vollkommen anders; viel enger, viel wärmer, und sie waren Liebende, etwa drei Jahre lang, zwischen 1925 und 1928. Ich halte das immer noch für eine der merkwürdigsten Affären überhaupt. Virginia war sonst in ihren körperlichen Beziehungen ziemlich gehemmt gewesen. Und sie hatte, soweit man weiß, bis dahin keinerlei lesbische Erfahrungen. Die Freundschaft mit Violet Dickinson kann man nicht als solche bezeichnen. Virginias Beziehung zu Ethel Smyth auch nicht. Und dennoch verfolgte sie ihre Liebesgeschichte mit Vita drei Jahre lang ganz ruhig, ohne jede Panik, gewiß ohne Scham, und ohne Angst vor Folgen. Vita dagegen hatte diese Angst. Sie hatte große Befürchtungen, bei Virginia womöglich Phantasien auszulösen, die zu einem neuen Schub ihrer Geisteskrankheit führen könnten. Dazu kam es nicht, aber meine Mutter lebte deswegen in ständiger Sorge. Die Beziehung beruhte aus Vitas Sicht auf einer enormen Bewunderung für Virginia als Person und Schriftstellerin. Sie erkannte natürlich ihr Genie. Sie beneidete sie nicht darum, sie war eine neidlose Frau. Und was noch menschlicher war: Einmal schrieb sie meinem Vater über Virginia: »Sie hat ein süßes und kindliches Naturell, völlig getrennt von ihrem Intellekt.« Aber, setzte sie hinzu, das würde natürlich außer vielleicht Vanessa und Leonard keiner glauben.

Mir ist dieses naive Naturell, das ich sogar als Kind wahrnahm, gut in Erinnerung. Sie ging mit Kindern wunderbar um. Erst wenn man siebzehn oder achtzehn war, konnte sie sehr streng werden. Ich weiß noch, daß sie, wenn sie uns in Long Barn, unserem früheren Haus, besuchte, manchmal meine Mutter ausschimpfte: »Mach, daß Du fortkommst, Vita, siehst Du nicht, daß ich mich mit Ben und Nigel unterhalte?« Was konnte für Zehn-, Elf-, Zwölfjährige schmeichelhafter sein? Wir wußten doch, daß sie die wichtigste Schriftstellerin ihrer Zeit war. Schon zu ihren Lebzeiten nannte man sie ein Genie. Daß ausgerechnet sie sich Zeit nahm, mit zwei kleinen Jungen Gedanken auszutauschen, werde ich nie vergessen. Ganz so selbstlos war die Sache allerdings nicht. Denn sie sammelte natürlich literarisches Material. Einmal fragte sie mich: »Wie ist es, Kind zu sein?« Ich gab zur Antwort: »Aber Virginia, das weißt Du doch, Du warst doch selbst mal Kind. Aber ich weiß gar nicht, wie Erwachsensein ist, weil ich noch nicht erwachsen bin.« Sie meinte dann, es sei etwas, was jeder schon erlebt habe, sich nur nicht daran erinnern könne. Und so ging sie mit mir meinen ganzen Tag durch: »Wodurch bist Du wach geworden?« – »Wie hast Du dich angezogen?« – »Welche Socke hast Du zuerst angezogen? Links oder rechts?« – »Was hast Du gefrühstückt?« Jede Einzelheit, bis zu dem Moment, wo ich ins Zimmer gekommen war und sie dort getroffen hatte. Diese Methode benutzte sie natürlich nicht nur bei Kindern, sondern auch bei Erwachsenen. Mit Hingabe erkundete sie Einzelheiten und Vertraulichkeiten aus dem Leben anderer. Einmal erklärte sie mir: »Nichts ist wirklich geschehen, bevor es beschrieben worden ist.« Sie meinte aufgeschrieben. Sie fand, man müsse Tagebuch schreiben. Sie sagte:

> *Du mußt Briefe schreiben, an Deine Mutter und Deinen Vater und Bruder, und sie müssen sie verwahren, und Du verwahrst ihre. Dein ganzes Leben, das Du später nie wiederbekommst, muß in Geschriebenes gepackt werden. Wenn Du schreibst, mußt Du Dir vorstellen, daß Du allein auf dem Squashplatz stehst, Schläge ausprobierst, verbale Schläge, ohne Angst, daß irgendwer anders zuguckt und Dich auslacht. Du mußt schreiben, schreiben, schreiben.*

Wenig Bloomsbury fand Eingang in unser kindliches Dasein. Meine Mutter nannte es Gloomsbury (gloom – Trübsal). Sie übertrug auf uns etwas von ihrer eigenen Furcht vor diesen so intelligenten Leuten. Der einzige, der uns rettete, war Clive Bell. Ich erinnere mich an eine Gelegenheit in Long Barn, als ich acht war, glaube ich. Es gab eine große Gesellschaft, und viele der Bloomsbury-Leute waren zum Lunch da, dreizehn an der Zahl. Dreizehn am Tisch war aber ein schlechtes Omen, also holte man mich als vierzehnte Person und setzte mich neben meine Mutter ans Kopfende. Mir gegenüber saß eine außergewöhnliche Frau, wie ein Sittich, mit stark geschminktem Gesicht, einer großen Hakennase und einem riesigen Hut. Das war natürlich Ottoline Morrell. Plötzlich entstand eine Pause in der allgemeinen Unterhaltung, und in die Stille hinein fragte ich: »Mami, ist diese Dame eine Hexe?« Alle hörten es. Selbst Bloomsbury war ein bißchen perplex. Dann sagte Clive am anderen Ende des Tisches: »Bestimmt ist sie das, bestimmt, wir wollten das alle schon die ganze Zeit feststellen. Und du, Nigel, hast jetzt die Wahrheit gesagt.« Das rettete die Situation. Es war typisch für ihn. Aber die eindringlichste Erinnerung an diese Gruppe habe ich aus der Zeit, als Virginia *Orlando* schrieb. Wir hatten – natürlich, ich war 1928 elf Jahre alt – keine Ahnung, was für eine Beziehung Vita und Virginia zueinander hatten. Eine Frau, die mit beiden befreundet war, und die eigentlich hätte gescheiter sein müssen, sagte einmal zu mir: »Ich nehme an, du weißt, daß Virginia deine Mutter liebt?« Ich erwiderte in aller Unschuld eines Elfjährigen: »Natürlich tut sie das, das tun wir doch alle.« Erst langsam und allmählich dämmerte uns, was für eine Beziehung beide hatten.

Virginia fuhr mit uns nach Knole – ich habe noch ein Photo von dem Ereignis – und ging mit uns durch die Räume und betrachtete die Porträts an den Wänden und fragte uns aus, wer wer sei – all diese Sackvilles, die schon so lange tot waren. Natürlich wußten wir das nur teilweise, aber wir erfanden Geschichten über sie. Dann erschien das Buch. Selbst Vita hatte vorher kein Wort davon zu Gesicht bekommen und wußte lediglich, daß sie die Heldin war, bevor sie am Tag der Veröffentlichung ein gebundenes Exemplar erhielt. Und dann lasen wir. Ich weiß noch, daß ich völlig bekümmert reagierte, weil am Ende, wie Sie wissen, Orlando ein Kind bekommt, einen Sohn. Und wir protestierten: »Aber Virginia, wir sind doch zwei. Wo ist der andere?«

Soweit einige Erinnerungen an meine Mutter in dieser Gesellschaft, zu der sie nicht richtig gehörte. Sie wurde als Virginias Freundin akzeptiert. Sie stand nie auf vertrautem Fuß mit Vanessa – abgesehen von den beiden oben erwähnten Gelegenheiten. Sie hatte Angst vor Leonard Woolf, den sie, ungerechterweise, streng fand. Aber zu Virginia knüpfte und bewahrte sie eine Beziehung, die ihre gemeinsame Liebesgeschichte lange überdauerte, bewundernswert wegen ihrer Einfachheit und der echten Freude an der gegenseitigen Gesellschaft, auch wegen der Ehrlichkeit – Virginias Ehrlichkeit bezüglich Vitas Schriftstellerei, die sie ohne Kränkung mitteilen konnte. Vitas Liebe dauerte viele, viele Jahre an. Auch als Vita sich in andere Menschen verliebte, blieb Virginia, von meinem Vater abgesehen, die zentrale Figur in ihrem Leben. Ihr Photo steht immer noch auf Vitas Schreibtisch in Sissinghurst.

Virginia Woolf, die Mode und ›Vogue‹

Lisa Cohen

»Leonard wunderte sich manchmal, warum die Leute auf der Straße hinter Virginia herstarrten. Aber ich kann ihm verraten, warum: Weil sie nicht in ihrem Körper zuhause war, so gräßliche, billige Kleider anhatte und sich so linkisch bewegte.« (Julia Strachey – Lyttons Nichte – am 6. März 1969 zu Frances Partridge.)

Aussehen war ein Dauerthema in Virginia Woolfs frühen Tagebüchern. Als sie jünger war, wirkte ihre Beschäftigung mit Kleidern hilflos, denn im Grunde hatte sie eine eher literarische Beziehung zu den Dingen. Bei einem Dinner fühlte sie sich, »bis auf die übliche Unsicherheit wegen Puder & Schminke, Schuhen & Strümpfen, vortrefflich, dank der Tatsache, daß die Literatur im Vordergrund stand. Das hält uns bei Laune & bei Sinnen«, notierte sie im März 1926. Was ihre Schuhe anging, so trug sie häufig festes Schuhwerk – schließlich lebte sie auf dem Lande und machte jeden Tag einen ordentlichen Spaziergang. Ihre Lieblingsfarbe war übrigens grün, und so strich sie auch ihr Wohnzimmer in Rodmell – mit dem Effekt, daß man sich darin wie in einem Aquarium fühlte. »Ach, sie haben über meine Vorliebe für grüne Farbe gelacht!« klagte sie im September 1926.

Virginia Woolf, die Mode und ›Vogue‹

Lisa Cohen

Im Frühjahr 1925 schrieb Virginia Woolf in ihr Tagebuch: »Aber ich muß daran denken, über meine *Kleider* zu schreiben, wenn ich das nächste Mal einen Impuls zum Schreiben spüre. Meine Liebe zu Kleidern interessiert mich zutiefst: nur, daß es keine Liebe ist; & was es ist, muß ich herausfinden.«[1] Virginia Woolf wird nachgesagt, daß Mode sie beunruhigte oder überhaupt nicht interessierte. Rebecca West schrieb: »Virginia und Vanessa waren extrem unordentlich. Sie sahen immer aus, als hätte man sie, bevor sie ausgingen, rückwärts durch eine Hecke gezogen … Virginia war nicht gut zurechtgemacht.«[2] Madge Garland, *Vogue*-Redakteurin und tonangebend in der britischen Mode, erinnerte sich, daß sie Virginia Woolf in einem Vortrag von Roger Fry zum ersten Mal sah und fand, sie sei »eine sehr schöne Frau«. »Aber« fügte sie hinzu, »was auch meine Aufmerksamkeit weckte, war, daß sie anscheinend einen umgekehrten Papierkorb auf dem Kopf trug.«[3] Sicher stimmt es, daß Virginia Woolf sich oft mit dem herumschlug, was sie »meinen Kleider-Komplex« nannte, aber wenn man ihre Romane und Tagebücher liest, merkt man, daß sie von Kleidern fasziniert war, gefesselt davon, daß – und wie – sie den Charakter beeinflußten.

In den zwanziger Jahren überschnitt sich ihr literarischer und gesellschaftlicher Umgang eindeutig mit der Welt der Mode und des Modejournalismus. Dorothy Todd, damals Herausgeberin der britischen *Vogue*, war schon von Berufs wegen eine hohe Instanz für Kleidung und Aussehen, aber sie war vor allem eine Verfechterin der Moderne. Zu ihrer Zeit galt sie bei *Vogue* als eine brillante Vertreterin ihres Fachs. Zusammen mit der jungen Madge Garland, die sie unter ihre Fittiche genommen hatte und die ihre Gefährtin wurde, verwandelte sie das verschlafene

Gesellschaftsblatt in ein außergewöhnliches geschmacksbildendes Magazin, das der Mode neben Kunst, Literatur und Design einen Platz in der Gegenwartskultur verschaffte. Heute empfinden wir diese Sicht als selbstverständlich, damals war sie ihrer Zeit weit voraus. Virginia Woolf schrieb für *Vogue*, und es wurde dort über sie geschrieben. Den Redakteurinnen Todd und Garland brachte sie gemischte Gefühle entgegen. Dieses Hin und Her zwischen Interesse und Geringschätzung war Teil ihrer komplizierten Beziehung nicht nur zur Mode, sondern zum Journalismus allgemein; ihr Kontakt zu den beiden Frauen stellte die Frage Kunst contra Kommerz in ein neues Licht – wozu auch die Frage der Notwendigkeit solch einer Unterscheidung gehörte.

Was ihre Garderobe anging, dokumentieren Virginia Woolfs Tagebücher einen sich wiederholenden Kreislauf von Schrecken und Vergnügen, Ablehnung und Begehren. Sie schrieb über »die ewige & nicht zu lösende Frage der Kleidung« (10. Dezember 1918) und »meine tiefe Besorgnis wegen meiner Kleidung« (1. Juni 1932). In einer Eintragung über Beschwerden und Befürchtungen kommt ihrer Kleidung eine gesteigerte, geradezu komisch zentrale Bedeutung zu: »soll ich noch einen Roman schreiben; Schmach, weil es mir an intellektueller Kraft fehlt; Wells lesen ohne was zu verstehen; Nessas Kinder; das Gesellschaftsleben, Kleider kaufen; Rodmell verschandelt; ganz England verschandelt; Alpträume nachts wegen all dem, was in der Welt im argen liegt; Kleider kaufen; wie ich Bond Street hasse & das Geldausgeben für Kleider« (25. Mai 1932). Über ihre Kindheit bemerkte sie: »Vanessa und ich waren beide, was man Wildfänge nannte; das heißt, wir spielten Kricket, krabbelten über Felsen, kletterten auf Bäume und kümmerten uns angeblich nicht um Kleider und so weiter.«[4]

Aber sich »angeblich nicht um Kleider kümmern« ist nicht das Gleiche wie sich nicht um Kleider kümmern. »Doch mein Geist wandert. Es ist das Kleiderproblem. Was mich demütigt ist

Virginia Woolf bei Ottoline Morrell in Garsington

… daß ich, wenn ich durch Regent Street, Bond Street &c streife, so deutlich weniger gut gekleidet bin als andere.« (18. April 1926) Tatsächlich gibt es reichlich Beweise, mit welchem Vergnügen sich Virginia Woolf damit beschäftigte, was sie anziehen sollte oder was andere trugen. »Selbstentworfene Kleider gefallen mir.« (3. Dezember 1921) Offenbar änderte sich ihre Einstellung zur Mode in mancher Hinsicht, als sie mehr Erfolg hatte und mehr Geld ausgeben konnte. 1926 schreibt sie: »Ich ging zu meiner Schneiderin, Miss Brooke, & fand das einen außerordentlich ruhigen & freundlichen & sogar genußreichen Vorgang. Ich habe eine große Lust auf hübsche Stoffe & Formen; die ich nicht befriedigt habe, seit Sally Youngs (Schneiderin aus ihrer Jugend) Tod. Ein gewagter Zug meinerseits, aber jetzt bin ich befreit von den Kleidersorgen, & das ist etwas wert, & brauche nicht Oxford Street auf- und abzumarschieren.«(13. Mai 1926) Es stimmt einfach nicht, daß Virginia Woolf blind dafür war, welch betörende Macht ein Kleid haben konnte: »ich brauche unbedingt einen Satz für das Siegelwachsgrün von Ottolines Kleid«, bemerkte sie über ein Fest, das am Vorabend bei Ottoline Morrell stattgefunden hatte. »Diese leuchtende Seide über einer echten Krinoline stach ins Auge. In diesem Aufzug beherrschte Ottoline den Raum.« (13. Februar 1920)

Rebecca West, die mit Madge Garland eng befreundet war, erinnerte sich, daß sie Virginia Woolf (deren Aussehen sie bemängelte) »im Haus von zwei außergewöhnlichen Frauen« zum ersten Mal traf:

Dorothy Todd war eine dicke kleine Frau, voll Energie, voll Genie, besser gesagt. Gute Herausgeber sind rarer als gute Schriftsteller, und sie war eine große Herausgeberin, und Madge Garland konnte ihr durchaus das Wasser reichen. Sie war eine schlanke und wunderschöne junge Frau, die auch Mannequin hätte sein können, wenn sie nicht das Zeug zu einer erstklassigen Kunstkennerin gehabt hätte. Zusammen verwandelten die beiden Frauen Vogue von einem x-beliebigen Modemagazin in die beste aller Modezeitschriften und einen Führer zu den modernen Kunstströmungen. Sie halfen Roger Fry, den Postimpressionismus fest im englischen Boden zu verwurzeln, und sie brachten uns all die guten Neuigkeiten über Picasso und Matisse und Derain und Bonnard und Proust und Jean Cocteau.[5]

Wie Rebecca Wests Kommentar andeutet, entfalteten Todd und Garland auf den Seiten ihres Magazins eine Art modernen Salon. Mit einmal standen da Überschriften wie »Moderne Kunst auf bemalten Stoffen gewinnt in der Mode an Bedeutung« neben »Paris schmückt die Pumps«. Natürlich hatte die Mode immer nach Paris geschaut, aber nun lernten die Leser Man Rays Rayographie, Le Corbusiers Entwürfe und Gertrude Steins Gedichte und Romane kennen. *Vogue* war eine der ersten in England, die über Picasso, Proust, Cocteau, Matisse und Marie Laurencin berichtete. Dorothy Todd brachte auch eine ganze Reihe junger britischer Künstler, wie den Photographen Cecil Beaton, erstmals an die Öffentlichkeit. Beaton erinnerte sich: »Es war für mich ein großer Tag, als Miss Todd eins meiner Photos akzeptierte und schrieb, daß ich zu einem guten Photographen tauge.«[6] Nach und nach tauchte ganz Bloomsbury – Virginia Woolf, Vanessa Bell, Duncan Grant, Roger Fry und Clive Bell – in der *Vogue* auf; sie schrieben oder es wurde über sie geschrieben, wie Edith Sitwell, Vita Sackville-West, Aldous Huxley (der eine Zeitlang zur Redaktion gehörte), Raymond Mortimer und andere.

Condé Nast gründete die britische *Vogue* 1916, als die Restriktionen im Schiffsverkehr den Export der amerikanischen Ausgabe nach England erschwerten. Damals war es im wesentlichen eine Gesellschaftszeitschrift, Mode stand weitab an zweiter Stelle, und ein Großteil des Inhalts stammte aus der amerikanischen *Vogue*. Dorothy Todd war für kurze Zeit Chefredakteurin, dann ging sie nach New York, um unter der Herausgeberin der amerikanischen *Vogue*, Edna Woolman Chase, zu arbeiten. Als sie etwa 1923 wieder nach London kam, war Madge Garland bereits da. Zum Entsetzen ihrer wohlhabenden und konservativen Eltern war Madge von zu Hause fortgelaufen, um Journalistin zu werden. Ihr Vater hatte verhindert, daß sie die Universität besuchte, doch sie wollte unbedingt einen richtigen Beruf ausüben, und mit enormer Beharrlichkeit – angeblich saß sie drei

Tage hintereinander auf der Treppe zur Redaktion, bis die Geschäftsführerin buchstäblich über sie stolperte – wurde sie bei *Vogue* Mädchen für alles. Die Redaktion bestand damals aus wenigen Angestellten und befand sich in der Nähe der Chancery Lane in bescheidenen Räumen. Madge kochte Tee, erledigte Botengänge und machte Schreibmaschinenkurse in der Abendschule, guckte sich soviel wie möglich von ihren Kollegen ab und arbeitete sich langsam, aber stetig nach oben.[7] So blitzgescheit und ehrgeizig sie war, hielt sie ihre Karriere jedoch für Dorothy Todds Verdienst. »Ihr verdanke ich alles«, sagte sie 1989. »Alles. Sie hatte die Gabe, junge Talente zu entdecken. So auch mich.«[8]

Die beiden Frauen begannen eine berühmt-berüchtigte persönliche und berufliche Partnerschaft. Die Zeiten waren turbulent, und die beiden galten weit und breit als letzte Instanz für Geschmack. Ihre Wohnung in Chelsea, in der Royal Hospital Road, war bekannt für elegante Luncheinladungen, bei denen potentielle freie Mitarbeiter umworben wurden. Auch ihre Abendgesellschaften machten von sich reden, besonders eine, bei der das Ballett »Les Matelots« aufgeführt wurde, und die Gäste, unter ihnen Lytton Strachey und Tallulah Bankhead, in Matrosenanzügen erschienen. Virginia Woolf notierte nach einem Abend in dieser Wohnung: »Todd in Netzhosen; Garland in Perlen und Seide«. Sie wurde häufig dorthin zum Lunch eingeladen.[9]

Doch anfangs war sie wenig begeistert, mit *Vogue* in Zusammenhang gebracht zu werden. Sie rümpfte die Nase über Dorothy Todd, sie sei »wie ein urzeitliches Tier, das aus dem Sumpf auftaucht, schlammbedeckt, zottig. Eine Frau, die im Geschäftsleben steht – eine ziemliche Ausnahme in meiner Welt« (18. Februar 1928); und sie erklärt: »Sie ist wie ein Tapir, & die Nase dieser Kreatur schnüffelt hartnäckig Bloomsbury hinterher.«(18. Februar 1928) In einer ihrer vielen Klagen, daß man ihre Zeit stehle, schrieb sie: »Ich möchte mich wie gewöhnlich tief in meine neuen Geschichten eingraben, ohne daß man mir mit einem Spiegel die Augen blendet – Todd, beispielsweise.« (19. April 1925) Dennoch fand Virginia Woolf Todd und Garland faszinierend und sagte schließlich zu, einige Artikel zu schreiben und sich für die Spalte »Nominiert für die Ruhmeshalle« photographieren zu lassen (Freud erschien dort auch).

Virginia Woolfs Beschreibungen ihres Kontakts mit *Vogue* gehören wesentlich zu ihrem Erfahrungskomplex Einkaufen, Kleidung und gesellschaftlicher Erfolg. 1925 begeisterte sie sich dermaßen für ein Komplet, das Madge Garland trug – entworfen von Nicole Groult, der Schwester des legendären Modeschöpfers Paul Poiret –, daß sie die *Vogue*-Redakteurin bat, ihr auch ein Exemplar dieses rosa-weiß-schwarzen Strickkostüms zu besorgen.[10] 1926 notiert sie im Tagebuch, daß sie seit neuestem »in Kleiderkäufe mit Todd verwickelt« ist. (6. Mai 1926) Sie schrieb: »ich bebe & zittere von Kopf bis Fuß angesichts des stupenden Ausmaßes der Aufgabe, die ich angepackt habe – zu einer Schneiderin zu gehen, die Todd empfohlen hat, ja sogar, wie sie vorschlug, aber hier erstarrte mein Blut, *mit* Todd zusammen. Vielleicht versetzt mich das mehr noch als der Streik in fieberhafte Aufregung.« (6. Mai 1926) Im Mai 1926 wurde England von einem viel debattierten Generalstreik lahmgelegt. Und bald darauf schrieb sie:

> *Dies ist der letzte Junitag & er trifft mich in nachtschwarzer Verzweiflung an, weil Clive meinen neuen Hut ausgelacht hat, Vita mich bemitleidete, & ich in tiefste Schwermut versank ... es passierte, nachdem alle da waren & wir herumsaßen & redeten, da sagte Clive plötzlich, oder platzte vielmehr heraus, was für einen erstaunlichen Hut du aufhast! Dann fragte er mich, wo ich ihn gekauft hätte. Ich machte, als wenn es ein Geheimnis wäre, versuchte, das Thema zu wechseln, sie ließen mich nicht, & sie zerfetzten mich zwischen sich, wie einen Hasen; nie habe ich mich so gedemütigt gefühlt. Clive sagte, Hat Mary ihn ausgesucht? Nein. Todd, sagte Vita. Und das Kleid? Todd natürlich;*

danach wurde ich gezwungen, weiterzureden, als ob nichts Entsetzliches passiert wäre; doch ich war sehr gezwungen & durcheinander & gedemütigt. (30. Juni 1926)

Dorothy Todd provozierte aber auch Virginias kritische Gedanken über den Journalismus. 1925 zum Beispiel korrespondierte sie mit Freunden über ihre »ethischen Bedenken, für hohes Honorar für Modezeitschriften wie *Vogue* Artikel zu schreiben«. Eine befreundete amerikanische Schriftstellerin hatte ihr vorgeworfen, sich zu verkaufen, und das war keine Kritik, die sie einfach beiseite schieben konnte. Dennoch schreibt sie am Ende eines dieser Briefe folgendes: »Und was spricht dagegen, wenn man hinter Todd herhurt? Lieber huren, finde ich, als ehrlich und brav und kalt und respektabel mit der Literaturbeilage der *Times* kopulieren.« Virginia Woolfs herausfordernde Entschiedenheit zeigt noch einmal, wie fasziniert und zugleich hin und her gerissen die Moderne war, wenn es um Kunst, Kommerz und deren Wirkung aufeinander ging.

Doch während Todds Vermarktung von Bloomsbury für Virginia Woolf etwas von einer unappetitlichen Kommerzialisierung hatte, war die britische *Vogue* dem Verleger Condé Nast um einiges zu elitär und zu wenig profitabel. 1926 setzte er Dorothy Todd auf die Straße, worauf Madge Garland mit mehreren anderen Mitarbeitern aus Protest kündigte. Nast schickte Edna Woolman Chase nach London, die für die Umsetzung dessen sorgte, was sie als »Nasts Erfolgsrezept« befürwortete.[11] Ein Rechtsanwalt riet Dorothy Todd, ihren früheren Arbeitgeber wegen Vertragsbruchs zu verklagen und eine Abfindung zu fordern, doch sie ließ diesen Plan fallen, weil Nast drohte, »ihre ›Moral‹ zu enthüllen«.[12] – »So ist die arme Todd zum Schweigen gebracht worden«, schrieb Vita Sackville-West ihrem Mann Harold Nicolson, »weil ihre Moral eher klassisch als konventionell ist ... Diese Affäre hat in Bloomsbury die Ausmaße eines politischen Skandals angenommen.«[13]

Für Todd und Garland bedeuteten der Rausschmiß und die Verleumdungskampagne nicht nur einen abrupten Einschnitt in ihrer Karriere, sondern auch das Ende ihrer Beziehung. Zusammen hatten sie in der Welt der Kultur Macht und Berühmtheit erlangt; nun waren sie nicht nur ohne Arbeit, sondern der Schatten des Skandals lastete auf ihnen. Etwa um diese Zeit hatte Virginia Woolf die Idee, Todd könne für die Hogarth Press ihre Memoiren schreiben. Sie war auf »einer Gesellschaft bei Edith Sitwell (ich in meinem neuen Kleid), ›um Miss Stein kennenzulernen‹, eine Dame … in blaugesprenkeltem Brokat, ziemlich furchterregend«. Todd war bei diesem Treffen für Gertrude Stein und Alice B. Toklas dabei, und Virginia trug ihr an, »wild, aus dem Blauen – ein Buch zu schreiben – & sie nimmt es an!« (9. Juni 1926). Sie beschrieb den Abend auch ihrer Schwester: »Ich war so verdrießlich, daß ich an Todds Busen flog und dort ruhte. Ich habe sie gebeten, ihre Lebensgeschichte zu schreiben, aber ich vermute, da gibt es Passagen unvorstellbaren Elends.« Eine Zeitlang plante Dorothy Todd eine eigene Zeitschrift – »wie *Vogue*, nur vierteljährlich« –, in der sie Mode neben Literatur und Kunst präsentieren wollte. Doch der Plan wurde wegen mangelnder Finanzierung nie verwirklicht. 1929 veröffentlichten Todd und Raymond Mortimer *The New Interior Decoration*, ein Buch, das einen Überblick über modernes Design in England, Europa und Amerika gibt. Es ist Madge Garland gewidmet.

Todd erholte sich von der Schande nie. Der soziale Makel wie die finanziellen und emotionalen Schwierigkeiten brachten sie aus dem Gleichgewicht – sie faßte nie wieder Fuß. Madge Garland erklärte das so: »Sie war eine brillante Frau, absolut brillant. Aber chaotisch. Sie war ein sehr eigenartiges Wesen, und sie nahm ein fürchterliches Ende. Sie war so talentiert. Sie hatte ein ungemein großes und gutes Herz. Aber sie war eine Frau, die sich selbst ruinierte.«[14] Nachdem Madge Garland eine Weile bei Freunden in Frankreich Zuflucht gefunden hatte, kehrte sie nach

London zurück, arbeitete bei mehreren weniger prestigeträchtigen englischen Zeitschriften und gewann wieder gesellschaftlichen und finanziellen Halt. In den frühen dreißiger Jahren wurde sie – wieder bei *Vogue* – als Moderedakteurin eingestellt. Es folgte eine lange, eindrucksvolle Karriere. Nach dem Krieg wurde sie Mitbegründerin der School of Fashion Design am Royal College of Art; dort führte sie – bis 1956 – ein strenges Regiment, wie sich manche Schüler erinnern. In den fünfziger, sechziger und siebziger Jahren veröffentlichte sie eine Reihe Bücher über Mode und Kostümgeschichte. Am Ende ihres Lebens erklärte sie einem Reporter: »Eigentlich hat mich Mode nie dermaßen interessiert, aber ich wollte finanziell unabhängig sein.«[15] Was sie schrieb und auch was sie zu erzählen hatte, zeigte allerdings überdeutlich, daß sie Mode sowohl intellektuell wie sinnlich zu schätzen wußte. Sie starb 1990 im Alter von 92 Jahren.

Keine der beiden Frauen erhielt genügend Anerkennung für ihre kluge Vision dessen, was eine Modezeitschrift sein könnte. Immer noch gilt Dorothy Todds Zeit bei *Vogue* als eine »kopflastige« Episode in der Geschichte der Zeitschrift.[16] Dabei beleuchteten Dorothy Todd und Madge Garland nicht nur Virginia Woolfs Werk, sondern waren für die Geschichte der britischen Moderne insgesamt von einiger Bedeutung. Ihre *Vogue* verhalf einer besonderen Spielart der Moderne zum Durchbruch. Die Zeitschrift zwang Virginia Woolf zu Überlegungen, welche Position ihr Schreiben in der Öffentlichkeit einnehmen sollte. Und auch Bloomsburys Moderne hatte ihren Anteil an dieser kurzlebigen, aber ausgesprochen vitalen Version der britischen *Vogue*.

Der weiße Ritter

Frances Spalding

Roger Fry zählte – vom Standpunkt der Herrenmode – gelegentlich zur Kategorie der »Lumpensammler«, wie Virginia Woolf am 16. Januar 1930 in ihrem Tagebuch vermerkte. Doch wenn er sich herausputzte – Stresemann und Blume im Knopfloch –, versetzte er sein Publikum in Staunen. Virginia Woolf schrieb auch Roger Frys Biographie; sie erschien als eine ihrer letzten Arbeiten 1940, mitten im Zweiten Weltkrieg. Das Schreiben war für sie die Wiederbegegnung mit einem Menschen, bei dem sie viele persönliche Berührungspunkte entdeckte (nicht zuletzt das Thema psychischer Krankheit): »Ich verliebe mich so sehr in ihn«, gestand sie am 8. Oktober 1938 Vanessa. Dennoch erwies sich die Biographie als sehr schwierig, denn viele der Bezugspersonen Frys lebten noch und forderten Diskretion. So blieb vieles ungesagt, und die Beschreibung der Person hinkte hinter Frys unkonventionellem Leben her.

Der weiße Ritter

Frances Spalding

»So atmet sich's doch freier«, sagte der Ritter und strich sich mit beiden Händen das zottige Haar zurück und wandte Alice ein sanftes Gesicht mit großen freundlichen Augen zu. Ihr schien es, als hätte sie ihr Lebtag noch keinen so sonderbaren Soldaten gesehen.

Er stak in einer Blechrüstung, die ihm aber nirgends recht passen wollte, und an einem Riemen über seiner Schulter hatte er eine absonderliche Spanschachtel befestigt, mit der Öffnung nach unten, so daß der Deckel hin- und herbaumelte. Alice betrachtete ihn mit großer Neugier.

»Ich sehe schon, dir imponiert meine kleine Schachtel«, sagte der Ritter freundlich. »Ich habe sie selbst erfunden – um darin meine Kleider und Butterbrote aufzuheben. Wie du siehst, habe ich sie verkehrt herum festgemacht, damit keine Feuchtigkeit hereinkommen kann.«

»Aber die Sachen können dafür herauskommen«, bemerkte Alice sanft. »Seht Ihr denn nicht, daß der Deckel aufgegangen ist?«

»Das ist mir entgangen«, sagte der Ritter mit einem Anflug von Ärger. »Dann ist gewiß der ganze Inhalt herausgefallen. Und ohne Inhalt ist die Schachtel wertlos.«

Mit sechzig wirkte Roger Fry erschöpft, asketisch und streng, doch sein Gesicht besaß immer noch die Leuchtkraft, die Vanessa Bell schon 1910 aufgefallen war. Leid und Verlust hatten ihn geprägt; Ehrgeiz und Eitelkeit waren verschwunden, er hatte seine Form gefunden. Im Alter funkelte er, und seine Lebensfreude und sein Zugang zur Kunst waren in seinem letzten Jahrzehnt so intensiv wie eh und je. Tatsächlich nahmen seine Energie und Aktivität eher zu als ab: Er veröffentlichte acht Bücher, hielt sehr erfolgreiche Vorträge, war Mitbegründer der *London Artists' Association*. Seine eigenen Bilder wurden ungezwungener, lyrischer. Er war von enormer Offenheit; manche fanden ihn geradezu leichtgläubig.

»Siehst du«, sagte er nach kurzem Schweigen, »am besten sorgt man gleich für alles vor. Deswegen habe ich meinem Pferd auch Knöchelreifen angelegt.«

»Wozu dienen sie denn?« fragte Alice neugierig.

»Sie schützen vor Haifischbiß«, erwiderte der Ritter. »Ich habe sie selbst erfunden.«

Frys geistige Beweglichkeit ließ ihn neue Thesen oder Theorien nie von vornherein verwerfen, sondern ausprobieren. Er verfolgte die Idee, das Unbewußte reagiere sensibler auf ästhetische Empfindungen als das Bewußtsein. Er versuchte, Gemälde und Photographien von Bildern Alter Meister auszupendeln, um die Zuschreibung zu bestimmen. Als Vorbeugung gegen Tuberkulose empfahl er, safrangelbe Westen zu tragen. Von seiner Offenheit für neue Ideen und von seinem Charme war Virginia Woolf nach einem Essen mit ihm 1928 »fast zu Tränen gerührt«. »Roger ist der einzige zivilisierte Mann, den ich kenne«, schrieb sie halb scherzhaft Vanessa, »und ich halte ihn weiterhin für die Feder an unserem Hut; die Rechtfertigung, die Bestätigung – und alles andere. Wenn Bloomsbury nur Roger zustandegebracht hätte, wäre es ebenbürtig mit Athen in seiner Blütezeit (obwohl Dir das nichts bedeutet).«[1] Wie der Weiße Ritter war er oft gestrauchelt, besaß den gleichen fast widersinnigen Optimismus und die gleiche Fähigkeit, einen tiefen Eindruck zu hinterlassen.

Von allen Erlebnissen auf ihrer Reise hinter den Spiegeln ist Alice dieses am deutlichsten in Erinnerung geblieben. Noch Jahre später hat ihr dies Bild vor Augen gestanden, als habe sie es erst

Roger Fry in Charleston

gestern gesehen – die sanften blauen Augen und das gütige Lächeln des Ritters – die untergehende Sonne, vor der sein Haar und seine Rüstung so hell aufleuchteten, daß sie davon ganz geblendet war – das Pferd, das ruhig mit seinen hängenden Zügeln umherging und ihr zu Füßen graste – die dunklen Waldesschatten im Hintergrund – all dies nahm sie in sich auf wie ein Gemälde, während sie, die Augen mit der Hand beschattend, vor dem seltsamen Paar an einem Baum lehnte und wie in einem Wachtraum der wehmütigen Melodie lauschte.

Im Winter 1924/25 war Fry Gast auf einem Fest, das Vanessa in ihrem Atelier in der Fitzroy Street gab, und unterhielt sich fast den ganzen Abend mit Helen Anrep. Helen war beinahe zwanzig Jahre jünger als er; sie hatte ein rundes Stupsnasengesicht und blaue Augen, und sie liebte die Kunst. Sie lebte damals in einem Dreiecksverhältnis mit ihrem Ehemann, dem Mosaikkünstler Boris Anrep, und einer jungen entfernten Verwandten ihres Mannes, die dieser während des Ersten Weltkriegs aus Rußland mitgebracht hatte. Helen hatte sich mit den Bedürfnissen ihres Ehemanns abgefunden, hatte sich auch damit arrangiert, daß er seine beiden Frauen zu Hause ließ, wenn er seinen gesellschaftlichen Verpflichtungen im nobleren Mayfair nachging.

Nach dem Fest machte Boris Helen eine Szene, daß sie sich zu sehr mit Fry abgegeben habe. Da war für Helen das Maß voll, sie verließ das gemeinsame Haus in Hampstead und ging zurück in die Fitzroy Street, wo sich auch Frys Atelier befand. Fry, überrascht, bat sie herein – und kurz darauf sah man ihn über die Straße zu Vanessa laufen, um sich bei ihr Rat zu holen.

Helens Flucht war der Beginn einer Beziehung, die Frys Leben in den letzten neun Jahren unmerklich, aber doch tiefgreifend veränderte. Helen, Tochter schottischer Eltern, war in Kalifornien geboren. Dort versuchte ihr Vater, der in Europa mit seiner Opern- und Theaterleidenschaft und seinem Hang zu jungen Tänzerinnen einen Großteil des Familienvermögens durchgebracht hatte, sein Glück als Winzer. Er hatte in Frankreich die besten Rebsorten gekauft, und seine Weinberge florierten. Allerdings zerstritt er sich mit sämtlichen Nachbarn, auf deren Hilfe er eigentlich angewiesen war, weil er seinen Wein über deren Grundstücke transportieren mußte. So aber stapelten sich die Fässer in seinen Schuppen. Eines Tages verschwand der Vater auf Nimmerwiedersehen. Helens Mutter zog bald darauf nach Stanford, wo sie an der Universität eine Stelle als Bibliothekarin annahm; später siedelten beide nach New York über und dann zurück nach Schottland, wo sie bei Verwandten in Edinburgh unterkamen. Helen hatte bis dahin nur wenig Bildung genossen. Als ihre Mutter nach Florenz zog, bekam sie schließlich Gesangs- und Geigenunterricht und ging mit einem kleinen

Opernensemble auf Tournee. Von Florenz aus zogen Mutter und Tochter nach Paris. Sie richteten sich in einer Wohnung über einem Nobelrestaurant ein, aus dem allabendlich übriggebliebene Mahlzeiten nach oben geschickt wurden.

In Paris entdeckte Helen ihre Begeisterung für die Kunst. Sie lernte Duncan Grant, Augustus John und Henry Lamb kennen. Dann erschien ein junger Mann aus dem russischen Bildungsbürgertum namens Boris Anrep auf der Bildfläche. Er hatte sein Jurastudium an den Nagel gehängt und war nach Paris gegangen, um Künstler zu werden. Er war ungewöhnlich begabt und übermäßig von sich eingenommen; um die musikalische Helen zu beeindrucken, lernte er Klavierspielen, und zwar, wie er sagte, innerhalb von Minuten. Es lag ihm allerdings völlig fern, Helen zu heiraten, nicht einmal nach der Geburt einer Tochter. Erst 1918, nach der Geburt des Sohnes, fand sofort die Hochzeit statt, weil Anrep einen Sohn nicht unehelich aufwachsen lassen wollte. »Die Ehe ist sinnlos«, erklärte er einmal: »Ich mag Collagen – Verbindungen, über die jeder Bescheid weiß.«[2]

Um 1924 kriselte es in Helens Ehe mit Boris bereits erheblich. Nach Vanessas Fest trafen sich Helen und Fry sooft sie konnten zum Essen in einem spanischen Restaurant um die Ecke, und bald war klar, daß sie vieles gemeinsam hatten. Aber die Situation war auf beiden Seiten kompliziert: Helens Bruch mit Boris würde sicher negative Auswirkungen auf die gemeinsamen Kinder Igor und Anastasia haben, und Boris versuchte mit allen Mitteln, Helens Pläne zu durchkreuzen. Auch Fry konnte nicht ohne weiteres wieder heiraten, und seine Schwester Margery, die ihm den Haushalt führte, vertrieb eifersüchtig alle vermeintlichen Nebenbuhlerinnen. Fry war ängstlich darauf bedacht, jeden Skandal zu vermeiden, der seine Mutter aufschrekken oder seiner oder Boris' Karriere schaden könnte. Er wußte, daß die Situation Fingerspitzengefühl erforderte, und er drängte Helen zur Behutsamkeit. »Hast Du vergessen« schrieb er ihr im April 1925, »was ich Dir ganz am Anfang gesagt habe: unsere

Beziehung sei so viel wert, daß sie auch das Warten wert sei, warten, daß man sie in ganzer Fülle bekäme.«[3] Inzwischen versicherte er Vanessa, die im Verlauf der Geschichte immer wieder zu Rate gezogen wurde: »Alles, was mit mir geschieht, stärkt meine Zuneigung zu Dir und macht unsere Freundschaft nur kostbarer.«[4]

Es dauerte über ein Jahr, bis Boris bereit war, seine Frau gehen zu lassen, und in dieser Zeit schrieben sich Helen und Fry endlose Briefe. Außenstehende fanden Helen mit ihren bohemienhaften, selbstgeschneiderten Gewändern für Fry unpassend; bei den Bloomsbury-Freunden trug sie in Gesprächen manchmal reichlich dick auf, um ihre Unwissenheit zu überspielen. Aber sie glänzte durch Optimismus, Eifer und Sensibilität, und ihr Einfluß milderte Frys Vorurteile und bereicherte seine Sicht der Dinge. »Du berührst fast jeden Teil von mir«, schrieb er ihr einmal. »Du würdest staunen, wieviel Vanessa mit ihrer eigentümlichen Enge und Intensität zeitweilig bei mir unterdrückt hat.«[5] Helen war eine gute Zuhörerin, und Reden war für sie ein Allheilmittel. Lytton Strachey fand Frys neue Freundin höchst anregend. Fry hielt ihr Wesen für so vielschichtig, daß er sie mit der Malerei verglich, die ihm am meisten am Herzen lag: »... das Wort Cézannisch würde vielleicht den heiteren Reichtum, den Ernst und die Nüchternheit umschreiben.«[6] Obendrein war sie wie er überschwenglich und feinfühlig.

Im Januar 1925 hatte Fry eine Einzelausstellung in der Galerie Joseph Brummer in New York. Kein einziges seiner Bilder wurde verkauft, und am Ende beliefen sich die Kosten auf zweihundert Pfund, was einer finanziellen Katastrophe gleichkam. Der Verkauf der Statue der chinesischen Göttin Kuan Yin an das Worcester Art Museum in Massachusetts zum Dreißigfachen des ursprünglichen Kaufpreises rettete ihn. Angesichts des unverhofften Wohlstands plante er einen ausgedehnten Frankreichaufenthalt, fuhr aber vor seiner Abreise zuerst nach Charleston, um Vanessa beim Bauplan für den Atelieranbau zu beraten. Wie gewöhnlich blieb er nicht nur übers Wochenende, sondern gleich mehrere Tage. Sein Besuch brachte immer Leben ins Haus, und besonders Angelica war begeistert, weil er ihr beibrachte, Papierschachteln zu basteln. Außerdem baute er ihr ein Karussell mit fliegenden Vögeln.

Der Frühling in Paris vertiefte seine Frankreichbegeisterung. »Der Anblick annehmbar logischer, wenn nicht großartiger Gebäude, annehmbare Farben überall, die Abwesenheit der eigentümlich schrägen, bewußten Häßlichkeit fast des gesamten englischen Lebens, und dann große eindrucksvolle Landschaften, richtig große Aussichten, ordentlich bestellte Felder und Wälder und die frischere Luft – kurz und gut, die Vernünftigkeit aller Dinge verglichen mit unserer verkorksten, auf den Kopf gestellten, penetranten Irrationalität. Vergiß nicht, daß mich die Vernunft viel mehr fasziniert, als das Pittoreske.«[7] Hauptzweck seiner Reise war eine Besichtigung der Cézanne-Gemälde in der Sammlung Pellerin, über die er für die Zeitschrift *L'Amour de L'Art* einen längeren Bericht schreiben sollte. Er besuchte auch den Louvre und gab sich Mühe, alle Theorien und Kunstauffassungen beiseite zu schieben, um die Bilder unvoreingenommen zu betrachten. Und er begeisterte sich für eine Ausstellung französischer Landschaftsmalerei im Petit Palais, die seine Liebe zur klassischen Landschaftstradition wieder weckte. Nach den erlesenen Lorrains und Poussins dieser Ausstellung konnte er sich mit den Bildern Mirós und Massons, die er zum ersten Mal sah, nicht recht anfreunden. Mit jungen Schriftstellern diskutierte er ausführlich über die neue Avantgarde, die Surrealisten, und hielt manches für zu arriviert und aufgeblasenen Humbug. Er berichtete Gerald Brenan von einer Tendenz zum »Mystizismus, Obskurantismus, Symbolismus, Expressionismus« in der neuen Kunst und Philosophie. Der Surrealismus und seine literarischen Vertreter standen seiner Ansicht nach in direktem Gegensatz zu allem, wofür er in England gekämpft hatte. Fry vermittelte Brenan seinen subjektiven Eindruck: »Der positive klassische Geist ist im Augenblick tot. Und in allem steckt ein Element von Gewalt und Faschismus.«[8]

Roger Fry verließ Paris und erreichte nach mehreren Zwischenstationen das südfranzösische Cassis, wo er sich im Hotel Cendrillon einquartierte, dem damals einzigen Hotel des kleinen Fischerdorfes. Vanessa und Duncan machten dort Ferien, und der Ort faszinierte beide so sehr, daß Vanessa begonnen hatte, eine baufällige Villa instand setzen zu lassen, die auf dem Grundstück eines Colonel Teed stand, eines ehemals in Indien stationierten englischen Offiziers, der hier zwischen seinen Weinbergen mit seiner Geliebten den Ruhestand genoß. Die zusammengewürfelte Gesellschaft und das Mittelmeerlicht begeisterten Fry. »Oh, die Freuden des Midi«, schrieb er an Helen. »Es ist unwiderstehlich – das Leben ist plötzlich doppelt soviel wert.«[9] Er besuchte ein Kostümfest, das Duncans Tante Daisy gab, und kreierte für sich zu diesem Anlaß einen verrückten Kopfputz. Nach einem anderen Fest stürzte er, schlug sich einen Zahn aus und erlitt Schürf- und Schnittwunden und einen schweren Schock. Dem Arzt, der ihn daraufhin behandelte, gefiel sein Zustand nicht, aber seine Malerei um so mehr.

Fünf der in Cassis gemalten Bilder zeigte er im Mai 1926 in der ersten Ausstellung der *London Artists' Association*; insgesamt stellte er zehn Bilder aus, von denen zu seiner Überraschung sieben verkauft wurden. Selbst die Fachleute waren verblüfft, und im *Daily Telegraph* hieß es anerkennend: »Mr Fry hat noch nie so gut gemalt wie jetzt. Sein großes Gemälde *Cassis* faszinierte die Kritik. Es illustriert seine wunderbare Fähigkeit, die Szene, die er vor sich hat, in harmonischen Einklang mit dem Ganzen zu bringen.«[10] Das Lob steigerte auch Frys Stolz auf den Erfolg der *London Artists' Association*, deren Mitinitiator er war.

Während dieser Ausstellung war Fry bereits mit seinem zweiten Buch, *Transformations*, einer Sammlung von Aufsätzen, beschäftigt. Im Frühjahr hatte er mit Helen Anrep ein Haus in der Guildford Street bezogen. Nun war Helen die engagierteste Kritikerin seiner Schriften, was dazu führte, daß er mehrere frühere Artikel gründlich überarbeitete und auf ihren Rat hin Arbeiten über Fra Bartolomeo und das italienische 17. Jahrhundert hinzufügte. Der wichtigste Beitrag war jedoch *Some Questions in Esthetics* (Einige Fragen der Ästhetik), eine Antwort auf kritische Bemerkungen des Kunsthistorikers I. A. Richards in *The Principles of Literary Criticism* (1924).

Richards hatte Clive Bells und Roger Frys These einer unabhängig existierenden Ästhetik in Frage gestellt. Er hatte Frys Argument widersprochen, daß es einen Unterschied gebe zwischen jener Geisteshaltung, mit der wir die Kunst erleben, und der Alltagsmentalität: »Wenn wir ein Bild betrachten, ein Gedicht lesen oder Musik hören, tun wir nichts wesentlich anderes als auf dem Weg ins Museum oder morgens beim Anziehen.«[11] Wenn man aber davon ausging, daß es eine eigenständige ästhetische Haltung gab, dann folgte daraus, daß der Kunst eine reine Ästhetik innewohnte, und dem widersprach Richards und setzte eine psychologische Werttheorie dagegen. Fry begründete deshalb noch einmal seine These, daß sich die ästhetische Erfahrung von der Alltagserfahrung unterscheide.

Fry ging davon aus, daß das Wesentliche der ästhetischen Erfahrung die Wahrnehmung einer Beziehung zwischen Formen, Farben, Klängen, Worten usw. sei. Eine Riechkunst gebe es nur deshalb nicht, weil die menschliche Nase unterschiedliche Düfte nicht zueinander in Beziehung setzen könne. Zum Kunsterlebnis gehöre »eine gesteigerte Aufmerksamkeit, denn die ästhetische Wahrnehmung impliziert eine wachsame Passivität im Hinblick auf einander zugeordnete Sinneseindrücke«.[12] Fry gab zu, daß die Kunst oft Assoziationen zu unseren Alltagserfahrungen wecke. Aber er beharrte auf der Existenz eines besonderen »ästhetischen« Werts, wobei er nun zwischen reiner und unreiner Kunst unterschied: Nach seiner Definition besaß unreine Kunst literarische und psychologische Anklänge – ein reines Kunstwerk dagegen wirke allein durch seine Form. Psychologische Anklänge, erklärte er, seien oft eng an die Entstehungszeit des Bildes gebunden und der Wert dieser Kunstwerke sei deshalb nicht von Dauer: »Ich glaube, daß psychologische Anklänge unmittelbarer wirken, eindringlicher als gestaltende, daß diese sich aber mit der Zeit abnutzen und die Gestaltung als die beständigere, weniger schnell erschöpfte Antriebskraft übrigbleibt. So daß bei Bildern, die schon lange Zeit überdauert haben, die gestaltende Aussage von Generation zu Generation stärker zählt.« [13]

Die Auffassung von der reinen und unreinen Kunst ermöglichte Fry, zwar die Wirksamkeit der Darstellung in der Kunst zuzugestehen, sie aber gleichzeitig als zweitrangig zu erklären. Bereits in seinem 1924 von der Hogarth Press gedruckten Vortrag *Der Künstler und die Psychoanalyse* erklärte er:

Jetzt wage ich zu sagen, daß niemand, der die Kunst der Malerei tatsächlich versteht, dem Bildthema – dem Dargestellten – irgendeine Bedeutung zumißt. Wer die Formensprache des Bildes versteht, für den hängt alles nur von der Art der Darstellung ab. Ob er die Kreuzigung malte oder seine Liebste, immer verlieh Rembrandt seinen tiefsten Gefühlen Ausdruck. Cézanne, den viele von uns für den größten Künstler der Moderne halten, demonstrierte seine grandiosesten Ideen in Stilleben mit Obst oder Geschirr auf einem schlichten Küchentisch. [14]

Das ist Frys bedeutendste formalistische Aussage. Unter Helens Einfluß modifizierte er zwei Jahre später noch einmal seinen Standpunkt und wurde weniger dogmatisch.

Helen war aus Frys Leben inzwischen nicht mehr wegzudenken. Sie brachte ihm emotionale Sicherheit und häusliches Glück, und sein Leben wurde entspannter, auch was seine Arbeit anging. Er war nicht mehr jung und nicht mehr ehrgeizig, doch er genoß immer noch die Höhen und Tiefen seines Daseins. In einem Brief an Gerald Brenan schrieb er, Lebensfreude sei »das besondere Privileg derer, die mehr oder minder Künstler seien ... das beste, weil jenes Gefühl so völlig unabhängig von den Lebensumständen sei.«[15] Angesichts seines eigenen Lebens stellte er fest, daß seine Beziehung zu Helen in ihm Seiten geweckt hatte, die bis dahin brachlagen: »Meine Leidenschaft für Vanessa war das Intensivste in meinem Leben«, schrieb er an Helen; »es ist unmöglich, daß sie sich wiederholt, aber als meine Frau bist Du unendlich viel besser als sie es je hätte sein können; sie ist so intensiv, so konzentriert und in mancher Hinsicht so engstirnig, während ich in meiner unersättlichen Neugier alles verschlinge. Das macht mich zwar ineffizient, und ich komme nur sehr langsam zu realen Ergebnissen, aber mein Leben ist reich und voll und Dein Wesen ist das auch.«[16] Wie um ein Zeichen zu setzen, daß er sein altes Leben als vollendet betrachtete, gab er sein Atelier am Fitzroy Square auf und sah sich nach einem anderen um.

Im Januar 1927 zeigte die Royal Academy die erste einer ganzen Reihe ungemein erfolgreicher Ausstellungen über die Kunst fremder Länder. Fry hielt zu einem Teil der Ausstellungen Begleitvorträge mit dem erklärten Ziel, »so genau wie möglich darzustellen, was der besondere Beitrag jeder dieser Schulen zum geistigen Erbe der Menschheit war«. Später erschienen sie auch in Buchform. Doch diese Bücher über flämische, französische und britische Kunst erklären nicht den verblüffenden Erfolg seiner öffentlichen Auftritte. Regelmäßig füllte er die Queen's Hall mit ihren zweitausend Plätzen, und trotz der schlechten Akustik fesselte er seine Zuhörer für mehr als zwei Stunden. Er besaß nicht nur eine enorme Überzeugungskraft, sondern auch eine tiefe, angenehme Stimme. Arthur Waley behauptete, eines seiner schönsten Erlebnisse sei gewesen, als Fry das Gedicht »Golden and Leaden Echo« von Gerard Manley Hopkins gelesen habe. Dazu kam seine anziehende Persönlichkeit und seine Erscheinung, bei diesen Anlässen im Abendanzug und mit gebändigtem Haarschopf. Doch die wesentliche Attraktion bestand darin, daß er Erläuterungen zu den Absichten eines Malers oder wesentlichen formalen Prinzipien spontan aus dem Ärmel schütteln konnte. Der Maler Walter Sickert hielt ihn in einer Federzeichnung fest, wie er mit blitzender Brille und Zeigestock dastand – auch wenn er Frys Begeisterung für Cézanne nie ganz nachvollziehen konnte. Es gibt viele Berichte über Frys Fähigkeit, Kunstsinn anzuregen und zutage zu fördern. Doch seine wichtigste Lektion hieß, daß ein Zuschauer zur Beurteilung eines Kunstwerks seine Vorurteile über Bord werfen müsse.

Mit der gleichen Aufgeschlossenheit, die Fry in seinem Gegenüber weckte, beschäftigte er sich mit der Literatur. Er las viel und gern, Englisch und Französisch; während des Krieges hatte er Marcel Prousts *Du Côté de Chez Swann* entdeckt und seinen Bloomsbury-Freunden ans Herz gelegt. Er bewertete einen Roman nach den gleichen ästhetischen Prinzipien wie die bildende Kunst: Form, die Gestaltung der Prosa, spielte die Hauptrolle, wohingegen Gedanken und Gefühle nebensächlich waren. Virginia Woolf fand, er sei ein anregender Kritiker, wenn auch kein sicherer Führer: »Er sah sich den Teppich von links an; doch dabei förderte er unerwartete Muster zutage. Und viele Theorien taugten für beide Künste. Aufbau, Rhythmus, Textur – da waren sie wieder – bei Flaubert wie bei Cézanne.«[17] Doch wenn Virginia Woolf auch Frys Logik nicht ganz über den Weg traute, gibt es reichlich Beweise, daß Fry mit seinen Ansichten die Ästhetik ihrer Romane mitformte. Womöglich war es Fry, der die Form ihres Romans *Die Wellen* beeinflußte. In seiner Schrift *Transformations* hatte er argumentiert, die formalen Beziehungen im Roman, auf denen die ästhetische Empfindung basiere, seien »rhythmische Wechsel von Geisteszuständen«.[18] Als sich Virginia Woolf im Dezember 1930 in ihrem Tagebuch über *The Waves* (Die Wellen) äußerte, beschrieb sie »eine gesättigte, unzerteilte Vollständigkeit; Wechsel der Szenen, der Stimmungen, der Personen wird herbeigeführt, ohne einen Tropfen zu verschütten«.[19]

Fry war bereits 1918 fest von der herausragenden Bedeutung

Virginia Woolfs als Schriftstellerin überzeugt gewesen. Als 1927 *To The Lighthouse* (Zum Leuchtturm) erschien, schrieb er ihr, er finde dieses Buch besser als *Mrs Dalloway*, und fügte hinzu: »Die Simultaneität der Dinge kümmert Sie nicht mehr, und Sie gehen in der Zeit rückwärts und vorwärts, es ist eine außergewöhnliche Bereicherung jedes Bewußtseinsmoments.[20]

Eine Zeitlang erwog Virginia Woolf, ihr neues Buch Roger Fry zu widmen, doch schließlich stellte sie den Wert dieses Romans in Zweifel und entschied sich dagegen. In einem Brief erklärte sie ihm die Nicht-Widmung: »Was ich meinte (aber nicht gedruckt sagen wollte), war, daß Sie neben all Ihren vortrefflichen privaten Tugenden mich, glaube ich, mehr als alle anderen auf dem rechten Weg gehalten haben, was das Schreiben angeht – wenn es der rechte Weg ist.«[21] Dann erschien 1928 *Orlando*, und Fry fühlte sich mehr als bestätigt. »Zweifellos gehört dieses Buch zu den ganz großen«, lobte er sie, »das habe ich mir von Ihnen erträumt seit *The Mark on the Wall* (Das Mal an der Wand) – daß Sie Ihren Geist wie hier einfach in Raum und Ewigkeit kreisen und glänzen lassen, unkontrolliert, nur aus der Eigenbewegung heraus.« Obwohl er am Schluß, der ihn nicht überzeugte, etwas auszusetzen hatte, endete sein Brief mit überschwenglichem Lob. »Jedenfalls ist es da, und Sie haben Genie, meine liebe Virginia. Jeder von uns könnte es haben, hat es aber nicht. Aber egal, wen es trifft, Hauptsache, es passiert überhaupt räumlich und zeitlich ganz nah bei einem; was mich wahnsinnig freut, ist, daß Sie es haben.«[22]

Ende der zwanziger Jahre war Roger Fry also ein angesehener, vielgefragter Mann, was ihn allerdings oft anstrengte: »Ich werde zu alt für London«, stöhnte er, »jedermann in der Welt der Kunst will etwas von mir – sie meinen immer, ich könnte ihnen nützlich sein, und dummerweise bin ich es auch oft. Aber sie sollten mich in den Ruhestand entlassen. Es ist ausgesprochen schwer, von einem unbezahlten, inoffiziellen Posten abzutreten.«[23] Doch nichts hielt ihn davon ab, sich weiter ins gesellschaftliche Leben zu stürzen. Zu Angelica Bells zwölftem Geburtstag erschien er als der Weiße Ritter; Virginia Woolf beschrieb ihn: »Roger hatte die Szene im Sturm erobert. Die Kinder umringten ihn wie den Rattenfänger. Er war ein Meisterwerk, bot die ungeahnten Schätze aller Woolworth-Läden auf. Kerzen, Mausefallen, Zangen, Bratpfannen, Waagen ... baumelten an Messingketten in unendlicher Zahl an ihm herunter; an seinen Beinen steckten Kricketpolster; er trug ein Kettenhemd über der Brust; auf seinen Wangen prangte ein grüner Backenbart, und was sonst von seinem Körper noch sichtbar war, steckte in weißem Trikot von Jaeger.«[24]

Das wichtigste Zeugnis *seiner* eigenen persönlichen Erfahrungen, fand Fry selbst, dokumentierte sich in seiner Malerei. »Ich werde zwar nie etwas wirklich Offenbarendes zustande bringen, das Dich oder sonst jemanden zu Begeisterungsstürmen verleiten wird«, erklärte er einmal Vanessa, »aber ich glaube, ich kann die Leute zum stillen Genuß verführen – dem Genuß der Erkenntnis, daß einem etwas als eigenartig und bedeutungsvoll auffällt, was man sonst übersieht.«[25] Diesmal malte er bei seinen Aufenthalten in Cassis, La Ciotat, Port Vendres und Brantôme Landschaften – nie dramatisch oder pittoresk, sondern das Ergebnis ruhiger, langdauernder Betrachtung von Raum, Textur, Farbe, Licht und Schatten, Gewicht, Rhythmus und Masse. Auch in einer begrenzten Szenerie schuf er eine ästhetische Ordnung.

In seinen späten Jahren beschäftigte er sich noch einmal mit der Porträtmalerei. Voller Selbstvertrauen nahm er Aufträge an, für die er etwa hundert Pfund in Rechnung stellte – doch er hatte häufig erhebliche Schwierigkeiten damit. Mehr oder minder erfolgreich malte er hauptsächlich Hochschulprofessoren und deren Ehefrauen.

Noch einmal schuf Fry eine Reihe von Selbstporträts. Sie spiegeln eine beachtliche psychologische Selbstkenntnis. Er gibt sich in der Rolle des neutralen Beobachters wieder, ohne seine

Toleranz, Neugier, Herzensgüte und sein leidenschaftliches Interesse am Visuellen zu verleugnen. Auf dem gelungensten dieser Porträts sieht er sich mit Filzhut, dunklem Anzug, blauem Hemd und tiefrosa Krawatte mit Perlennadel. Die Hutkrempe fängt das Licht und schafft ein bedeutendes, unauffälliges Gegengewicht zu Kopf und Schultern. Die Gesamtkomposition hat etwas Schwebendes, als wäre sie erst im Malprozeß entstanden; und der Hut, mit dem er sich im geschlossenen Raum darstellt, bringt etwas Förmliches und Widersprüchliches ins Bild.

Im Februar 1931 zeigten die *Cooling Galleries* in Zusammenarbeit mit der *London Artists' Association* eine Retrospektive seiner Malerei. Im Januar steckte er mitten in den Vorbereitungen, was Vanessa zu bissigen Kommentaren veranlaßte: »Vor kurzem«, erzählte sie Clive, »entdeckte ich bei ihm zu Hause zu meinem Entsetzen ein riesiges Porträt von mir, das er vor fünfzehn Jahren gemalt hat und auf dem ich wie eine hübsche, unförmige Köchin im roten Abendkleid aussehe. ... Diese Ausstellung wird es wohl in sich haben. Alle möglichen Sachen werden ans Tageslicht gezerrt, die man eigentlich nie wiedersehen wollte.«[26] Aller Schwarzseherei zum Trotz enthielt die Ausstellung einige von Frys besten Arbeiten, und selbst Fry war überzeugt, daß die Exponate ein richtungweisendes Prinzip ausstrahlten, auch wenn vieles aus der Vergangenheit gezeigt wurde.

Nicht nur Frys Bilder, auch seine ästhetischen Theorien gerieten noch einmal auf den Prüfstand. Erneut beschäftigte er sich mit dem Problem der Darstellung in der Kunst. 1930 beschrieb er in einem Aufsatz über Matisse den zweifachen Aspekt der Malerei – deren simultane Existenz als Farbfläche und als dreidimensionale Welt. »Diese Doppelnatur der Malerei ist ihre Qual und Inspiration zugleich.«[27] Die Anerkennung dieser »Doppelnatur« hatte ihn bereits früher dazu gebracht, in einem Vortrag mit dem Titel *Representation in Art* seine Theorie über die Rolle von Idee und Gefühl in der Kunst zu revidieren, worüber er im Dezember 1928 Helen Anrep schrieb:

Endlich komme ich mit meinem Vortrag voran. Ich habe gestern abend bei Vanessa ein paar meiner ketzerischen Ideen vorgetragen. Die Ärmste, sie ist zutiefst schockiert, aber ich glaube, ich bin auf dem richtigen Weg, die Dinge etwas zu klären und den Druck zu mildern, den ich angesichts der anderen, zu orthodoxen Thesen empfinde. Man hält eine Theorie so lange aufrecht, wie man kann, und dann tauchen zu viele Schwierigkeiten bei der Anwendung auf – zu viele angestrengte Erklärungen, und man muß sich von dem Zwang befreien und wieder frisch anfangen. Ich werde die Bilder in opernhafte und symphonische unterteilen, und dann können wir anhand dieser beiden Kriterien mit der Analyse beginnen, anstatt zu behaupten, alle Bilder würden mit ähnlichen Mitteln ähnliche Effekte erzielen.[28]

Die Idee, Bilder in zwei Kategorien zu teilen – eine, die wie symphonische Musik durch formale Harmonien besticht, die andere, die wie die Oper zu gleichen Teilen durch abstrakte und erzählerische Qualitäten wirkt, mündete schließlich in einen Vortrag über die »Doppelnatur« der Malerei, den Fry im Herbst 1933 in Brüssel hielt und in dem er seine ästhetische Position neu definierte. Hatte er vorher in *Transformations* der Darstellung noch eine zweitrangige Position zugewiesen, gab er nun zu, daß die inhaltliche Darstellung von gleicher Bedeutung sein könne wie die formalen Mittel und mit diesen eine Beziehung eingehe. Diese Akzentverschiebung unterschied seinen Standpunkt nun von Clive Bells Thesen, denn Fry sah das ästhetische Empfinden jetzt nicht mehr als alleiniges Produkt der Form. Hinter dieser Akzentverschiebung stand sicherlich auch Helen Anreps Kunstauffassung.

In seinem letzten Lebensjahr mußte Fry sich eingestehen, daß er der allgemeinen Belastung körperlich kaum noch gewachsen war. Er beobachtete die Anzeichen distanziert, denn er war immer noch voller Energie und schob Gedanken an den Tod weit von sich – auch wenn mehrere enge Freunde bereits gestorben waren. 1930 war seine Mutter verstorben, sein Elternhaus, Failand House, verkauft worden, und seine Schwester Agnes hatte sich eine neue Bleibe gesucht. Auch sein alter Schulfreund Charles Sanger starb im selben Jahr. Lytton Stracheys früher Tod 1932 traf ihn hart. »Ich dachte immer, er würde wie Voltaire mit sechzig erst richtig loslegen«, meinte Fry, »und jetzt weiß die Welt kaum, was mit ihm verlorenging, denn er war von Natur und Intellekt viel größer, als er in seinen Büchern zeigte.«[29] Als im selben Jahr sein Studienfreund aus Cambridge, Goldworthy Lowes Dickinson, an den Folgen falscher medizinischer Behandlung starb, schrieb er tieftraurig an Vanessa, er habe einen der wenigen Freunde verloren, der seine Gefühle immer erwidert habe. Doch auch angesichts des eigenen Todes wurde er kein religiöser Mensch. Er ließ spirituelle Erfahrungen durchaus gelten, aber Religion war für ihn voller Wunschdenken und stand jener neutralen Weltbetrachtung im Wege, die nach seiner Meinung für den Fortschritt in Kunst und Wissenschaft unerläßlich war.

An einem Abend im September 1934, kurz bevor er mit Freunden ausgehen wollte, stolperte er in seiner Wohnung in der Bernard Street über einen Teppich und brach sich das Becken. Helen alarmierte die Freunde und den Arzt, und Fry wurde ins Royal Free Hospital eingeliefert, wo er ins Koma fiel. Nur seine Schwestern Margery und Pamela durften ihn besuchen. Helen ließ man zuerst nicht zu ihm, weil sie weder mit ihm verheiratet noch verwandt war. Zwei Tage später, am 9. September, einem Sonntag, starb er unerwartet mit achtundsechzig Jahren an Herzversagen. Die Beerdigung fand am folgenden Donnerstag statt. Es war ein heißer Spätsommertag, und der Sarg mit dem alten roten Brokatüberwurf war mit Gebinden aus leuchtend bunten Blumen geschmückt. Musik von Bach und Frescobaldi wurde gespielt. Virginia Woolf schrieb später in ihr Tagebuch: »Würdig & ehrlich & großmütig – ›große süße Seele‹ – etwas von Reife & Musik umgab ihn – & dann der Spaß & die Tatsache, daß er mit so einer Vielfalt & Großzügigkeit & Neugier gelebt hatte. Daran dachte ich.«[30] Leonard Woolf fand, daß mit Frys Tod ihnen allen etwas entrissen worden sei. Der Einäscherung folgte am 19. Oktober eine Trauerfeier in der Kapelle des King's College, und Roger Frys Asche wurde in einer von Vanessa bemalten Urne in der Krypta beigesetzt.

Sowohl bei der Einäscherung als auch bei der Trauerfeier wurden Texte von Milton, Spinoza und ein Ausschnitt aus Frys *Transformations* gelesen. Darin wurde noch einmal deutlich, wie sehr Roger Fry mit seiner Überzeugung, daß Kunsterfahrung jedes Leben unendlich bereichere, das Kunstverständnis seiner Zeit verändert hatte.

Baudelaire verglich die großen Namen in der Kunst mit Leuchttürmen am Weg der Zeit. Dieser Vergleich, so wie er ihn benutzte, ist ungemein anregend und enthält eine große Wahrheit, doch er erlaubt auch eine Interpretation, die ihm durch die engen Grenzen der Sonettform nicht möglich war. Der Dichter empfindet das Licht seines Leuchtturms als so selbstverständlich wie der Seemann die Lichter wirklicher Leuchttürme. Doch die Leuchttürme der Kunst leuchten nicht mit so festem und unveränderlichem Glanz. Das Licht, das sie spenden, wechselt kaum merklich mit jeder Generation, mal heller, mal schwächer, und oft wieder heller. Doch manchmal vergessen wir, daß die Lichter gewartet werden müssen, damit sie nicht schwächer werden oder gar ganz verlöschen. Wenn sie hell leuchten sollen, müssen sie in jeder Generation von einigen mit geistiger Hingabe genährt werden.

Katastrophen

Michael Holroyd

Carrington fiel Sacheverell Sitwell schon während des Ersten Weltkriegs auf: »In einem Restaurant saß am Nebentisch eine junge Frau, vielleicht dreiundzwanzig, dunkelblond, mit kurzem Bubikopf. Das war Carrington, die beim Nachnamen genannt wurde, was an der Slade-Kunstschule üblich war – das erste Mädchen, das sich die Haare kurz schneiden ließ. Sie besaß eine enorme Aura, und es war verständlich, daß der Maler Mark Gertler sich so in sie verliebt hatte und ihre Begeisterung für den eigenartigen, scharfzüngigen Lytton Strachey nicht nachvollziehen wollte. Die Bilder, die Carrington hinterließ, bewiesen ihr Talent, und ihre Persönlichkeit zeigte sich in ihren Briefen. Ihr charakteristisches, bewußt klassenloses Äußeres stand für den Aufbruch ihrer Jugend.«

Malerei und Leben in Einklang zu bringen, fiel Carrington schwer: »Meine widersprüchlichen Empfindungen nehmen meiner Kunst Ziel und Zweck«, schrieb sie in ihr Tagebuch. »Manchmal fühle ich, daß ich nicht stark genug bin, um in dieser Welt mit Leuten zu leben und zu malen.« Ein wiederkehrendes Sujet in Carringtons Bildern war Lytton Strachey; nichts und niemanden hielt sie so selbstverständlich und eindringlich fest.

Katastrophen

Michael Holroyd

»Redeten über Carrington: wie lange werden wir über Carrington reden?«

Virginia Woolf, Tagebuch, 18. März 1932

Die Obduktion Lyttons am Nachmittag seines Todes, durchgeführt auf Wunsch seines Bruders James, ergab ein Krebsgeschwür in seinem Magen, das den Darm völlig blockiert und ein Loch in den Dickdarm gefressen hatte, durch das offenbar die Nahrung gelangt war. Alle Ärzte hatten sich geirrt.

Ralph Partridge erklärte Carrington, daß Lytton keinerlei Überlebenschancen gehabt hätte. »Das ändert alles«, schrieb sie in IHR BUCH. Sein Leichnam blieb einen Tag auf dem Bett aufgebahrt; Erschöpfung und Krankheit hatten sein Gesicht tief zerfurcht. Carrington ging immer wieder zu ihm. »Das Zimmer sah so einsam aus. Das Feuer war ausgegangen, und alles war aufgeräumt«, schrieb sie. Ralph pflückte im Garten Lorbeer, und Carrington flocht daraus einen Kranz, den sie erst sich selbst aufsetzte (»ein bißchen zu groß«) und dann Lytton. »Er sah so schön aus. Das Olivgrün gegen die Elfenbeinhaut. Ich küßte ihn auf die Augen und auf die eiskalten Lippen.«

Am nächsten Tag machten die Freunde mit ihr einen Ausflug zum Wald von Savernake. Carrington hatte ihn immer besonders gemocht, aber diesmal weckte seine Schönheit nur schmerzliche Erinnerungen. »Sie stieg aus dem Auto und machte ein paar Schritte, schwankend, wie eine Kranke«, bemerkte Frances. Sie konnte nur an Lytton denken, an sein bleiches Gesicht mit dem Lorbeerkranz auf dem Kissen. »Ich wußte, daß in unserer Abwesenheit die Männer mit dem Sarg kommen und Lytton holen würden«, schrieb Carrington. »Das war es, was ich nicht ertrug.«

Der Leichnam wurde nach Golders Green zur Einäscherung gebracht. Nur James Strachey und Saxon Sidney-Turner waren dabei. Es geschah ohne jede Zeremonie. Maynard Keynes fand, James sei in seiner Unkonventionalität zu weit gegangen: »Kein Gottesdienst, kein Abschied«, sagte er zu Virginia, »für Lytton wurde kein Zeichen gesetzt, bei dem man sagen konnte: Es ist vorbei.« Auch Virginia war irritiert: »Er hat keine Beerdigung. Ich weiß nicht, wo seine Asche begraben ist«, schrieb sie in ihr Tagebuch (4. Februar 1932). Es gibt kein Eingedenken mehr, außer wenn wir zusammenkommen & reden; oder wie sonst auch, nachts allein, wenn man durch die Straßen geht ... Das festgefügte Denkmal, das Vater hinterließ – das gibt es nicht mehr.«

Nur in der Kapelle der Stracheys in der Kirche St Andrew, Chew Magna, Somerset, wurde eine bronzene Gedenkplatte angebracht.

James und Pippa Strachey fuhren nach London. Ralph Partridge verbrachte mit Frances, seiner späteren Frau, zwei ruhige Tage bei Rosamond Lehmann und ihrem Mann und Wogan Philipps in Wales, während der Bildhauer Stephen Tomlin nach Ham Spray kam und sich um Carrington kümmerte. »Sie halten sie momentan aufrecht«, schrieb Ralph seinem Freund Gerald Brenan bei seiner Rückkehr (30. Januar 1932), »aber sie ist immer noch in entsetzlich schlechtem Zustand.« Tagelang blieb sie im Bett, aber selbst mit den stärksten Schlafmitteln schlief sie kaum. Die Nächte schienen endlos, und die kurzen Tage brachten nur Kopfschmerz und Panik. Jeden Morgen war ihr, als sei Lytton wieder gestorben, und jeden Tag wurde der Verlust unerträglicher. »Ich finde mich nicht damit ab«, erklärte sie Rosamond Lehmann, »kein bißchen ... es fällt mir schwer, weiterzuleben, und ich hasse jeden, der es kann, obwohl meine Erwartung, daß die Welt still steht, völlig unvernünftig ist.«

»Wenn ich einmal sterbe, möchte ich nicht eine so grausame Lücke im Leben eines anderen hinterlassen«, schrieb Ralph an

Frances (15. Februar 1932). Wie ein Wärter bewachte er Carrington, versuchte sie zu verstehen, teilte manche ihrer Gefühle. Sie schien sich zu erholen, verließ ihr Zimmer, ging in den Garten. Aber er blieb besorgt. »Sie schafft so viel Platz und Ordnung, besonders im Gebüsch bei der Stechpalme«, schrieb er. Carrington wollte Lyttons Asche zwischen Narzissen und Schneeglöckchen begraben. Aber womöglich bereitete sie diesen Platz auch für ihre eigene Asche vor? »Es ist praktisch unmöglich, D. C.'s Absichten zu durchschauen«, mußte Ralph zugeben.

»Die Tage vergingen in ständiger Alarmbereitschaft«, berichtete Frances. Ralph konnte nur für Beschäftigung und Besuch sorgen, um Carrington am Leben zu halten. Aber er war überzeugt, daß sie wieder versuchen würde, sich umzubringen. »Die Situation ist so eindeutig wie im elisabethanischen Theater«, erklärte er Frances. »Wenn ich wegginge und einen geladenen Revolver auf dem Tisch liegen ließe oder eine Dosis Opium, gibt es kaum Zweifel, was ich bei meiner Rückkehr vorfände.«

Von allen Freunden gelang es ihrem alten Freund Stephen Tomlin am ehesten, sie von ihrem Selbstmordplan abzubringen. »Er hat mich überzeugt, daß man nach einer schweren Operation oder einem Fieber nicht zu so einer wichtigen Entscheidung fähig sei«, schrieb sie in IHR BUCH. »Ich gab ihm recht – Also verschiebe ich meine Entscheidung ein, zwei Monate, bis die Folgen der Operation abgeklungen sind.« Er hatte sie nicht wirklich umgestimmt, aber er hatte »diese Woche so erträglich gemacht wie kein anderer«, schrieb sie ihm Ende Januar. »Unsere endlosen Gespräche waren nicht ganz sinnlos.«

Mit Stephen Tomlin las sie auch die Gedichte, die sie mit Lytton oft gelesen hatte – elisabethanische Gedichte, die er ihr einmal geschenkt hatte. Eines hatte sie in der Anthologie dick angestrichen: »Misery« von Thomas Howell.

Corpse, clad with carefulness:
Heart, heaped with heaviness:
Purse, poor and penniless:
Back, bare in bitterness:
O get my grave in readiness,
Fain would I die to end this stress.

In IHR BUCH schrieb sie all ihre Gefühle, nicht um sich von ihnen zu befreien, sondern um sie festzuhalten – um nicht das Geringste zu vergessen. Was sie schrieb, las sich wie ein langer Brief ohne Antwort. »Oh, liebster Lytton, du bist tot und ich kann dir nichts sagen.« Nichts war ihr mehr wichtig, sie lebte nur noch in der Vergangenheit.

Ich war in all den 16 Jahren nie glücklich ohne ihn ... Er war, und deshalb war er alles für mich, der einzige Mensch, den ich nie belügen mußte, weil er mich nie anders haben wollte als ich war, und er war nie neugierig, wenn ich ihm etwas nicht erzählte ... Niemand kann sich das enorme Glück unseres Zusammenlebens vorstellen. Die absurden und phantastischen Witze beim Essen, und auf unseren Spaziergängen, und über unsere Freunde, und seine fabelhaften Geschichten über alle Londoner Gesellschaften, und seine Liebesaffären, und dann all seine Gedanken, an denen er mich teilhaben ließ.

Der Schmerz war ihre einzige Verbindung zu Lytton, und deshalb war ihr die Vorstellung unerträglich, diesen Schmerz zu überwinden. Dazu kamen Selbstvorwürfe, weil sie ihn (wie sie glaubte) in den letzten beiden Jahren wegen ihres Liebhabers Beacus Penrose vernachlässigt hatte. Sie fühlte sich schuldig, weil Schuldgefühle Teil ihrer Persönlichkeit waren. Sie machte sich Vorwürfe, nicht wegen ihres Tuns, sondern wegen ihrer geheimsten Gedanken; wegen ihrer Depressionen und ihrer Bitterkeit, wegen der Stunden, die sie ohne Lytton verbracht hatte.

Es war zweifelhaft, ob man sie mit viel Überredungskunst am Leben halten konnte. Ralph hoffte, daß sie sich vielleicht ans Weiterleben gewöhnen könne, wenn sie ein paar Monate überstanden hätte. Aber er wußte, daß der innere Halt fehlte und daß sie in den kommenden Jahren immer wieder depressive Phasen durchmachen würde, in denen sie ihr Leben ohne weiteres beenden könnte. Wesentlich war im Augenblick, sie in Ham Spray nicht allein zu lassen. Freunde kamen abwechselnd, leisteten ihr Gesellschaft und überwachten sie.

Oben in ihrem Schlafzimmer schrieb Carrington mit fahriger Schrift zahllose Briefe an Barbara Bagenal, Mark Gertler, Diana Guinness, Rosamond Lehmann, Roger Senhouse, Mary Hutchinson, Dorelia John und andere, schickte ihnen, bis James Strachey es unterband, Andenken an Lytton. Wirklich helfen konnten diese Freunde ihr nicht. »Ich schreibe in ein leeres Buch. Ich weine in einem leeren Zimmer.«

In Bloomsbury kursierten alle möglichen Gerüchte. Es hieß, Lytton habe Carrington kein Geld hinterlassen; Ralph werde Frances verlassen; Frances sei die Ursache aller Probleme. Dabei war es ein offenes Geheimnis, daß Lytton Carrington 10000 Pfund, seine Bilder und seine naturkundliche Bibliothek hinterlassen hatte. Aber Ralph mußte erschreckt feststellen, daß Carrington bereits ein Testament machte, in dem sie ihm das Geld vererbte und wünschte, daß er und Frances Kinder hätten.

Manche Freunde drängten Carrington, Ham Spray zu verkaufen und ein neues Leben zu beginnen. Wenige verstanden, daß es wie ein weiterer Tod für sie gewesen wäre. Selbst Ralph fand, daß die Räume »sich niemals von Lytton erholen« könnten. Aber für Carrington hatte sich bereits beängstigend viel verändert. »All deine Papiere sind weg«, schrieb sie am 16. Februar in IHR BUCH. »Deine Kleidungsstücke sind weg. Dein Zimmer ist kahl. In ein paar Monaten gibt es keine Spuren mehr.«

Ham Spray House gehörte Ralph, aber für ihn war klar, daß alle Entscheidungen bezüglich des Hauses von Carringtons

Bedürfnissen abhingen. Im Sommer würde er vielleicht mit Frances fortziehen. In der Zwischenzeit »*muß* ich wenn möglich bei ihr bleiben«, beharrte er in einem Brief an Frances (11. Februar 1932), »und ich *muß* sicher sein, daß Du und ich nicht völlig voneinander abhängen, oder alles ist verloren«. Es war ein melancholisches Unterfangen. Er wußte, daß jeder Trost an Betrug grenzte.

Zehn Tage nach Lyttons Tod war Frances in ihre Londoner Wohnung gefahren. »Ich sorge mich entsetzlich um Dich«, schrieb sie an Ralph. Sie tat, was er für das beste hielt, meinte aber, daß Carrington lieber sie um sich gehabt hätte. Denn Ralphs Kummer überstieg eigentlich Carringtons Kräfte. »Kein Tod«, hatte er nach Lyttons Einäscherung geschrieben, »hat mich je so geschmerzt wie seiner.« Er wußte, daß er Carrington gegenüber oft gereizt gewesen war. Nun wollte er sie rund um die Uhr umsorgen. Zwar betrachtete er Frances als seine Frau, aber für Carrington empfand er, »was ich noch nie für jemanden empfunden hatte«, gestand er Rosamond Lehmann (März 1932), »und ich weiß, daß ich nicht noch einmal so empfinden könnte. Ich war von ihr besessen – sie hinterließ bei jedem, den sie an sich heranließ, tiefe Spuren.«

»Er ist so gut zu mir«, erzählte Carrington Rosamond, »aber ich habe das Gefühl, daß wir es uns gegenseitig nur schwerer machen.« Sie sehnte sich nach dem Alleinsein, hätte sich gern in Lyttons Bibliothek gesetzt und seine Briefe gelesen oder wäre im Garten spazieren gegangen, um Trost zu finden. »Aber jeder ist offenbar gegen mich«, klagte sie, »und behandelt mich wie eine Geisteskranke.« Solange Ralph als Beschützer im Haus war, sah sie seine Anwesenheit als ständige Aufforderung, Vernunft anzunehmen. Dabei wollte sie sich nur »in Lyttons Andenken verspinnen ... Könnte ich bloß allein auf dem Sofa sitzen, seine Sachen im Arm und sein Taschentuch über dem Gesicht, das würde mich bestimmt trösten, aber ich weiß, daß das schlecht ist.«

Aus diesem Grund hatte sie Frances gebeten, mit Ralph zu verreisen. Nichts hätte Frances lieber getan, aber sie wußte, daß Ralph darin ein Ablenkungsmanöver Carringtons sah. »Sie behauptet, sie wollte allein sein, aber ich glaube ihr nicht«, schrieb er, »... alle außer mir finden ihre Argumente völlig vernünftig.« Selbst Frances bestätigte seine Meinung nur, weil sie ihn liebte.

Allmählich schien Carrington auf dem Weg der Besserung. Ralph ließ sie für einen Tag allein in Ham Spray. Er machte sich weiterhin Sorgen um sie. »Im Grunde bin ich hilflos«, schrieb er. Im Garten von Ham Spray machte sie ein Feuer und warf alle möglichen Sachen von Lytton hinein, Kleidungsstücke, Schlafanzug, zuletzt seine Brille – ohne die ihn niemand kannte –, und sah zu, wie alles sich im Rauch auflöste. Daß sie sich in den Hausputz stürzte, Bücher und Papiere sortierte, beruhigte alle außer Ralph. Desmond MacCarthy kam zu Besuch und schlug ihr die Veröffentlichung aller bisher unveröffentlichten Aufsätze und Briefe Lyttons vor; und, obwohl reichlich verfrüht, gefiel ihr die Idee. Sie fing an, seine Manuskripte zu lesen, und die Erinnerung an Lytton mit der Zukunft in Verbindung zu bringen. Es gab unzählige Gedichte und unfertige Theaterstücke, aber Lyttons Bruder James, der Verwalter seines literarischen Nachlasses, fand sie nicht besonders gut. Es gab viele Kästen voller Briefe. Aber Lytton hatte mit seinen bissigen Bemerkungen vor niemandem haltgemacht. Wie sollte man so etwas veröffentlichen? Am ehesten ließen sich die Essays drucken, und James hätte gern gesehen, wenn Virginia etwas für einen solchen Band geschrieben hätte.

Ende Februar besuchte Carrington mit Ralph, Frances und Bunny Garnett das befreundete Ehepaar Guinness im nahegelegenen Biddesden. »Ich liebe meine Besuche in Biddesden und die Ausritte, auch wenn ich am Ende vom Pferd falle«, schrieb Carrington an Bryan Guinness. Ihr Pferd war auf der Teerstraße durchgegangen, hatte im Galopp die Kurve genommen, und sie war im hohen Bogen auf der Böschung neben einem Holzstapel gelandet. Diese Ironie, dem Tod, den sie sich doch wünschte, so knapp entgangen zu sein, ließ sie nicht mehr los. Später, bei einem Waldpicknick, fragte sie, ob sie sich ein Gewehr leihen könne, um im Garten in Ham Spray Kaninchen zu schießen. »Wir alle hörten die Bitte«, erinnerte sich Frances, »aber sie klang so beiläufig und wir hofften alle, sie würde ihre Idee wieder vergessen.« Seit sechs Wochen versuchte Ralph mit allen Mitteln, sie wieder für das Leben zu gewinnen. Doch Carrington wollte nur eines, allein sein. Ralph erhob Einspruch, aber sie bestand darauf. Später wollte sie dann mit dem Maler Augustus John und seinen Schwestern verreisen.

Ralph hatte immer noch das Gefühl, daß Carrington hinter seinem Rücken etwas plante. »Ich bin allerdings soweit«, schrieb er am 8. März an Gerald Brenan, »daß ich weg muß, wenn sie mich wegschickt, oder mein Bleiben wird für uns beide unerfreulich. Aber ich fühle mich wie eine verlorene Seele, die ihr Leben außen umflattert, sich fürchtet hineinzukommen, und sich fürchtet fortzufliegen – und das muß so weitergehen, bis ihr Leben wieder Gestalt angenommen hat.« Er sehnte sich auch danach, diese Selbstquälerei zu beenden.

Also verließ er Ham Spray, und Carrington war allein. Ein Gewehr hatte sie bei ihrem Besuch in Biddesden nicht mitgenommen. Später rätselte man, wie sie an das Gewehr gekommen sei. Frances bestand darauf, daß sie es sich in Biddesden geholt hatte.

Am Donnerstag, dem 10. März, kamen Leonard und Virginia Woolf zu Besuch. »Ich habe mich in Virginia geirrt«, schrieb Ralph an Gerald; »irgendwo hat sie doch ein warmes Herz.« Lyttons Tod hatte Virginia und Vanessa an den Tod ihres Bruders Thoby erinnert – damals hatte Lytton geholfen, wo er nur konnte. Beide wußten noch, wie unglücklich er früher, bevor er Carrington kannte, oft gewesen war – und so konnten sie ihr Unglück jetzt gut verstehen. »Man kann nicht an Lytton denken, ohne an Dich zu denken«, schrieb Vanessa (25. Januar

1932), »und mit der großen Trauer mischt sich ein Gefühl der Dankbarkeit, daß Du ihm so viel Glück geschenkt hast ... Es ist Dein Verdienst, daß es in der Vergangenheit nichts zu bedauern gibt, und seine Freunde lieben Dich, sei es allein deswegen. Liebstes Wesen, komm bald und rede mit uns ...«

Auch Virginia hatte Carrington als einen Segen für Lytton empfunden. »Ich hoffe, es stört Dich nicht, daß ich dir manchmal schreibe – es ist ein Trost, weil es außer Dir niemanden gibt, mit dem man wirklich über Lytton reden kann«, schrieb sie am 31. Januar 1932. »... So ein häßliches Gefühl, daß diesmal alles wieder in London anfängt, ohne ihn ... Ich habe immer Dinge im Kopf, die ich Lytton sagen will. Und wie muß es erst für Dich sein ... Ich konnte ihm nie geben, was Du ihm gabst ... Eines Tages werde ich über ihn schreiben, aber das ist dann für Dich allein.«

Diese Briefe zählten zu den wenigen, die Carrington halfen. Auch für Virginia war Lyttons Tod nicht leicht zu tragen, und anders als Leonard, der es »theatralisch« fand, sich umzubringen, war Selbstmord ihrer Ansicht nach »ganz vernünftig« – aber besser war es natürlich, »zu warten, bis der erste Schock vorüber ist & dann zu sehen« (Tagebuch, 30. Januar 1932). Virginia machte Carrington Mut, weiterzuleben – Lyttons besten Freunden zuliebe (2. März 1932):

> *Oh, aber Carrington, wir müssen leben und wir selbst sein – und ich habe das Gefühl, daß Du mehr als irgendwer leben sollst; weil er Dich so liebte, und Deine Eigenarten liebte und Deine Art, Du zu sein. Ich kann es nicht erklären; aber es scheint mir, daß, solange Du da bist, etwas, das wir an Lytton liebten, etwas vom besten Teil seines Lebens noch weitergeht.«*

Es war ein strahlender Tag, als die Woolfs nach Ham Spray kamen, aber drinnen im Haus war es kalt. »Wir sprachen unter Anstrengung«, erinnerte sich Virginia. Sie baten Carrington,

Holzschnitte für ihr Briefpapier anzufertigen, wie sie es für Ham Spray gemacht hatte, außerdem Illustrationen für Julia Stracheys ersten Roman. Sie erzählten den neuesten Klatsch, und Carrington »lachte ein, zwei Mal«. Virginia fand sie immer noch sehr blaß. Die beiden Frauen gingen nach oben und sahen durch die Fenster auf die sonnenbeschienenen Hügel der Downs. Carrington erzählte, sie wolle Lyttons Zimmer genau so lassen, wie es war, aber die Stracheys fänden das morbide. Sie war ängstlich besorgt, nichts falsch zu machen, »wie ein Kind, das gescholten worden ist« (Tagebuch, 12. März 1932).

Sie hatte Lyttons Verehrer Roger Senhouse geschrieben, daß Lytton ihn »wie eh und je geliebt habe«. Doch Virginia gestand sie ihren Zorn über Lyttons alberne junge Männer, die ihn nicht zu würdigen wußten. Natürlich erbte Roger die Bücher, aber Lytton »liebte seine alten Freunde am meisten«, erinnerte sie Virginia.

Zusammen machten sie einen Rundgang durchs Haus, betrachteten die Bilder von Duncan, Augustus John, Henry Lamb, standen vor Lyttons Himmelbett, dem Mosaik, das Boris Anrep für den Kamin gemacht hatte. Im Wohnzimmer brach Carrington plötzlich in Tränen aus. »Mir bleibt nichts mehr zu tun.« Es stimmt, dachte Virginia und nahm Carrington in den Arm. Sie gab zu, daß auch sie sich manchmal nutzlos fühle, manchmal hoffnungslos, wenn sie nachts aufwache und an Lytton denke. – »Ich hielt ihre Hände«, erinnerte sich Virginia. »Ihre Handgelenke schienen sehr schmal. Sie wirkte hilflos, verlassen, wie ein kleines zurückgelassenes Tier.«

Aber als die Woolfs sich schließlich verabschiedeten, war sie sehr ruhig und drängte sie nicht, zu bleiben. Sie gingen zusammen vors Haus, und Carrington küßte Virginia mehrmals.

»Dann kommst Du & besuchst uns nächste Woche – oder nicht – wie Du möchtest?« fragte Virginia.

»Ja, ich komme, oder ich komme nicht« (Tagebuch, 12. März 1932), erwiderte Carrington.

Am nächsten Morgen wachte sie – wie neuerdings immer – sehr früh auf, kochte sich Tee und aß einen Apfel. Die Post kam, und sie las ihre Briefe und die *Times*, die später zerknittert im Schrank lag. Dann zog sie Lyttons gelbseidenen Morgenmantel an, den sie sonst nie getragen hatte, und nahm das Gewehr. Es war kurz vor acht Uhr. Durchs Fenster sah sie zwei Fasane über den Rasen stolzieren.

Sie hatte alles sorgfältig geplant. Zuerst rollte sie den Teppich auf, den sie besonders mochte – er sollte keine Blutflecken bekommen – und legte einen anderen so hin, daß es aussah, als sei sie ausgerutscht. Dann stellte sie sich mit dem Rücken zum Fenster vor einen hohen Spiegel, in dem sie ihre Position korrigieren konnte. Dann stemmte sie das Gewehr mit dem Kolben auf den Fußboden und dem Lauf an ihre linke Seite. Schließlich zog sie ab.

Nichts geschah.

Sie hatte das Gewehr nicht entsichert. Nachdem sie das nachgeholt hatte, geriet sie offenbar ins Wanken, denn als sie ein zweites Mal abzog, zerfetzte der Schuß zwar ihre Hüfte, ging aber am Herz vorbei.

Vom Lärm wurde der Gärtner aufmerksam, kam ans Fenster und hörte lautes Stöhnen. Er lief zum Eingang und hörte Carrington rufen, sie sei ausgerutscht, er solle die Zugehfrau holen und den Arzt anrufen. Als die Zugehfrau kam, wiederholte sie die gleiche Geschichte und bat sie, Ralph anzurufen. Auch bei Dr. Starkey Smith beharrte sie auf diesem Unfallhergang, und weil sie unter starken Schmerzen litt, gab er ihr eine Morphiumspritze. Der Arzt kannte sie seit mehreren Jahren. Als sie begriff, wie sehr ihm der Schreck in die Glieder gefahren war, erklärte sie ihm, wo der Kellerschlüssel lag, damit er sich einen Drink holen konnte. Er untersuchte sie nicht eingehender, weil die Blutungsgefahr zu groß war, aber ihm war klar, daß jede Rettung zu spät kam.

Ralph hatte am Vorabend gefeiert und schlief noch in seiner

Wohnung in der Great James Street, als das Telefon läutete. Er weckte David Garnett, der glücklicherweise ein Auto hatte. David fuhr mit Ralph und Frances in halsbrecherischem Tempo nach Ham Spray. Zusammen mit einer Krankenschwester erreichten sie das Haus gegen elf Uhr. Carrington lag immer noch auf dem Teppich in ihrem Zimmer, bei vollem Bewußtsein, und hatte trotz des Morphiums starke Schmerzen. Sie sagte, sie hasse das Leben und wolle nur noch sterben – und nicht mal das könne sie richtig. Als sie aber begriff, was sie Ralph angetan hatte, tischte sie auch ihm die Unfallgeschichte auf und versprach, es um seinetwillen mit dem Leben zu versuchen.

»Ich bin überzeugt«, schrieb Frances später an Rosamond Lehmann, »nichts hätte sie von ihrem Plan abbringen können.« Dennoch gab es Hinweise – angefangene Briefe, ein Notizbuch voller Verabredungen –, die darauf hindeuteten, daß sie ein Weiterleben nicht ausgeschlossen hatte. Selbstmord ist wohl nur begrenzt kalkulierbar, und Carrington hatte den endgültigen Entschluß erst an jenem Morgen gefaßt. Vielleicht meinte sie, es sei ihre letzte Gelegenheit, weil sie inzwischen Lyttons Tod etwas leichter ertrug und nun um ihre Entschlußkraft fürchtete. Ralph wäre am Abend wiedergekommen; in der folgenden Woche wäre sie mit Augustus und Dorelia John nach Südfrankreich verreist. Es war ihre letzte Chance. Allen Freunden, die mit so viel Eifer versucht hatten, sie ins Leben zurückzuführen, demonstrierte sie damit, daß ihr im Vergleich zu Lytton niemand etwas bedeutete.

Als die Schmerzen zunahmen, gab ihr der Arzt wieder Morphium. Gegen Mittag verlor sie das Bewußtsein, und um Viertel nach zwei starb sie. »Ich ging in ihr Zimmer und sah sie tot daliegen«, schrieb David Garnett. »Ihr Gesichtsausdruck war sehr stolz.«

Schließlich fuhr David wieder nach London. Gerald Brenan kam. Er fand Ralph »kaum Herr seiner Gefühle und unfähig, einen zusammenhängenden Satz zu sagen«. Er ging in den Garten und setzte sich in ihre Lieblingsecke, wo der Stechpalmenbaum und die portugiesischen Lorbeerbüsche wuchsen. Es schien »unmöglich, daß sie nicht da war«.

Carrington hatte einen Brief an Ralph hinterlassen, in dem sie ihn aufforderte, Frances zu heiraten und Kinder zu haben. Hinzugefügt war eine lange Liste von Geschenken an ihre Freunde und die Anweisung, ihre Asche – zusammen mit der Lyttons – im Garten zu verstreuen. (Dreißig Jahre später wußte von den Überlebenden niemand mehr, ob dieser Wunsch erfüllt worden war.) Die Gartenarbeit, die alle außer Ralph als ein Zeichen der Genesung angesehen hatten, war eine Arbeit am eigenen Grab gewesen. Hundert Pfund gingen an Stephen Tomlin für den Entwurf eines Grabsteins – der nie im Garten aufgestellt wurde, weil Ralph es nicht ertragen hätte. Carringtons Brief wurde bei der gerichtlichen Untersuchung am Montag, dem 14. März, nicht vorgelegt. Offizielle Todesursache war ein »Schuß in die linke Seite, der durch ein Stolpern mit Gewehr in der Hand ausgelöst wurde«. Eine Obduktion fand nicht statt.

Bis die polizeilichen Untersuchungen abgeschlossen waren, blieben Ralph und Frances, Alix Strachey und Gerald Brenan in Ham Spray. »Bevor Carrington abgeholt wurde, habe ich sie gesehen – schrieb Gerald Brenan in sein Tagebuch, »– oder vielmehr die schrecklichen Veränderungen, die der Tod bewirkt hatte. Es herrschte der gleiche starke Frost, das gleiche eisige Wetter wie bei Lyttons Tod vor sieben Wochen. Als ich wach in seinem Zimmer lag – sie hatten mir zum Übernachten sein Bett gegeben –, konnte ich die ganze Nacht hindurch in den vereisten Bäumen die Krähen schreien hören. Man konnte es nicht fassen, auch nicht, wenn man ins Nebenzimmer ging, wo ihr Leichnam lag.«

Bittere Erfahrungen

Frances Spalding

Es steht in Frage, ob Bloomsbury, was das Alter seiner Mitglieder betrifft, dem statistischen Durchschnitt entsprach. Zumindest sieht es so aus, als seien einige der Freunde besonders alt geworden – als habe die Kreativität sie lebendig gehalten: Vanessa Bell wurde 82, Clive Bell 83, Duncan Grant sogar 93, Leonard Woolf 89. Frances Partridge überlebte ein ganzes Jahrhundert. Doch dann gibt es die früh und gewaltsam gestorbenen: Julian Bell mit 29 im Spanischen Bürgerkrieg, Carrington, die mit 39 und Virginia Woolf, die mit 57 Selbstmord beging. Lytton Strachey starb mit 52 und Roger Fry mit 68. Aufschlußreich auch die Beerdigungen: Vanessa und Duncan wurden auf dem Friedhof von Firle begraben; die Urne mit Virginias, später auch die mit Leonards Asche wurde im Garten von Monk's House beigesetzt; Julian Bells Grab liegt in der Nähe von Madrid; Lytton und Carrington wurden zwar eingeäschert, doch was danach geschah, weiß niemand mehr. Bloomsbury glaubte an ein glückliches Leben im Diesseits.

Bittere Erfahrungen

Frances Spalding

Unter dem Atelier Fitzroy Street Nr. 8 lag die Werkstatt eines Kunsttischlermeisters namens Ferro. Am 20. Juli 1937 baute einer seiner Angestellten, George Rivers, für Vanessa eine Kiste für verschiedene Päckchen, die sie ihrem Sohn Julian nach Spanien schicken wollte. Am späten Nachmittag hörte Rivers von oben einen Schrei, den er nie vergessen sollte. Kurz nach Lieferung der Kiste hatte das Telefon geläutet und die Nachricht von Julians Tod gebracht.

Fünf Tage zuvor war Julians Ambulanzwagen von einer Bombe getroffen worden. Sofort hatte er sich als Freiwilliger zum Tragen der Bahren gemeldet, und man hatte ihm an einem der gefährlichsten Frontabschnitte dreißig Mann unterstellt. Der Morgen des 18. Juli hatte ruhig begonnen, und er hatte die Gelegenheit genutzt, um mit seinem Kameraden William Collier die Granattrichter auf ihrer Route zur Front zuzuschütten. Während sie arbeiteten, tauchten Bomber am Himmel auf, und die beiden gingen unter ihrem Lastwagen in Deckung. Collier blieb unversehrt, aber Julian wurde von einem Schrapnellsplitter getroffen. Gleich nach seiner Verwundung versuchte er Vanessa zu schreiben, schaffte aber nur ein paar Worte. Man brachte ihn ins Lazarett, seine Lunge war getroffen und sein Blutverlust war groß. Er war aber noch bei Bewußtsein und hatte kaum Schmerzen. Wie oft bei Lungenverletzungen schloß sich die Wunde wieder. Nach einer Bluttransfusion war er völlig klar, er erkannte die Leute um sich herum, konnte sogar sprechen, und ahnte offenbar die Schwere seiner Verwundung nicht. Die vier anwesenden Ärzte, zwei englische und zwei spanische, beschlossen, ihn zu operieren. Nachdem der Granatsplitter entfernt worden war, blieb Julian im Koma, redete unzusammenhängend auf

Julian Bell

Französisch und starb sechs Stunden später. Er wurde auf dem Friedhof von Fuencarral, etwa drei Kilometer nördlich von Madrid, beerdigt.

Angelica trat am Abend des 20. Juli mit anderen Schauspielschülern in einem Ballett nach Goyas *Desastres de la guerra* auf. Duncan holte sie am Theater ab und erklärte ihr, was geschehen war. Beide gingen in die Fitzroy Street Nr. 8, wo Vanessa stumm mit verweintem Gesicht im Bett lag. Sie erlitt einen schweren psychischen Zusammenbruch – nicht zu vergleichen mit der Krise nach Rogers Tod. Mehrere Tage war sie nicht ansprechbar. Sie reagierte nur auf Virginia, von der sie liebevoll und beharrlich umsorgt wurde. Vier Jahre später schrieb Vanessa an Vita: »Ich erinnere mich, daß ich all die Tage, nachdem ich von Julian gehört hatte, in einem unwirklichen Zustand dalag und immer nur ihre Stimme hörte, die das Leben in Gang hielt, als würde es sonst nicht weitergehen.«[1] Man verabreichte ihr ein starkes Schlafmittel und überredete sie zum Essen. Am 29. Juli hatte sich ihr Zustand so weit gebessert, daß man sie nach Charleston mitnehmen konnte, wo sie in den folgenden Wochen entweder in einer Ecke des Ateliers im Bett lag und hinaus auf die Terrasse schaute oder im Garten saß. Virginia wich nicht von ihrer Seite. In dieser tragischen Situation konnte sie Vanessa endlich uneingeschränkt ihre Liebe zeigen. »Ich denke, daß ich Dir näher stehe als Schwestern sollten«, schrieb sie Vanessa an einem der wenigen Tage, an denen sie nicht aus Rodmell herüberkam. »Warum höre ich nie auf, an Dich zu denken, selbst wenn ich wie heute nachmittag durchs Marschland ging, wo eine große Schlange wie eine Seeschlange durchs Gras glitt? … Gott weiß, ich kann nicht sagen, was es mir bedeutet, wenn ich ins Zimmer komme und finde Dich da sitzen.«[2]

Für Virginia wie auch für manche Freunde war fraglich, ob Vanessa je über diese »andauernde Verwundung« hinwegkommen würde. »Wie Du sagst, ist es für Vanessa viel schlimmer als für mich«, schrieb Clive an Frances Partridge. »Mein Leben ist so voller Dinge – meist Nichtigkeiten –, daß sich die Lücke schließen wird. Was mir am meisten ausmacht, ist nicht, daß unserem speziellen Vergnügen und Zusammengehörigkeitsgefühl als Familie für immer etwas fehlen wird; sondern daß Julian nicht all das Gute vom Leben bekommt, das er sonst, denke ich, bekommen hätte … Aber ich zweifle, ob sich die Lücke in Vanessas Leben je schließen wird.«[3]

Manche Kondolenzbriefe trösteten Vanessa, und als sie den anfänglichen Schock überwunden hatte, kam sie langsam wieder zu Kräften. Zuerst konnte sie in ihrem Kummer nicht mehr malen. Manchmal brach sie noch zusammen; einmal fand Grace, die Haushälterin, sie weinend im Garten. Es gab für Vanessa nur ein Thema: Julian. Im Grunde hatte sie sich um ihn bereits gesorgt, als er im Winter seine Rückkehr aus China angekündigt hatte.

Dennoch beruhigte sie Duncan: »Darüber kommt man nicht leicht hinweg. Aber ich *werde* es schaffen. Es fällt mir schwer, mich länger auf irgend etwas zu konzentrieren, und wenn ich nicht male, habe ich das Gefühl, die andere Existenz sei ganz weit weg – man vergißt sie irgendwie. Du bist die einzige Person, bei der ich mich so dumm benehmen kann, mein Lieber. Es ist hart für Dich.«[4] Sie war in ihrer Gefühlswelt gefangen, und erst mit der Zeit fand sie wieder Befreiung in ihrer Malerei. Virginia schlug ihr vor, Clive zu porträtieren; Vanessa sagte dazu: »Ich glaube nicht, daß ich momentan Porträts malen kann. Das erfordert besondere Anstrengung, zu der ich nicht fähig bin ... Ich arbeite nur an kleinen Dingen, die mir allein etwas bedeuten.«[5]

Gern ließ sie sich von guten Freunden und nahen Verwandten ablenken – ihr Bruder Adrian kam mit Helen Anrep und den Maurons zu Besuch. Ansonsten lebte sie zurückgezogen und schüttete nur einem einzigen Menschen ihr Herz aus, Julians Freundin:

Ich habe so viele dumme Dankesbriefe an andere Leute geschrieben, deren Briefe mich zwar gerührt haben, aber was kann man sagen? – Dir, liebe »Y«, schreibe ich zuletzt, weil ich das Gefühl habe, daß ich beim Schreiben wenigstens versuchen muß, Dir etwas von dem mitzuteilen, was ich wirklich fühle ...

Ich denke, eine Sache möchte ich unbedingt jedem, der es hören will, sagen – wenn ich nur könnte –, und das ist einfach, daß ich ganz sicher bin, endgültig sicher, daß Leute wie Julian zu verlieren sinnlos *ist. Ich sage das nicht aus meinem eigenen Schmerz heraus. Eigentlich muß mich keiner bemitleiden – alles in allem. Ich zweifle keinen Augenblick, daß alles, was ich um Julian gefühlt habe und fühlen werde, eine unendliche Bereicherung für mich ist. Aber ich bin alt genug, um ein wenig zu wissen, was er alles hätte tun und sein können, wenn er gelebt hätte. Ich weiß, daß sein Leben der Welt unendlich viel Gutes und Möglichkeiten zum Guten gebracht hätte, die jetzt ver-*

geudet sind. ... Der Faschismus will die Intelligenz zerstören – das dürfen wir nicht zulassen. Die Welt ist auf die Hilfe von Leuten wie Julian angewiesen, um aus ihren Schwierigkeiten herauszukommen – und sein Andenken nützt nicht soviel wie seine Gegenwart genützt hätte. ...

Ich denke, es ist nur natürlich und durchaus verständlich, daß man aus lauter Schmerz sagt, »es war wertvoll – es war nicht sinnlos« es macht alles so viel schlimmer, wenn man denkt, daß es das wirklich war. Aber ich habe das Gefühl, daß um so größere Katastrophen folgen werden, wenn man der Wahrheit nicht ins Gesicht sieht.

... Er wollte unbedingt dorthin, wollte die Erfahrung dieses Krieges machen, und ich konnte nicht weiter dagegen protestieren. Alle sagten damals, es gebe keinerlei Verluste im Ambulanzcorps und würde auch keine geben. Ich habe das nicht geglaubt, aber ich habe immerhin so viel geglaubt, daß ich klein beigegeben habe. Hätte ich das nicht, hätte ich weiter alles mögliche getan, um ihn von seinem Plan abzubringen. Aber ich hätte keinen Erfolg damit gehabt. Etwas in ihm, vielleicht etwas wie meine Malerei, das ihn zu dem Menschen machte, der er war, hätte überwogen, und ich bin froh, daß ich es nicht versucht habe.

Nur, weißt Du, von meiner Seite war es kein bereitwilliges Opfer.[6]

Wenn Duncan sich wegen seiner Liebhaber auch gelegentlich von Vanessa entfernte, so war es doch immer unwahrscheinlich gewesen, daß er sie verlassen würde, und mit Julians Tod wurde das Unwahrscheinliche zur Unmöglichkeit. Durch ihre emotionale Abhängigkeit war Vanessa in einer starken Position, und Duncan ließ alles gutmütig über sich ergehen. Bei dem ungleichen Kräfteverhältnis kamen sicher manche Wesenszüge beider zu kurz, während andere stark hervortraten. Dennoch hat ihre Liebesgeschichte nicht nur unglückliche oder tragische Seiten –

im Grunde war sie ein großes Glück. Vanessa erklärte Julian einmal, was ihr an Duncan so unentbehrlich war: »Er hat so unglaublich viel Charme, sein Künstlergenie fließt ganz in sein Leben und seinen Charakter ein. Außerdem ist er so amüsant und komisch und undurchschaubar, daß viele Leute wohl nicht sehen, was für mich seine wichtigste Eigenschaft ist – seine Ehrlichkeit – Uneigennützigkeit, absolute Aufrichtigkeit und Eindeutigkeit, wodurch man in schweren Zeiten immer auf ihn baut. Du kannst Dir vorstellen, daß unsere Beziehung nicht immer einfach war, aber ihm verdanke ich – tatsächlich, und das sage ich nicht aus Bescheidenheit –, daß letztendlich immer etwas Gutes dabei herausgekommen ist.«[7]

Vielleicht war es der tägliche Anblick des konzentriert malenden Duncan, der ihr über den Schock am meisten hinweghalf. Angesichts des Todes war ihr die Kunst, deren Werke die Zeit überdauern, ein Trost. Auch wenn Duncan und Vanessa sich weder in der Öffentlichkeit noch vor der Familie je umarmten, war ihre große Vertrautheit im Atelier beim gemeinsamen Malen nicht zu übersehen. Quentin Bell erinnerte sich: »Wenn wir alle das gleiche Modell nutzten oder zusammen an einem Auftrag arbeiteten, war ich mit VB und DG im Atelier, und müßte ich ein Bild menschlicher Heiterkeit und vollkommenen Glücks nennen, würde ich es dort suchen.«[8]

Im Herbst nahm Vanessa schließlich ihr Leben in der Fitzroy Street wieder auf und engagierte sich in einer neuen Kunstschule, die im selben Jahr von den Malern Claude Rogers, William Coldstream, Victor Pasmore und dem aus Südafrika stammenden Graham Bell gegründet worden war. Diese vier Künstler vertraten den Standpunkt, die moderne Kunst habe, besonders in ihrer extrem asketischen und abstrakten Form, den Kontakt zum Leben verloren und spreche nur eine kulturelle Elite an. Coldstream und Bell gaben zeitweilig sogar die Malerei auf, weil sie für sich keine Entwicklungsmöglichkeiten mehr sahen. Doch dann machten sie weiter, weil sie überzeugt waren, »daß der einzig fesselnde Aspekt der Malerei die Erkundung des Ausdrucks der tatsächlich erfahrenen, gegenständlichen Welt sei«.[9] Die Malergruppe setzte auf den Realismus – nicht den formelhaften »Pseudorealismus der Königlichen Kunstakademie«, sondern einen auf genauer Beobachtung begründeten Stil. »Beobachtung« wurde das Schlüsselwort der Schule, die den Studenten keinen Stil vorschreiben, sondern nur ihren Blick schärfen wollte. In der Praxis vertrat man einen nüchternen, gedämpften Realismus, in dem die von Duncan bisher propagierte Sinnlichkeit auffällig fehlte. Daß Vanessa und Duncan diese Schule unterstützten und mit John Nash und Augustus John dort Gastdozenten waren, ist insofern überraschend, als manche manieristische Methoden der Bloomsbury-Maler dort abgelehnt wurden – zum Beispiel die blauen Konturen und barocken Kurven, die sinnliche Formgebung. Trotz alledem verkündete Clive Bell – der 1938 der Schule den Namen »Euston Road School« gab – zuversichtlich: »Dies ist ein entscheidender Augenblick für die englische Malerei, der hoffnungsvollste seit hundert Jahren.«[10]

Vanessas und Duncans Engagement in der Euston Road School beweist ihre Bereitschaft, Künstler zu unterstützen, die ein politisches Programm vertraten. Man mag den Realismus der Euston Road School rückständig oder revolutionär finden, jedenfalls entsprang er dem Bedürfnis, für eine größere Allgemeinheit zu malen. 1938 zeigte die Schule die Ausstellung *Bilder von London* und verschickte Einladungskarten an jeden zehnten Brown, Jones und Smith im Londoner Telefonbuch. Außerdem bat man – buchstäblich – einen Mann von der Straße, einen Passanten, die Ausstellung zu eröffnen.

Teils weil die Schule nicht weit von ihrem Atelier lag (anfänglich war sie in der Fitzroy Street Nr. 12 und zog erst 1938 in die Euston Road), teils weil Helen Anrep das Projekt begeistert unterstützte, war Vanessa daran enorm interessiert. »Die Schule hat begonnen, und angeblich läuft es gut«, berichtete sie Quentin im

Oktober 1937. »Die meisten Schüler kommen halbtags, aber es gibt immerhin fünfzehn, und alle sind glücklich und froh.«[11] Außerdem waren abends Modelle da, und sie und Duncan konnten nach Wunsch an den Sitzungen teilnehmen. Sie malten mit den Studenten; ihr Unterricht bestand in Beispiel und gelegentlicher Kritik. Im Dezember gab Helen in Vanessas Atelier eine Party zugunsten der Schule.

Das zweite Projekt, dem Vanessa viel Zeit widmete, war die Herausgabe von Julians Briefen. Dabei bat sie Quentin und Bunny Garnett um Hilfe. Bunny hatte in der Londoner Literaturszene durchaus einen Namen. Nach seinem Bestseller *Lady into Fox* von 1922 (Meine Frau die Füchsin) hatte er eine ganze Reihe Romane geschrieben, unter anderem *Pocahontas*, der auch in der Book Society erschien. Er war literarischer Redakteur des *New Statesman* und hatte Julian gelegentlich mit der Besprechung militärgeschichtlicher Bücher beauftragt. Schon 1925, kurz vor Erscheinen seines Romans *The Sailor's Return,* hatte Bunny seinem Freund Duncan gestanden: »Ich bin, leider, durch und durch zweitklassig. Mir fällt es schrecklich schwer, mich zu konzentrieren, und ich brauche viel Zeit, um meine Arbeit zusammenzuflicken; finde immer Ausreden: Wenn ich einen neuen Füllfederhalter hätte, oder auf dem Land wohnte, oder einen Sekretär hätte, dann würde ich alles perfekt machen – den ganzen Tag arbeiten etc. etc. Vermutlich liegt es eher daran, daß ich von anderer Leute Ideen und Charakter schmarotze.«[12] Lytton allerdings fand *The Sailor's Return* gut. Vanessa bewunderte die Schilderung der Küste und Landschaft um West Wittering in *No Love*, das Bunny 1929 schrieb; der Roman verkaufte sich so gut, daß er seine Schulden bezahlen konnte. Seit 1924 wohnte er auf Hilton Hall in Huntingdonshire, und sein Kontakt zu Vanessa und Duncan wurde erst Ende der zwanziger Jahre wieder enger. Seine Frau Ray (die Schwester von Frances Partridge) war schüchtern und reserviert und wurde mit den Bloomsbury-Freunden nie warm. Hinter ihrem Rücken hieß sie

»die stumme Frau«. Vanessa gab einmal zu: »Sie macht mir Angst, und ich werde völlig kopflos und kriege kein Wort heraus, wenn ich mit ihr allein bin, und wenn andere Leute dabei sind, ignoriert man sie meistens.« [13] Die Tatsache, daß Vanessa Bunnys Frau kaum kannte, machte es ihr leicht, Rays Gefühle außer Acht zu lassen, als Bunny einen Flirt mit ihrer Tochter Angelica anfing. Zuerst amüsierte es sie, daß Angelica ihm Liebesbriefe schrieb. Wenn er in London war, lud er sie zum Essen ein und faszinierte sie mit seinen Geschichten – schließlich war er ein Mann von Welt und mit vielen Berühmtheiten befreundet. Vanessa nahm Angelicas Begeisterung nicht weiter ernst. Im Grunde hatte sie gegen eine kurze Affäre ihrer Tochter mit einem älteren Mann nichts einzuwenden.

Im Dezember fuhr sie mit Angelica mit dem Zug nach Cassis, wo sie Weihnachten möglichst unbemerkt vorbeigehen ließen. Quentin und Duncan kamen dazu. Vanessa entwarf den blau-rosa Schutzumschlag zu Virginias *Three Guineas* (Drei Guineen), dessen Motiv sie vom Titel ableitete. Sonst schaffte sie wenig, wie sie in einem Brief an John Lehmann zugab: »Vielen Dank für das Musterexemplar, ich tue mein Bestes, damit Sie bald den Entwurf haben. Bevor er fertig ist, kann ich die Farbe für den Titel noch nicht entscheiden, aber dann sage ich es Ihnen. Vom Buch habe ich kein Wort gelesen – ich habe nur eine äußerst vage Beschreibung und spezielle Wünsche von Virginia –, aber das war bei allen Umschlägen für sie so.«

Ende Januar waren sie wieder in London. Julians Geburtstag am 4. Februar war ein schwerer Tag, doch Vanessa sorgte sich inzwischen hauptsächlich um Angelica. Bunny erklärte, Angelica sei nun kein Schulmädchen mehr: »Inwieweit sie wußte, was sie tat, als sie sich auf meinen Schoß setzte, mich umarmte, Wange an Wange, kann ich nicht sagen. Wir waren alle zusammen im Atelier. Vanessa betrachtete die Szene amüsiert und warf mir gelegentlich einen spöttischen Blick zu. Duncan malte vermutlich und nahm keine Notiz vom Geschehen.« [14]

Doch im April 1938 konnte auch Duncan über die Situation nicht mehr hinwegsehen. Bis dahin hatte er wie Vanessa Bunnys Briefe an Angelica eher als Scherz aufgefaßt. Erst als Angelica sie nicht mehr vor versammelter Frühstücksrunde öffnete, begriff er den Ernst der Lage. Duncan besprach sich mit Vanessa – beide hatten nichts gegen eine kleine Affäre. Dann gestand ihm Bunny, er sei in Angelica verliebt – und er war schockiert. Bunny war sechsundzwanzig Jahre älter als Angelica – absurd, fand Duncan. Schließlich, als eine Flut von Briefen Bunnys an Angelica eintraf, schrieb er ihm auch in Vanessas Namen und forderte eine Erklärung: Er fragte Bunny nach seinen »Absichten«, die, so hoffte er, »ehrenwert« seien, schließlich stünden Angelicas Gefühle auf dem Spiel. Dabei waren Vanessa und er sich der viktorianischen Wortwahl durchaus bewußt.

Bald darauf kam Bunny nach Charleston. Er erklärte, daß er hauptsächlich wegen Angelica gekommen sei und mit ihr allein sein wolle. Da er den Brief noch nicht beantwortet hatte, führte Duncan mit ihm in seinem Schlafzimmer – Angelicas Geburtszimmer – ein Gespräch. Duncan hielt das Ereignis in demselben Tagebuch fest, dem er zwanzig Jahre zuvor seine komplizierte homosexuelle Beziehung zu Bunny anvertraut hatte.

Er sagte, er wolle lieber ein andermal darüber reden. Das ärgerte mich, und ich sagte, jetzt sei eine gute Gelegenheit, und ich fände, er solle sich nicht drücken. Er sagte dann, es sei absurd, daß gerade ich wie ein viktorianischer Vater von Verführung und Moral rede. Leider wurde ich wütend und erklärte ihm, daß ich es für einen großen Fehler hielte, wenn er mit Angelica eine ernsthafte Affäre begänne, wo sie gerade erst ihr Leben anfinge, und daß sie sich natürlich bald in jemanden verlieben würde, aber daß ich gehofft hätte, es sei jemand mit weniger Erfahrungen und nicht so alt wie er. Ich hatte wohl seinen wunden Punkt getroffen, und kurz darauf verließ er das Zimmer und sagte gute Nacht, worauf ich nicht antwortete. Die ganze Ge-

schichte hatte mich sehr aufgewühlt, weil alle möglichen unnötigen Gefühle in mir wieder hochkamen, die ich auch jetzt noch nicht richtig verstehe. Mein Herz schlug sehr schnell und ich konnte lange nicht einschlafen. Nachts wurde ich wach. Ich hatte geträumt, Quentin käme mit einer blutigen Spur um den Hals in mein Zimmer und sagte: »Ich habe Angelica aus B's Zimmer kommen sehen.«

Was mich angeht, mag das Ganze natürlich Eifersucht sein, gemischt mit einem eigentümlichen sexuellen Komplex oder Tabu.[15]

Am nächsten Tag fuhr Duncan seinen alten Freund Bunny wortlos zum Bahnhof. Bunny warnte ihn davor, sich einzumischen – das bewirke bei Angelica wahrscheinlich genau das Gegenteil. Später beschwerte er sich in einem Brief an Vanessa über Duncans Verhalten. Er erklärte, daß seine Liebe zu Angelica sicher mit seiner Liebe zu Vanessa und Duncan und der Vergangenheit zu tun habe, sie sei dennoch stark, ehrlich und selbstlos wie Liebe nur sein könne. Aber der Hauptzweck des Briefes war eine Warnung an Vanessa, daß Duncans Eifersucht Angelica verletzen würde: »Sie richtet das gleiche Unheil an, das Julian stets gefürchtet hat – Verzweiflung – Ohnmacht – das Gefühl, wieder als Kind betrachtet zu werden – Entmündigung, nie erwachsen zu werden ... jede Einmischung und Verdächtigung und viktorianische Freiheitsverweigerung, egal wie sie sich äußert (Spott ist so grausam wie Verbote – oder wie penetrantes Bemuttern) wird ihr Selbstvertrauen bleibend schädigen.«[16] Vanessa nahm seine Warnung ernst und beschloß, Angelicas Vernunft zu vertrauen. Sie fand immer noch, daß eine Affäre mit Bunny kein großer Schaden für ihre Tochter sei. Doch Duncan wußte, wie rücksichtslos Bunny seinen Willen durchsetzen konnte, wenn seine Gefühle im Spiel waren, und fürchtete dessen Labilität.

Vanessa spürte, daß Bunnys Zuneigung zu Angelica – nach Julians Tod – die Lebensgeister ihrer Tochter wieder geweckt hatte. »Ich wünsche mir mehr als alles, daß sie glücklich ist«, erklärte sie Bunny, »und ich bin dir einfach dankbar, daß du ihr so viel gibst.«[17] Sie sah die Risiken, die aber letztlich zu jeder Beziehung gehörten. Sie wußte, daß Bunny sich auch deshalb zu Angelica hingezogen fühlte, weil sie Duncan glich. Die Situation war besonders kompliziert, weil Duncan von seinem amerikanischen Liebhaber gerade verlassen worden war. Seine emotionale Bindung an Angelica war deshalb besonders stark.

In den kommenden Monaten stellte Vanessa fest, daß sie das verlorene Vertrauen ihrer Tochter nur über Bunny wiedergewinnen konnte. Angelica überlegte inzwischen, ob sie die Schauspielerei zugunsten der Malerei aufgeben solle. Vanessa schrieb an Bunny:

Ich bin wirklich seit geraumer Zeit sehr bestürzt, Bunny – Ich möchte lieber mit Dir darüber reden – denn ich glaube, ich gehe ihr manchmal fürchterlich auf die Nerven. Zweifellos neigen Mütter dazu. Aber ich bin mir gewiß, daß es hauptsächlich daran liegt, daß die Jugend Unglück nicht verstehen kann. … Wahrscheinlich hält Angelica mich für einen gräßlichen, alles verneinenden Trauerkloß, wobei ich in Wirklichkeit unfähig bin, ins Leben zurückzufinden. Wenn sie müde ist oder schlechte Laune hat, kann sie sehr vernichtend sein, und deshalb gehen wir einander einfach aus dem Weg. Das macht mich sehr unglücklich. … Ich habe ihr gesagt, daß ich weiß, was für eine trübsinnige Hausgenossin ich seit Julians Tod im letzten Jahr war, daß ich noch nicht wieder richtig arbeiten kann, was die einzige Rettung wäre, und daß ich das Gefühl hätte, die Tatsache, daß sie endgültig Malerin werden möchte, mache es mir leichter.[18]

Weil Vanessa die innige Beziehung zu Julian verloren hatte, fürchtete sie besonders, Angelicas Vertrauen zu verlieren. Sie wußte, daß ihr Kummer eine Barriere zwischen ihr und ihrer Tochter war. Nachträglich bedauerte sie, daß sie und Julian erst in letzter Minute Angelica von seinem Spanienplan erzählt hatten. Bunny mutmaßte zwar im Sommer, Angelica habe sich bei ihren Theaterproben anderweitig verliebt. Doch Angelica schwieg sich aus, wenn Vanessa oder Quentin Bunnys Namen auch nur erwähnten. »Aber halte mich auf dem laufenden, bitte«, flehte Vanessa Bunny an, als läge ihr einziges Glück – ihr guter Draht zu ihren Kindern – in seiner Hand. »Oh, Quentin«, schrieb sie einmal, »selbst jetzt, sei Dir darüber im klaren, daß Du – und Angelica – mich ausgesprochen glücklich machen könnt und manchmal macht.«[19]

Verschlechtert hatte sich im Laufe des Jahres auch die politische Lage, und Vanessa hatte über Leonard ihre Dienste als freiwillige Helferin angeboten – »Ich kann lesen und schreiben, sogar Schreibmaschine, und bin mir für nichts zu fein.«[20]

Sie traf Freunde, aber sie scheute größere Gesellschaften. Im Sommer 1938, als ein Krieg unabwendbar schien, traf sich der Memoir Club bei Maynard Keynes in Tilton, und Maynard las seinen inzwischen berühmten Aufsatz *My Early Beliefs* (Meine frühen Überzeugungen), in dem er Wert und Grenzen der Geisteshaltung Bloomsburys überdenkt. Sein schmerzlicher Schluß, daß Vernunft die menschliche Natur ärmer mache, anstatt sie zu bereichern, muß Vanessa zu denken gegeben haben, denn sie selbst vertraute weiterhin auf die Vernunft als Basis ihres Denkens und Tuns.

Kurz nach diesem Treffen fuhren Vanessa, Duncan, Quentin und Angelica nach Cassis. Während Chamberlain, den Vanessa in ihrer Jugend kennengelernt hatte, auf der Münchener Konferenz mit Hitler einen Nichtangriffspakt aushandelte, reisten sie durch Frankreich. Sie erfuhren die neuesten Nachrichten beim Einkaufen oder am Straßenrand, wo die Bevölkerung die Mobilmachung diskutierte. Vanessa hatte den Eindruck, je weiter sie nach Süden führen, desto näher kämen Schrecken und Unglück. Quentin war eine große Stütze, er blieb gutgelaunt, ruhig und sachlich. »Zur Zeit bin ich ungern lange von ihm getrennt«, er-

Vanessa Bell vor ihrem Haus in Charleston

klärte sie Bunny.[21] Bald nach ihrer Ankunft in Cassis erfuhren sie von dem Münchener Abkommen. Über Chamberlains Erfolg war man geteilter Meinung, aber immerhin hatte er die Konferenz überhaupt zustande gebracht.

Sie richteten sich in La Bergère ein und fanden alte Bilder und Briefe von früheren Aufenthalten. »Es ist eigenartig, wieder in diesem Haus zu wohnen«, schrieb Vanessa an Virginia, »mit

Elise, die kommt wie früher. ... Angelica war noch ein Kind – jetzt kocht sie uns Abendessen und ist erwachsener als wir alle. Ich fühle mich unglaublich alt – was ich ja bin. Aber man merkt es selbst nicht so, bis man an einen Ort kommt, wo man seit Jahren nicht gewesen ist.«[22] Ihr Besuch fiel mit der Weinlese zusammen, und mit Duncan machte sie in den Weinbergen Skizzen von Arbeitern.

Sie malte viel und führte ein Leben in Abgeschiedenheit. Wenn die anderen zum Boulespielen oder ins Café nach Cassis fuhren, blieb sie in La Bergère. Abends wurde Poker gespielt, bis Quentin wieder nach England abreiste. Es wurde auch vorgelesen, Jane Austens *Persuasion* und Virginias *Mrs Dalloway.* Dabei saßen sie am Kamin und tranken Cognac aus der Kellerei des Anwesens. Mitte November reisten sie nach Hause, machten bei Freunden Station und probierten unterwegs auf Angelicas Wunsch die französische Küche.

In *Mrs Dalloway*, fand Vanessa, gab es Passagen von unübertroffener Schönheit. Virginias Kurzgeschichte *The Searchlight* (Der Suchscheinwerfer), die sie im Frühjahr 1939 las, wollte sie illustrieren. »Ich finde sie wunderschön – nur fast zu viele Bildmöglichkeiten. Sie kommen mir auf jeder Seite in den Sinn. Dein Schreiben bewirkt das fast immer bei mir, aber ich finde, diesmal mehr als sonst.«[23] Virginia, die auch in Frankreich war und Vanessa gerade Geld geschenkt hatte, damit sie sich ein Modell leisten konnte, erwiderte: »Ich war völlig durcheinander, daß meine Geschichte Dir gefiel – der einzigen Person auf der Welt, deren Urteil mir helfen kann. ... Oh, göttliches Wiedersehen, Dir, meiner Quelle aller Freude und Nahrung, fern zu sein, verdirbt mir die Ferien. Und küß Angelica und Quentin ... Und lieb' mich. Und hab' Modelle. Und mal' mir ein Bild.«[24] Als Mitbringsel erhielt sie ein kleines Bild vom lesenden Quentin.

In Frankreich hatte Vanessa beschlossen, daß sie angesichts des drohenden Krieges lieber ganz auf dem Land leben wollte.

Deshalb gab sie in jenem Jahr in Charleston eine Reihe Umbauten in Auftrag. Zwischen Küche und Waschhaus wurde eine Verbindung gebaut; weil sie die Kammer neben dem Atelier zu ihrem Schlafzimmer machen wollte, bekam der Raum große Fenster; ihr altes Schlafzimmer wurde Bibliothek mit Regalen an drei Wänden; das kleine Dachzimmer erhielt ein fünfteiliges Nordfenster, weil sie ein eigenes Atelier haben wollte; die alte Haustür wurde durch eine neue (aus einem Abrißhaus) ersetzt und bekam eine gemauerte Fassung; in der Küche wurde ein neues Waschbecken eingebaut; aus dem alten Hühnerstall wurde Quentins Töpferwerkstatt; und zuletzt wurde die Gartenmauer repariert. Das Chaos war beträchtlich, überall Staub, und angesichts der vielen neuen Durchgänge verwechselte Vanessa manchmal Zimmer- und Schranktüren. Die Umbauten hatten in doppelter Hinsicht ihr Gutes: Das Haus war nun so komfortabel, daß man während des Kriegs dauerhaft darin wohnen konnte – und die alten, schmerzlichen Erinnerungen wurden verscheucht, es kam neues Leben ins Haus.

Angelica sah ihre Mutter inzwischen in ausgesprochen kritischem Licht. Sie warf ihr vor, wieviel sie verschwiegen habe. Nie hatte Vanessa eingehender über ihre Gefühle für Duncan gesprochen, auch nicht über Duncans Vorliebe für junge Männer. Sie hatte mit den besten Absichten – um Angelica zu schonen – alles unter den Teppich gekehrt. Erst 1937, nach Julians Tod, hatte Angelica erfahren, daß nicht Clive, sondern Duncan ihr Vater war. Angelica war verwöhnt und von der Normalität ferngehalten worden – sie war unter einer Glasglocke aufgewachsen. Als Julian zuerst nach China und dann nach Spanien ging, hatte sie sich allein gelassen gefühlt.

In jenem schwierigen Sommer vermieteten Vanessa und Duncan ihr Stadtatelier an Maler der Euston Road School. Ein Großteil der Leinwände und des Mobiliars wurden gemeinsam mit Angelicas Klavier und Clives Büchern nach Charleston gebracht. Für dessen ständige Bewohner, Vanessa, Duncan, Quentin und Angelica, war Malen nun die Hauptbeschäftigung. Drei Jahre zuvor hatte Vanessa in einem Brief erklärt:

> *Für mich ist immer die* visuelle *Beziehung beim Malen wichtig. Es gibt eine Sprache der Form und Farbe allein, die so bewegend sein kann wie jede andere und die einen genauso beeinflußt wie die größte Poesie der Worte. Wenigstens scheint es mir so, aber ich gebe zu, daß man dessen nie gewiß sein kann, denn natürlich verkörpern Form und Farbe fast immer Leben, und vermutlich wirken im Verborgenen alle möglichen Anspielungen mit.*[25]

Das Haus war voller Bilder. Stilleben mit Schildern »Bitte nicht berühren« standen in Zimmerecken. Bei schönem Wetter nahmen die Künstler ihre Strohhüte und gingen mit Malutensilien, die es in Charleston überreichlich gab, in den Garten, wo sie im impressionistischen Stil Blumenbeete, Wege, Statuen und die Bruchsteinmauern festhielten. Im Hausinnern wurden alle freien Flächen dekoriert, und die üppigen Muster und Farben verblüfften manchen Besucher.

Einer von ihnen, der junge Maler Nigel Henderson, erinnert sich an Vanessa, die ihn mit Angelica am Bahnhof von Lewes abholte:

> *Ich hatte Vanessa bis dahin nur auf ein, zwei Festen in ihrem oder Duncan Grants Atelier erlebt und war einigermaßen irritiert von der Person, die ich neben der viel kleineren Angelica sah, als ich in Lewes ausstieg …*
>
> *Soweit ich mich erinnere, trug sie einen sehr alten und ziemlich ramponierten Hut. Hatte sie nicht ein langes Polohemd an, einen langen Rock und alte Turnschuhe? Die genaueren Einzelheiten weiß ich nicht mehr, sie hätte problemlos auf einen Universitätscampus der sechziger Jahre gepaßt, es war eine Unabhängigkeitserklärung, die mir enorm imponierte, dazu eine*

sympathische Schüchternheit und offensichtliche Unbekümmertheit um den kuriosen Eindruck, den sie in jenen halbwegs förmlichen Zeiten hinterließ. Wir quetschten uns alle in den Baby Austin mit Vanessa am Steuer. Ich war ausgesprochen nervös und auch schüchtern, und ich glaube, das Gespräch war so ungeschickt wie ihre Fahrweise. Dabei wurde mir zunehmend klar, was so wunderbar bei den Malern war – nämlich daß sie sich ganz dem hingaben, was vor ihnen lag, und sie sich absolut im Hier und Jetzt befanden; und ich saß mit dieser eindrucksvollen, für mich undurchschaubaren Dame und ihrer wunderschönen Tochter in alarmierend betörender Nähe in einem rollenden Hühnerkorb.[26]

Wie ungezwungen Alltag und Kleidungsstil in Charleston auch waren, Gefühle und Verhalten waren alles andere als lässig. »Sie waren sehr, sehr kontrolliert«, erinnert sich Angelica, »wir gingen alle sehr höflich miteinander um; gewisse Grenzen wurden nicht überschritten, und unsere Gefühle brodelten im Untergrund und kamen nicht ans Tageslicht.«[27] Vanessa konnte immer noch nicht offen und emotional mit Angelica reden. Sie freute sich, daß Bunny sie in Charleston besuchte, fand die Situation zwischen ihm, ihr und ihrer Tochter aber schwierig. Bei einer Gelegenheit schrieb sie dem abwesenden Duncan:

Ich fühle mich ziemlich distanziert, und mir macht es tatsächlich nicht viel aus, was passiert – die ganze Sache ist eher so wie früher, wenn das Kindermädchen ein Kind dumm behandelte und man abwarten mußte, bis das aufhörte. Aber heute abend fingen wir an, über Vorkriegszeiten zu reden – Partys am Regent Square mit den Oliviers etc. Angelica schien sich zuerst zu amüsieren, sagte aber nichts. Dann wurde sie immer kühler und ging schließlich ins Bett, offenbar beleidigt, während Bunny sich begeisterte und herzlich zu mir wurde. Was für ein seltsames Geschöpf sie ist. Ich kann nur versuchen, darüber hinwegzusehen.[28]

Sie brachte nicht die Phantasie auf, sich in Angelica hineinzuversetzen. »Die Welt ist zu sehr voller Leid«, schrieb Vanessa an Edward Sackville-West. »Sie müssen irgendwann nach Charleston kommen und die Umbauten ansehen, die wir gemacht haben – neue Ateliers etc., die hoffentlich gerade fertig werden, bevor der Krieg anfängt, wenn wir Glück haben.«[29]

Am 3. September erklärten England und Frankreich Deutschland den Krieg. Bunny, der in Irland mit seiner Frau Ray und den beiden Söhnen Ferien machte, wurde vom Luftfahrtministerium zurückbeordert. Bei seinem nächsten Besuch in Charleston Anfang Oktober trug er die Uniform eines Leutnants der Air Force. Quentin war im Vorjahr untauglich gemustert worden, weil er Tuberkulose gehabt hatte. Er begann als Landarbeiter auf Maynard Keynes' Anwesen.

In Charleston fehlte es an nichts. Vanessa hatte Hühner angeschafft, mit Hilfe eines Gärtners wurde mehr Gemüse angebaut als früher. Neben der Haushälterin Grace gab es Lottie, die Köchin, die Clive aus London mitgebracht hatte. Zusammen mit der Putzfrau waren in Charleston drei Hausgehilfinnen. Auch zu essen gab es reichlich. Selbst an Unterhaltung mangelte es nicht. Zu Beginn des Krieges kam jeden Sonntag eine Pianistin, die Angelica beim Singen begleitete. Sie spielte auch auf dem Fest, mit dem im Winter Angelicas einundzwanzigster Geburtstag gefeiert wurde – nach Duncans Ansicht »ein Wunder an Organisation«, das Vanessa und die Köchin Lottie vollbrachten.

Im Mai 1940 zog Angelica zu Bunny in dessen Haus Butts Intake in der Nähe von Richmond in Yorkshire. Zwei Monate zuvor war Bunnys Frau nach langer Krebskrankheit gestorben. Zu Lebzeiten Ray Garnetts hatte kaum jemand von Bunnys Beziehung zu Angelica gewußt – nicht einmal Virginia. »Ich hätte Dich anrufen sollen, bevor ich aus Charleston wegfuhr«, schrieb Angelica ihr, »– verzeih mir, daß ich es nicht getan oder Dich zum Tee besucht habe, aber die emotionale Situation in Charleston ist mir aufs Gemüt geschlagen.«[30] So blieb es Vanessa überlassen, ihrer Schwester die Neuigkeit mitzuteilen. Virginia war nicht begeistert, aber weniger schockiert als erwartet. Ansonsten schwieg die Familie sich über Angelicas Schritt aus; Duncan sorgte sich um die Reaktion seiner Mutter. Als Desmond MacCarthy und G. E. Moore im Mai die Woolfs besuchten und Vanessa zum Tee kam (und den Philosophen zum ersten Mal traf), hieß es lediglich, Angelica sei in Yorkshire.

Im Vergleich zu anderen Künstlern wurden Vanessa und Duncan durch den Krieg wenig beeinträchtigt. Während eines ihrer gelegentlichen Besuche in London vereinbarte Vanessa mit den Leicester Galleries eine Ausstellung für Juni/Juli 1941. Die Tate Gallery verhandelte mit Duncan über den Ankauf seines großen Ölgemäldes von Angelica am Klavier. Auch der Direktor der National Gallery war ihnen wohlgesonnen.

Im Mai fuhr Duncan mit einer Kommission von »Kriegskünstlern« nach Plymouth. Während seiner Abwesenheit wuchs die Angst vor einer bevorstehenden Invasion; die Deutschen hatten Arras und Amiens eingenommen, und über Charleston flogen regelmäßig Kampfflugzeuge. Der Krieg war inzwischen allgegenwärtig. Clive, Quentin und auch der Gärtner traten dem Landsturm bei. Clive, Vanessa und Duncan kümmerten sich nun selbst um den Garten. Die Arbeit war ihnen durchaus willkommen, denn nichts war schlimmer, als untätig herumzusitzen und auf Nachrichten zu warten. Im Juni kündigten die Kunsthändler Reid und Levefre die Schließung ihres Geschäfts für Ende Juli an; auch Dunbar Hay, wo Duncan und Vanessa ihre inzwischen berühmten postimpressionistischen Stickereien verkauften, machte zu. Bei den Angriffen auf London wurde die Töpferei von Phyllis Keyes, in der Duncan und Vanessa viel Geschirr bemalt hatten, zerstört. Auch das Haus der Woolfs am Tavistock Square, dessen Wohnzimmer Vanessa und Duncan gestaltet hatten, wurde von einer Bombe getroffen. Ein Freund sah den Kamin, »jetzt ohne Feuerstelle oder Boden, aber wie von Geisterhand immer noch mit Girlanden, Obst und Füllhörnern verziert«.[31] Die Malerei blätterte bereits ab, und als er das nächste Mal vorbeikam, war sie völlig verschwunden. Im September 1940 fiel eine Brandbombe in die Fitzroy Street auf die Werkstatt neben Nr. 8; Duncans Atelier fing Feuer, und später brannte auch Vanessas Atelier. Bis der Schutt abgeräumt war, durfte niemand den Schaden besichtigen. »Vanessa nimmt es sehr philosophisch«, berichtete Duncan seiner Mutter, »und sagt, daß sie jederzeit neue Bilder malen kann.«[32] Glücklicherweise befanden sich eine Reihe Bilder Vanessas gerade in einer Ausstellung, und viele ihrer Sachen waren vor Kriegsbeginn nach Charleston gebracht worden. Als Vanessa mit Duncan schließlich in die Ateliers ging, um zu retten, was zu retten war (Eisschrank, Herd, Badewanne und Angelicas und Duncans Kleidung), stellten sie fest, daß nur wenige Bilder den Brand überstanden hatten. Nach Kriegsende wurden sie finanziell entschädigt (Duncan erhielt 1700 Pfund und Vanessa 1200 Pfund). Clive, der gelegentlich, wenn er in London war, in Vanessas Atelier übernachtet hatte, mußte nun ins Claridge Hotel ausweichen.

Im März 1941 wurde Virginia krank. Vanessa schrieb ihr einen strengen Brief voller Ermahnungen – dazu das Eingeständnis, sie zu brauchen: »Was sollen wir tun, wenn die Invasion kommt, und Du eine hilflose Invalide bist – was hätte ich in den letzten 3 Jahren getan, wenn Du es nicht geschafft hättest, mich am Leben und guten Muts zu halten. Du weißt nicht, wie sehr ich an Dir hänge.«[33] Virginias Antwort war einer der drei Briefe, die sie vor ihrem Selbstmord schrieb.

> *Du kannst Dir nicht vorstellen, wie sehr ich Deinen Brief gemocht habe. Aber ich fühle, daß ich diesmal zu weit gegangen bin, um wieder zurückzukommen. Ich bin jetzt sicher, daß ich wieder verrückt werde. Es ist genauso wie beim ersten Mal, ich höre immer Stimmen, und ich weiß, ich werde jetzt nicht darüber hinwegkommen …*

Ich kann kaum noch klar denken. Wenn ich es könnte, würde ich Dir sagen, was Du und die Kinder mir bedeutet habt. Ich denke, Du weißt das.

Ich habe dagegen gekämpft, aber ich kann es nicht mehr.[34]

Am 28. März verschwand Virginia. Ihr Gärtner Mr Bartholomew rief Vanessa an, die zu Leonard nach Rodmell fuhr. Angelica, die seit einiger Zeit mit Bunny in der Nähe in Claverham wohnte, fuhr mit dem Fahrrad nach Charleston und wartete mit Quentin auf Vanessa. Sie kam ruhig und gefaßt zurück. Später kam Duncan aus London zurück, und Vanessa und Angelica erzählten ihm in der Küche, was geschehen war: Einen kurzen, seltenen Augenblick lang umarmten sie sich alle drei. Drei Wochen später fand man im Fluß Virginias Leiche, unfern der Stelle, wo sie ihren Spazierstock liegengelassen hatte. Die Familie fürchtete, Vanessa würde Virginias Selbstmord nicht überstehen und wieder körperlich zusammenbrechen, aber die Sorge war unbegründet; sie malte und arbeitete im Garten und sorgte sich besonders um Leonard. Unter den vielen Kondolenzbriefen, die sie erhielt, war auch einer von Vita Sackville-West:

Sie sollen wissen, daß ich (auf Ihren Wunsch) ihr gesagt habe, was Sie mir über den Trost geschrieben haben, den sie Ihnen bei Julians Tod war, und ich habe sie nie froher gesehen, und auch überrascht. Ich weiß, daß Ihre Botschaft sie außerordentlich gefreut hat.[35]

Virginias Tod entfernte Vanessa weiter von ihrer Vergangenheit. In den folgenden Monaten wurde das Leben in Charleston von einer gewissen Starrheit ergriffen. Vanessa und Duncan versuchten selten, den Beweggründen ihres Handelns auf den Grund zu gehen, und hätten jede Form von öffentlicher Selbstanalyse als schlechtes Benehmen abgetan. Vanessa erklärte Angelica einmal, sie halte Psychoanalyse für etwas, das jeder für sich erledige; sie bezweifelte, daß ihr Bruder Adrian, inzwischen ein führender Psychoanalytiker, jemals einen Menschen geheilt hätte – von ihrer Schwägerin Karin, die auch Analytikerin war, ganz zu schweigen. Obwohl die Hogarth Press James Stracheys Freud-Übersetzungen veröffentlicht hatte, ist es unwahrscheinlich, daß sie diese je las. Allerdings muß sie *Die Traumdeutung* besessen haben, denn als jemand es sich bei ihr ausleihen wollte, erklärte sie, die Haushälterin Grace läse gerade darin. Vanessa glaubte an die Vernunft; Theorien über die Bedeutung des Unbewußten waren nicht ihre Sache. Sie wußte wenig darüber – und wollte es so. In jenen Jahren, in denen sie – entgegen ihrer Tendenz, sich mit der Vergangenheit zu beschäftigen – wieder ins Leben finden mußte, wirkte sie unnahbar, schwieg viel. Nur so war der Schmerz erträglich. John Lehmann, der damals einmal mit Leonard Woolf nach Charleston kam, berichtete: »Vanessa und Clive und Duncan Grant und Quentin, alle waren da. Es war eigenartig, sie so zusammen zu treffen: Es steigerte den Eindruck, den ich das gesamte Wochenende hatte, nämlich daß ich Geister besuchte, in einen Traum geraten war, besonders weil Vanessa sehr schweigsam war, allzu offensichtlich noch unter Julians und auch Virginias Tod litt. Sie kann damals erst Anfang sechzig gewesen sein, aber sie wirkte viel älter.« [36]

1940 nahmen Vanessa und Duncan den Auftrag an, die Kirche im benachbarten Dorf Berwick auszumalen – weniger aus Frömmigkeit als aus Liebe zur italienischen Kunst. Beide waren 1939 der *Society of Mural Painters* beigetreten, und in deren Ausstellung in der Tate Gallery waren Photos ihrer dekorativen Arbeiten zu sehen gewesen. Es wurde ein langes Hin und Her, bis die Gemeinde dem Entwurf zustimmte und die Finanzierung gesichert war. »Im Haus herrscht Chaos«, schrieb Vanessa, »und alle schwelgen im Christentum.« [37]

Man beschloß, die Motive nicht direkt auf die Kirchenwände zu malen, sondern auf Gipskartonplatten. In einer Scheune, die Maynard Keynes ihnen während der Sommermonate überließ, stellten sie riesige Staffeleien auf und machten sich ans Werk. Nachbarn wurden überredet, Modell zu sitzen. Für *Christi Geburt* und *Verkündigung*, die den Mittelgang flankieren sollten, engagierte Vanessa als Modell den kleinen Sohn der Haushälterin Grace und für einen der Schäfer einen Landarbeiter. Sie lieh Lämmer aus, besorgte sich Bildmaterial aus Illustrierten. Angelica stand für die Jungfrau Maria Modell; Angelicas Freundin posierte ein wenig verrenkt kniend als fliegender Engel für Duncans *Christus im Glorienschein*. Duncan porträtierte auch einen Soldaten, einen Seemann und einen Flieger aus der Gegend, sowie den Bischof und andere Geistliche.

Im November 1942 wurden die drei Paneele an ihrem Platz angebracht. Zusätzlich malte Duncan eine Kreuzigungsszene für die Stirnwand des Kirchenschiffs, dazu *Vier Jahreszeiten* für die Außenseiten des Altars. Quentin durfte die Altarrückseite schmücken, und zu einem späteren Zeitpunkt schuf er eine Reihe zusätzlicher Dekorationen. Duncans Mutter stickte das Altartuch, die Töpferin Phyllis Keyes stellte Kreuz und Kerzenständer her. Vanessa malte drei Erzengel für die Kanzel, die 1962 von Unbekannten zerstört wurde; Duncan ersetzte sie später durch Obst- und Blumenmotive. Farbige Friese und ein Trompe-l'œil-Fenster ergänzten den Gesamteindruck.

Heutzutage sind die Kirchenbesucher meist genauso überrascht wie damals der Initiator des Projekts, Sir Charles Reilly: »Man hat das Gefühl, als käme man aus dem nebligen England nach Italien.«[38]

Im Frühjahr 1942 beschlossen Angelica und Bunny zu heiraten. Sie informierten Duncan und Vanessa von ihrem Vorhaben, verheimlichten aber den Zeitpunkt und luden sie auch nicht ein. Nach der Hochzeit kam Angelica gelegentlich übers Wochenende nach Charleston zu Besuch, immer allein. Vanessa war letztlich weniger entsetzt über diese Verbindung als manche Verwandten und Freunde, die den Altersunterschied von sechsundzwanzig Jahren bedenklich fanden.

In diesen Kriegsjahren gab es in der Gegend um Lewes kaum noch Ablenkung und Unterhaltung, weshalb zwei ältere Damen der besseren Gesellschaft beschlossen, ihr Haus zu einem kulturellen Mittelpunkt zu machen – was von Clive, Duncan und Vanessa nach Kräften unterstützt wurde. In »Miller's Gallery«, so wurde das Unterfangen genannt, waren nicht nur Skulpturen von Rodin, Maillol, Degas und Henry Moore zu besichtigen. Im November 1942 hielt Clive Bell einen Vortrag über Renoir, und selbst E. M. Forster kam zu einem Vortrag nach Lewes. Auch Barbara Bagenal, eine Freundin der verstorbenen Carrington und in Charleston keine Unbekannte, besuchte – per Fahrrad und Eisenbahn – die Veranstaltungen.

Vanessa war am glücklichsten, wenn die ganze Familie zusammen war. Sie war froh, als Quentin im Frühjahr 1943 von seiner Arbeit im Kriegsministerium auf Anraten des Arztes wieder nach Charleston kam. Auch Angelicas Mitteilung, sie sei schwanger, freute sie, und sie fing sofort an, Babysachen zu nähen. Im April 1943 kam Angelica mit Bunny nach Charleston zu einem Versöhnungsbesuch. Duncan war ein wenig steif; Clive um so überschwenglicher; Bunny glücklich, daß er wieder dazugehörte. Vanessa vereinte, ruhig wie immer, intuitiv die unterschiedlichen Gefühle und Persönlichkeiten unter einem Dach.

Angelicas erste Tochter Amaryllis Virginia wurde geboren, und Weihnachten gab es in Charleston wieder ein Familientreffen, diesmal mit Baby. Den ersten Feiertag verbrachte man zusammen mit Leonard bei Maynard und Lydia Keynes in Tilton.

Im letzten Kriegsjahr kampierte das Militär auf den Feldern um Charleston und baute einen Suchstrahler auf, dessen Generator nachts laut ratterte. Die Bewohner von Charleston mußten auf dem Fuhrweg jedesmal ihren Ausweis zeigen. Die Soldaten entpuppten sich als ausgesprochen gute Nachbarn, und als sie abzogen, feierte man zum Abschied mit Gesang, Bier und Darts in der Scheune gegenüber.

Im Juni 1944 landeten die ersten V2-Geschosse in England und versetzten die Bevölkerung in Angst und Schrecken. Maynard riet seinen Freunden, Charleston nur noch in dringenden Fällen zu verlassen. Duncan brachte Verwandte in Tilton unter. Im August entdeckte Vanessa einen Knoten in der Brust und ging nach Hove in die Klinik, um ihn entfernen zu lassen. Zuerst zog sie nur Quentin ins Vertrauen. Als sie im September operiert wurde, mußte sich Quentin zur gleichen Zeit den Blinddarm herausnehmen lassen. Kurz zuvor wurde Bunny wegen eines eingeklemmten Ischiasnervs operiert. In jenem Herbst glich Charleston einem Sanatorium.

Barbara Bagenal kam zur Hilfe, hütete das Baby Amaryllis, ging Vanessa auf die Nerven, und freundete sich zunehmend mit Clive an. Bis zu seinem Tod wurde sie seine Begleiterin – von Vanessa durchaus befürwortet.

Erst als der Krieg zu Ende ging, wurde deutlich, wieviel man selbst an diesem kleinen Ort Charleston in Sussex geschafft hatte. Vanessa stellte fest, daß sie – bis auf ihren Klinikaufenthalt – in sechs Jahren nie länger als zwei Tage fort gewesen war. Das Leben war unwiderruflich anders geworden. Was Vanessa schon Virginia erklärt hatte, galt immer noch: Sie konnte heiter, aber nie wieder glücklich sein. Manchmal schien es, als schliche das Unglück wie ein Gespenst durch die niedrigen Räume und geistere durch den Garten; ein andermal, als stünde die Zeit still.

Während das Leben statisch geworden war, offenbarten Leid und Schweigsamkeit noch deutlicher Vanessas Integrität, wie der Direktor der National Gallery, Lord Clark, sich erinnerte:

Sie war überhaupt nicht dogmatisch, aber sie lockerte nie ihre Normen, und mit ruhiger, zögernder Stimme legte sie falsche Werte und zweifelhafte Motive bloß. Ich schätzte sie sehr, und wenn man etwas Fragwürdiges von mir verlangte, ging mir manchmal durch den Kopf: »Was würde Vanessa dazu sagen?« [39]

Nach Charleston

Anne Olivier Bell

Bloomsbury lebt! Dafür haben die nachfolgenden Generationen gesorgt. Allen voran – konsequent, kompetent und charismatisch – Anne Olivier Bell, seit 1952 Quentins Frau. Ohne sie hätte der Künstler und Kunsthistoriker Quentin die zweibändige Biographie seiner Tante Virginia vielleicht niemals geschrieben. Jedenfalls war es Olivier, die für jeden Tag im Leben Virginia Woolfs eine Karteikarte anlegte. »Das Faktengerüst, das ich zusammenstellte, sollte Quentin auf dem Boden der Tatsachen halten – was manchmal zu harten Auseinandersetzungen führte. Aber auch das hat unsere Ehe überstanden, die Biographie wurde veröffentlicht, und es war kein Schaden, daß die Fakten korrekt waren. (Hinzuzufügen wäre noch, daß auch Interpunktion, Fußnoten, Chronologie und Bibliographie von mir stammten.)« Später gab Anne Olivier Bell dann Virginia Woolfs Tagebücher heraus – und bekam für ihr Lebenswerk mehrere Ehrendoktorwürden verliehen.

Nach Charleston

Anne Olivier Bell

Mit Charlestons speziellem Dekorationsstil kam ich zum ersten Mal in Berührung, als ich dreizehn war. Wir wohnten in einem hohen stuckverzierten Haus in Twickenham mit Blick über die Fährroute; Duncan Grants Mutter wohnte in einem braunen Backsteinhaus hinter hohen Gartenmauern in der Nähe des Bahnhofs. Meine Stiefmutter Rosalind spielte mit Mrs Grant (die ich nie zu Gesicht bekam) vierhändig Klavier und brachte außerdem Wolle, Stramin und Petit-Point-Stickmustervorlagen mit nach Hause. In den Schulferien wurden meine Schwestern und ich dann zum Handarbeiten genötigt, wobei mein Vater oder meine Stiefmutter uns vorlas. Die Vorlagen, die mir besonders in Erinnerung blieben, stammten von Vanessa Bell, und zwar – für Rohrstühle im Omega-Stil – ovale Medaillons für die Rückenlehnen, mit einer weißen Vase voll Blumen vor einem Fenster. Die üppige, leuchtende Farbskala – das verwaschene Gelb, Krapprot, der himmelblaue Himmel – beeindruckte mich tief. Die fertigen Stühle – sie stehen jetzt in Virginia Woolfs Eßzimmer in Monk's House – wurden in den Cooling Galleries an der Bond Street ausgestellt, und man fuhr mit uns zur Besichtigung hin. Ich war unendlich stolz auf meine Mitarbeit. Dort habe ich wohl auch Bilder von Duncan Grant gesehen, vielleicht waren es die ersten *modernen* Gemälde, die ich zu Gesicht bekam (bei uns zu Hause war man für die Alten Meister). Inspiriert von seiner Kunst, stellten meine älteste Stiefschwester und ich eine weiße Vase mit bunten Tulpen auf die Fensterbank, um ein Ölbild zu malen – eine aufregende Sache für ein Kind, das bis dahin lediglich den üblichen Winsor & Newton-Wasserfarbkasten besessen hatte. Es hatte so einfach ausgesehen, aber mein Versuch, wie Duncan Grant zu malen, scheiterte kläglich.

So weit also mein damaliger Kontakt mit diesen berühmten, legendären Künstlern. Dann, 1937, nach Beendigung meines Studiums am Courtauld Institute of Art (noch mehr Alte Meister), fuhr ich zum ersten Mal nach Paris und verbrachte dort einen eher einsamen Monat, in dem ich gewissenhaft Museen, Galerien, berühmte Bauwerke und Ausstellungen abtrottete. Kurz vor meiner Rückkehr nach England ging ich noch einmal zu den *Chefs d'Œuvre de l'Art Français*, und dort lief mir Igor Anrep, den ich von einer Gesellschaft kannte, mit seinen Malerfreunden William Coldstream und Graham Bell über den Weg. Sie übernahmen sofort das Kommando, was ich willig geschehen ließ, denn ich sehnte mich nach Gesellschaft, und die ihre war herrlich angenehm. Sie nahmen mich mit zu Igors Vater Boris Anrep, der ein Atelier am Boulevard Arago hatte. Er lud uns alle in ein russisches Restaurant ein, wo ihn die Kellner mit »Väterchen« anredeten. So kam ich auch zu Helen Anrep, die im Hôtel de Londres in der Rue Bonaparte wohnte. Als wir auf dem Weg zum Essen ihr Zimmer verließen, hielt sie uns auf der Treppe zurück; im Foyer stand eine Gruppe ziemlich schäbig gekleideter Leute, drei standen schützend um eine vierte Person, eine unendlich traurige, graue Dame. Das war Vanessa Bell. Ihr älterer Sohn, mir von seinen Artikeln im von mir regelmäßig gelesenen *New Statesman* ein Begriff, war kurz zuvor im Spanischen Bürgerkrieg ums Leben gekommen. Die übrigen der Gruppe waren Duncan, Angelica und Quentin. Ich betrachtete sie mit einer Mischung aus Neugier und Ehrfurcht, bis sie sich gemeinsam auf den Weg machten.

Danach lernte ich Helen und ihre Protégés näher kennen. Helen war eine große Verfechterin der Mal- und Zeichenschule, die in der Fitzroy Street eröffnet hatte, bald umzog und unter dem Namen Euston Road School bekannt wurde. Und obwohl ich inzwischen eine Halbtagsstelle am Courtauld Institute am Portman Square hatte, verschob sich das Zentrum meines sozialen Umfelds nach Osten und von den Kunsthistorikern zu den Künstlern. Duncan und Vanessa unterrichteten gelegentlich an der Schule – und ich glaube, Quentin und Angelica malten dort –, aber kennen lernte ich keinen von ihnen. Helen betonte stets, wie zurückhaltend ihre alte Freundin Vanessa sei – was aber offensichtlich nicht auf Duncan zutraf. Den sah man oft unschlüssig Rat's Alley (so nannten meine Freunde wegen der vielen Ratten die Charlotte Fitzroy Street) entlanggehen, stehenbleiben und mit irgendwem ein Schwätzchen halten. Dann traf ich alle im großen hinteren Atelier der Schule über der Spielhölle in der Euston Road wieder, als Walter Sickert am 6. Juli 1938 eine Vorlesung hielt. Sie hatten zusammen zu Mittag gegessen und waren ziemlich ausgelassen, besonders Clive Bell (den ich dort das erste Mal sah), der den alten Herrn einführte und, was in meinen Augen nicht für ihn sprach, sich hinter dessen Rücken über den ausufernden, verworrenen Vortrag lustig machte. Ich fand, Sickert gab eine noble Figur ab; er trug einen Cutaway, eine ingwerrote Harris-Tweed-Hose, ein kragenloses blaues französisches Arbeiterhemd und Filzpantoffeln, und er war keine Lachnummer.

Zu Beginn des Kriegs – des Stellungskriegs im Westen, als noch trügerische Ruhe herrschte (die Euston Road School war inzwischen geschlossen) und Duncan und Vanessa ganz nach Charleston zogen – überließen sie ihre Ateliers in der Fitzroy Street den Malern Victor Pasmore, Bill Coldstream und Graham Bell. Soviel ich weiß, wohnten sie zwar nicht dort, aber sie malten, aßen, unterhielten sich dort, und manchmal war ich auch dabei. Diese Ateliers hatten für mich etwas Magisches, Mysteriöses, Höhlenhaftes, grau von Staub und Dämmerlicht, wo es nach Farbe roch und Leinwand, mit schäbigen, durchgesessenen Sesseln, grober farbenfroher Keramik und Heizöfchen, Weinflaschen, verdorrten Blumen und Resten von buntgemusterten Stoffen. Aber die Maler wurden – wie ich – nach und nach von der Kriegsmaschinerie vereinnahmt (und Graham kam nicht wieder).

Als alles vorbei war und ich meine Kunstkontrollmission in Deutschland hinter mir hatte und eigentlich nur noch meine

Quentin und Olivier Bell, 1995

Verlagsarbeit machen wollte, bot man mir eine Stelle in der Kunstabteilung des Arts Council an. Die Vorbereitungen für das Festival of Britain 1950 waren in vollem Gange. Die Kunstabteilung plante, Malern, denen es während des Kriegs an den nötigsten Materialien gefehlt hatte, wieder große Formate zu ermöglichen; eine Auswahl von sechzig Künstlern bekam deshalb Leinwand und Farben gratis. Und als Helen Anrep ein Fest gab, stellte sie mich endlich Vanessa Bell vor. Ich war sehr aufgeregt – und hingerissen von ihrer unerwarteten Zugewandtheit, verzaubert von ihrer schönen Stimme, ihrem Lächeln. Ich konnte es kaum fassen, als sie mir sagte, Helen habe vorgeschlagen, ich solle übers Wochenende nach Charleston kommen und für sie Modell sitzen – sie müsse ein großes Bild für die Ausstellung des Arts Council malen, und es sei so schwierig, auf dem Land

Modelle zu finden; ob ich ihr den Gefallen täte? Was sollte ich dazu sagen?

Also fuhr ich im Juni 1950 nach Charleston – und damit fing in meinem Leben ein neues Kapitel an, das noch nicht zu Ende ist.

Nachdenken über Quentin Bell

Julian Bell

Julian Bell, Quentins und Oliviers Sohn – benannt nach Quentins im Spanischen Bürgerkrieg getötetem älteren Bruder – ist Maler und Kunsttheoretiker. In seinen hyperrealistischen Bildern gibt es keine Kringel und Kreise à la Charleston. Beachtenswert ist seine kunsttheoretische Abhandlung: *Was ist Malerei?* (1999), mit der er in die Fußstapfen seines Großvaters Clive Bell tritt, dessen Essay *Art* (1914) mindestens zwei Generationen Kunstliebhaber in England und Amerika zu ihrer Bibel machten. Julian Bell sagt von seinem eigenen Buch, daß es ihm als Maler, der wie ein Fisch die Lage und Beschaffenheit seines Teichs untersucht, Anlaß zur Erkundung der eigenen Umgebung gab. »Wie auch oft in meinen Bildern – ich male ein Panorama; und das ist dieses Buch gewissermaßen auch.«

Nachdenken über Quentin Bell

Julian Bell

Für die Surrealisten hatte mein Vater Quentin Bell nicht viel übrig. Als Student in Paris zu Beginn der dreißiger Jahre hatte er sie flüchtig als Avantgarde erlebt: Er fand sie anmaßend und hysterisch, Künstler, die eine Zeichenkunst vertraten, die geradezu kitschig (Dalí) oder schlicht unbedeutend war (Masson), und das mit einem radikalen Anspruch, der jeglicher realistischen politischen Grundlage entbehrte. Die Werte, für die Quentin eintrat – Integrität und ehrliches Handwerk, Achtung vor der Natur und vor den größeren Problemen, zu deren Lösung die Politik da war –, gewannen ihre Konturen aus dieser entschiedenen Abneigung. Dennoch schrieb er Dalí einen Ausspruch zu, den auch er unterschrieben hätte: »Das einzige, worüber man sich als Künstler nie sorgen sollte, ist, ob man modern ist. Es ist das einzige, was man unvermeidlich ist.«

An dieses Zitat mußte ich angesichts der Retrospektive seines Werks denken. In welcher Hinsicht waren Quentins bunte Terracotta-Damen, sein bemaltes Geschirr und seine illustrierten Texte »modern«? Oder in welcher Hinsicht waren sie sogar »typisch für ihre Zeit"? (Was nicht immer dasselbe ist – siehe Dalís Bemerkung.) Die Frage ist nicht unwichtig, denn eine Retrospektive teilt dem Künstler seinen Platz in der Geschichte zu; sie erklärt: Diese Dinge hat diese Person geschaffen, und diese Tatsache sollte man als Teil des Gefüges jener Zeit anerkennen. Bei Quentin allerdings ist der Schritt vom privaten Kontext seiner Geschäftsbeziehungen und der Wertschätzung seitens der Händler und Kunden, die seine Freunde waren, zum öffentlichen Bezugsrahmen der Kunstgeschichte des zwanzigsten Jahrhunderts nicht so einfach nachzuvollziehen. Von den späten dreißiger Jahren, als er in Charleston seinen Brennofen installierte, bis zu den höchst produktiven siebziger und achtziger Jahren seines Ruhestands schuf Quentin ein umfangreiches Werk. Bleibt dessen Charakter bei näherer Betrachtung tatsächlich so trotzig exzentrisch, wie es auf den ersten Blick scheint?

Meine eigenen, eher beiläufigen Bemerkungen dazu – und tatsächlich ist das Werk meines Vaters zu sehr mit meinem eigenen Leben verwoben, als daß ich es angemessen definieren könnte oder wollte – beziehen sich auf zweierlei. Zuerst, vielleicht eine Platitüde: Quentins Werk zeichnet sich nicht durch den Modernismus der meisten seiner Zeitgenossen aus, es ist kein Angriff auf die Sicht der Dinge, keine Neuformulierung der Form, kein Postulat einer kritischen Haltung, denn es ist definitiv und buchstäblich post-modern.

Das heißt, sein Ausgangspunkt war, daß Innovation nur *ein* Faktor in der Kunst ist, und zwar ein Faktor, der in seinen Augen allgemein verspielt hatte. Die Moderne war ein Spiel der Elterngeneration. Statt dessen – das war Quentins Lesart der Lage, als er in den dreißiger Jahren den Schritt von der Malerei in Paris zur Töpferei in Stoke-on-Trent machte, eine Lesart, die fünfzig Jahre später ihren vielfachen Widerhall bei den Künstlern der sogenannten »Postmoderne« fand – tat man besser daran, die gesamte kulturelle Vergangenheit als Schatz zu erforschen und durch Wiederholung, Variation und Weiterentwicklung sich anzueignen. Das bezeugen zum Beispiel seine mittelalterlich anmutenden Interpretationen der Schöpfungsgeschichte.

Das zeigt vor allem auch seine Guckkasten-Galerie *Past and Present*, in der die in seiner Vorstellungswelt bedeutenden Viktorianer einem Jugendlichen, wie er ihn aus seinem Universitätsalltag kannte – mit Jeans und Afro-Look –, gegenüberstehen. Beide sind gefangen im gegenseitigen Unverständnis: Jeder starrt am anderen vorbei auf unterschiedliche Ansichten desselben Museumsraums; die einen haben nur die röhrenden Hirsche eines Malers wie Landseer oder Whistlers schöne Damen im Visier; die anderen nur Collagen von Schwitters und Cartoons von

Quentin Bell und eine seiner »Levitationen«, 1983

Lichtenstein. Die Außenwände zieren allegorische Darstellungen von Malerei und Skulptur – wie im neunzehnten Jahrhundert –, verwandelt in banale Abstraktionen (*Archetypical Praxis Nr. 14* und dergleichen), typisch für die Hochkultur in Quentins Tagen. Der Schöpfer dieses Puppenhaus-Szenariums hat offensichtlich beiden Epochen den Rücken gekehrt und betrachtet nun mit schrägem Humor die beharrliche Existenz der Kunst und ihrer Institutionen.

»Schräger Humor« umschreibt auch, was ich außerdem empfinde angesichts dieses künstlerischen Œuvres. Zwar scherte Quentin sich in seiner Kunst wenig um Erneuerung, dennoch war er zweifellos originell; und diese Einzigartigkeit rührte daher, daß er sich die Dinge immer wieder durch den Kopf gehen ließ, sie in eine andere Richtung lenkte, verdrehte, sie in eine komische Schräglage versetzte. Er modellierte aufmerksam – aber er spielte auch leidenschaftlich gern mit der Natur –, er bemalte die Figur farbenprächtig, verdoppelte und vervielfältigte sie durch Spiegel, änderte ihr Geschlecht ins Gegenteil, stellte die Gesetze der Schwerkraft auf den Kopf (bei den »Levitationen«); manchmal verkehrte er das Prinzip Kleidung und Körper und ließ die entkörperte Kleidung für sich stehen.

Er schuf seine Bilderwelt aus rhetorischen Denkfiguren – Appositionen und Paradoxen –, und immer hatten sie ihren rhetorischen Reiz. Die sinnlichen, heiteren Spuren seiner großen Hände waren immer unübersehbar, sein genüßlicher Umgang mit Ton, Farbpigmenten und allen möglichen Modellierwerkzeugen (einschließlich unserer sämtlichen Küchenutensilien). Und ich – ich sehe ihn schon die Stirn runzeln – bin nun versucht, das Wort »Surrealist« ins Spiel zu bringen. Und zwar nicht in seiner engen Bedeutung, bezogen auf das künstlerische Diktat des Jahres 1929, sondern auf einen Schaffensprozeß, durch den Sehnsüchte und Ängste und ähnliche psychische Stoffe physische Gestalt annehmen – ein Ritual, das die Grenzen des Debattierclubs eines André Breton bei weitem sprengt und sich durch die Kunst des gesamten zwanzigsten Jahrhunderts zieht. Man braucht sich nur Quentins spätere Figurengruppen anzusehen – den alten Mann, der eine bandagierte Frau über einem Sofa schweben läßt, auf dem ihr Gefährte ruht, oder *Fallender Schrank*, wo das Möbelstück über einen wie angewurzelt dastehenden Mann hereinbricht und dabei das ganze Gewicht einer für den Mann unsichtbaren, eingeschachtelten Frau mit sich bringt –, man ist gefangen in beängstigenden kleinen Psychodramen über Körperlosigkeit und die Wucht der Erfahrung und unseren Traum, dem Ganzen entfliehen zu können, dargestellt mit handfestem Gespür für Masse und Raum. Sicher sind Quentin Bells Skulpturen insgesamt heiter und menschenfreundlich. Doch mit diesen verstörenden, vorzüglich gestalteten Figurinen hat er sich einen Platz in jeder Leistungsschau der englischen Kunst des zwanzigsten Jahrhunderts gesichert.

Das Paradies auf Erden

Angelica Garnett

Als Duncan Grant 1978 starb, wurde seine und Vanessas Tochter Angelica sechzig Jahre alt; deren vier Töchter Amaryllis, Henrietta, Fanny und Nerissa waren erwachsen. Und das Bauernhaus Charleston in East-Sussex hatte eine lange Geschichte hinter sich.

Entdeckt hatte es Virginia Woolf, die am 24. September 1916 ihrer Schwester schrieb: »Der einzige Nachteil scheint, daß es im Bad kaltes und kein warmes Wasser gibt; kein sehr nettes W. C. und die Sickergrube auf dem Tennisplatz. Aber Du kannst sagen, was Du willst, ich finde, das Land dort ist zum Leben superb.« Duncan Grant erinnerte sich in seiner Autobiographie *The Flowers in the Forest* daran, daß ihm Charleston zuerst auffiel, als er den Leuchtturm in Firle bestiegen hatte – die Ulmen, die Scheunen und Pferche, die Spitze eines Ziegeldachs: »Wieder unten sahen wir, wie gemächlich das bäuerliche Leben vonstatten ging. Alte Fuhrwerke standen unter dem holzverschalten Kornspeicher, ein verlassener Schweinestall, ein Auslauf für die Ochsen, und gegenüber dem Karrenweg ein schönes großes Bauernhaus mit einem ungepflegten Rasen davor und üppigem Pampasgras am Tor. Was Vanessa als See beschrieben hatte, entpuppte sich als Teich, über den eine große Weide ihre Zweige hängte. An der Nordseite des Hauses befand sich ein Garten mit uralten Birnen, und vor der aus Feuerstein errichteten Mauer wuchs ein Reineclaudenspalier.« Ihm war bei der ersten Besichtigung klar, »daß dies für uns alle der ideale Ort wäre: Die Kinder würden es paradiesisch finden und in einem alten Kahn über den Teich gondeln und ins Wasser fallen.«

Das Paradies auf Erden

Angelica Garnett

Die meisten Menschen blicken gern auf ihre Kindheit als eine Zeit geschützten Glücks zurück, selbst wenn Alter und Weisheit inzwischen dieses Bild komplexer und auch fragwürdiger erscheinen lassen. Unter Vanessas Ägide besaß Charleston eine Vitalität, die naturgemäß verschwunden ist und nun unwiderruflich der Vergangenheit angehört. Was übrigblieb, ist selbst für mich – oder vielleicht besonders für mich – gespenstisch, eine brüchige Erinnerung an das Leben, das sich zu einer Zeit in diesem Haus abspielte, als auch ich lebendiger war.

Selbst wenn nichts diese Vitalität zurückbringen kann, so wie sich niemand in die Vergangenheit zurückversetzen kann, ist immerhin eine Kontaktaufnahme möglich – ein behutsamer Blick in die Kugel der Wahrsagerin, nicht um die Zukunft, sondern die Vergangenheit zu erforschen. Der Blick in den gläsernen Ball zeigt eine Welt, die sich selbst genügte oder dies zumindest anstrebte; ein irdisches Paradies, tröstlich und vielversprechend, das unsere Kindheit ausmachte, etwas, was uns allen gemeinsam ist. Das ist wohl der besondere Reiz, denn wir alle erkennen darin unsere verlorene Jugend. Daß wir Charleston erhalten, ist ein Akt der Hoffnung, den jeder nachvollziehen kann und der die Vergangenheit mit der Gegenwart verknüpft.

Ursprünglich plante Vanessa das zunächst wenig komfortable Haus Charleston als eine spirituelle Rückzugsmöglichkeit vor den rauheren Seiten des Alltags. Um das zu begreifen, müssen wir uns die Zeit um 1916 vergegenwärtigen; den Bewohnern drohte die Einberufung in einen Krieg, an den sie nicht glaubten. Die alte Ordnung war verschwunden, die neue ließ sich nur erahnen. Aber auch Jahre später, als die Zukunft erkennbar wurde, bot Charleston weiterhin Trost und Schutz: Zuflucht für

Lebenslust und schöpferische Tätigkeit. Charleston muß immer ein besonderer Ort gewesen sein. Egal wie reif, wie erfahren wir sind – oder wieviel wir vom Apfel gegessen haben –, der Zauber bleibt unvergessen, und die Möglichkeit, dieses Paradies noch einmal zu durchwandern, auch wenn seine Vögel ausgeflogen sind, hat stark belebende Wirkung.

Die Inspiration in diesem Paradies war Vanessa, die sofort die Ausstrahlung des Hauses als Spiegel ihres Wesens empfand. Sie war nicht nur eine geborene Innenarchitektin, sondern besaß die seltene Gabe, über Nebensächliches hinwegzusehen und materielle Mängel durch ästhetischen Reichtum auszugleichen. Ihrer Klarsicht, ihrer genialen Fähigkeit, zum Kern der Sache vorzudringen, ist es zu verdanken, daß Charleston ein bewußtes Provisorium blieb. Nur die Improvisation ermöglichte ständige Erneuerung; Perfektion, die nur Eindruck machen will, kann auch nur sich selbst wiederholen.

Aber kein Paradies ohne kleine Teufel. In den Jahren nach 1916 begriff selbst ich in meinem konventionellen Kinderzimmer, daß Julian und Quentin sich ganz anders benahmen als ich. Lachend wurde erzählt, daß sie unter dem Eßzimmertisch das Luftgewehr abgefeuert und Roger Fry zu Tode erschreckt hatten; daß sie eine Schnur über die Straße gespannt und den Briefträger fast vom Fahrrad gerissen hatten; und daß sie kurzerhand die Gouvernante in den Graben geschubst hatten. Nicht alles spielte sich in Charleston ab, und manches war womöglich erfunden; trotzdem verkörperten sie die Rebellion und, jedenfalls für mich, die erfreuliche Aussicht auf einen Sündenfall ohne die üblichen Konsequenzen.

Gott griff erst ein, als wieder Frieden herrschte. Bunny und Duncan setzten sich ins Sündenbabel London ab, und ich wurde Anfang 1919 krank. Ein Schatten fiel auf Vanessas Welt. So bald wie möglich flüchtete auch sie zurück in die Stadt, gewiß, daß sie eine der schlimmsten Phasen ihres Lebens hinter sich ließ. Doch fünf Jahre später nannte sie in einem Brief an ihre alte Freundin

Margery Snowden die Erlebnisse von damals unbedeutend. Das Paradies wurde wieder eröffnet; diesmal mit besseren Chancen, weil die Jungen zur Schule gingen, wo Revolte nicht auf dem Stundenplan stand. Außerdem bot Charleston dem ihr zugetanen, wenn auch schwer faßbaren Duncan und dessen Freunden einen willkommenen Hafen. Und schließlich handelte sie aus ihrem tiefsten Innern heraus, denn sie hatte etwas Kindliches, den festen Glauben, daß all jene, die sie liebte, ihre Liebe zwangsläufig erwidern würden. Und wenn sie Charleston zum Paradies auf Erden machte, fände keiner von uns je einen besseren Ort.

Damals war ich natürlich zu jung, um irgendwo allein hinzugehen, und in diesem Paradies war ich in meinem Element, wie ein Vogel in der Luft oder ein Fisch im Wasser. Engelchen, das ich war, konnte ich den Teufeln den Garaus machen und die Nachkriegsatmosphäre in Charleston mit festigen. Dabei darf man nicht vergessen, daß es sich um ein Paradies auf Zeit handelte; als Dauerzustand hätte es keine Überlebenschance gehabt. Der Druck auf Vanessa als dessen Inspiration und Stütze wäre zu groß gewesen. Sie brauchte London, die Anregungen, Kontakte und Ideen, und das Gefühl, nicht für alles zuständig zu sein. Vielleicht bedeutete London deshalb für mich die Hölle, weil sie dort nicht immer für mich da war. Die Zeiten in Charleston dagegen waren licht und bunt; nicht nur wegen der Pflanzen und Tiere, sondern wegen der Farben, mit denen ich spielen konnte.

Ich kam als einziges von Vanessas Kindern in Charleston zur Welt, aber weil ich danach gleich nach London gebracht wurde, reichen meine Erinnerungen an das Haus nur zurück bis bald nach meinem dritten Geburtstag, den ich in Saint Tropez in Südfrankreich verbrachte. Etwa um diese Zeit hatte ich einen Traum, in dem sowohl der dortige Strand als auch der von Vanessa bemalte Schrank mit dem gelben Kreismuster in Charleston vorkamen. Man sagt, Schränke seien Traumsymbole für die Mutter, und Vanessas Muster war Sinnbild für die Weite und Ruhe ihres Wesens. In diesem Schrank verwahrte sie später ihre Stoffe, die sich über die Jahre gesammelt hatten, und ich durchforstete ihn, wenn ich mich verkleiden wollte. Dort stapelten sich Stoffe aus den Tagen der Omega-Werkstätten, eine handbemalte Seidenjacke mit pfauenblauem Satinrand, die Duncan für die Inszenierung von *Pelléas und Mélisande* entworfen hatte, ein safrangelber Rock aus China, ein karmesinroter Brokat vom römischen Stoffmarkt und eine beträchtliche Sammlung provenzalischer handbedruckter Woll- und Baumwollstoffe. All das waren unentbehrliche, sinnliche Elemente in Vanessas Leben.

Ich nahm deshalb, als ich sehen und schauen lernte, meine Eltern nicht nur wahr, wie alle Kinder es taten, sondern war umgeben von Farben, Formen und Strukturen, die meine erste Sprache ausmachten und klar und deutlich von den beiden wichtigsten Menschen in meinem Leben erzählten. Indisch Rot, Schwarz, Preußisch Blau, Zitronengelb und Umbra sangen ihr eigenes Lied von Wand zu Wand, gaben dem Weiß und Grau dazwischen seine besondere Note. Jede Farbe oder Farbkombination stand für eine andere Struktur oder Stimmung. Die lichtdurchlässigen, verblichenen rosa-gelben Karos der Baumwollvorhänge in Duncans Zimmer, wo ich damals schlief, gaben mir allmorgendlich das Gefühl von Sonnenschein. Die dicke, kreidige Wandfarbe verführte mich zum Hingreifen, Abkratzen, und oft kam unter den kleinen Löchern eine neue Farbe, ein neues Muster zutage; Vanessas mit rauher Wolle bestickter Vorhang dagegen, mit der gedrungenen, sich waschenden Frau, begeisterte und verblüffte mich.

Vanessa mochte englische Chintzstoffe, die damals noch erschwinglich waren. Sonst kaufte sie nur billige ausländische Baumwolldrucke oder alte Seiden- oder Samtreste in abgelegenen Gassen oder Trödelläden, die ihr, egal wie verblichen oder verschlissen, als Inspiration dienten. Sie mochte ihren weichen Fall oder die scharfen Falten und die Vielfalt der Muster, manchmal barock, manchmal geometrisch. Damals gab es weder Nylon noch Synthetik, abgesehen von Rayon oder Kunstseide. Gelegentlich ließen sich Vanessa oder auch Duncan von solch glänzendem, kitschigem Zeug verführen und kombinierten es mit feiner Seide oder edlem Leinen, wobei sich ihr ganz persönliches Fingerspitzengefühl zeigte.

Es gab Zeiten, wo sie nicht das übliche Stilleben aufbauten, sondern im Sessel saßen und mit Wasserfarben Stoffmuster entwarfen – meist Auftragsarbeiten für die Textilfabrik Allan Walton. In einem späteren Stadium kniete Vanessa dann auf dem Fußboden und vermaß mit dem Lineal die endgültigen Dimensionen des Musters. Der Musterrapport, besonders wenn es sich um ein versetztes Muster handelte, bereitete ihr jedesmal aufs neue Kopfzerbrechen, und sie stöhnte entsprechend. Die Schwierigkeit lag darin, das Muster so variabel anzulegen, daß die Wiederholung nicht gleich ins Auge fiel. Duncan, der zur Lösung dieser technischen Probleme unfähig war, oder sich zumindest dumm stellte, überließ Vanessa diesen Arbeitsschritt auch bei den Mustern, die er entworfen hatte; sie hatte den wenig beneidenswerten Ruf, daß bei ihr das Muster immer aufging.

Drei dieser von ihnen entworfenen Stoffe kamen später wieder nach Charleston. Aus Vanessas Entwurf *Urn* wurden Gardinen für Duncans Schlafzimmer genäht. Der Vorhang neben dem Kamin im Eßzimmer besteht aus einem Probestück von Duncans Muster *Clouds* und dem Teil eines provenzalischen Quilts aus dem neunzehnten Jahrhundert. Vanessa wollte damit den kalten Luftzug der Hintertür dämmen. Das dritte Beispiel sind die gelben Vorhänge mit dem *Grapes*-Muster, die eigentlich für eine Ausstellung angefertigt wurden und später genau an das Ostfenster des Gartenzimmers paßten. Einige der Stühle aus Clives Londoner Wohnung wurden später in Charleston mit Allan-Walton-Resten bezogen. Ansonsten tauchten im Haus kaum kommerzielle Stoffentwürfe Duncans und Vanessas auf. Vielleicht waren sie zu raumgreifend für die niedrigen Zimmer, aber in London, in der Fitzroy Street, gab es sie meines Wissens auch nicht: Womöglich fand Vanessa ihre selbstentworfenen Stoffe, sparsam wie sie war, zu teuer.

Bedruckte Stoffe waren nicht der einzige Schmuck in Charleston. Abgesehen von allen möglichen Mitbringseln aus der Türkei, Griechenland, Frankreich und Italien gab es Stickereien – ebenfalls von Duncan und Vanessa entworfen und von Duncans Mutter Ethel ausgeführt. Ich weiß noch gut, wie sie auf der Terrasse oder im Atelier warm eingewickelt in einem Liegestuhl saß, zu ihren Füßen ein Handarbeitskorb voll unendlich vieler verschiedenfarbiger Wollgarne. Das langsame, rhythmische Sticken, abhängig von der Länge des Fadens, spiegelte ihre gravitätische Art, selbst wenn sie sich mit Duncan über Tanten, Vettern und Cousinen oder über ihre alltägliche Routine unterhielt, die ihr durchs Leben half. Von solch einer altmodischen schottischen Dame hätte man eher rosa Rosen auf blauem Grund erwartet, doch keine Spur davon: Sie stickte ohne weiteres selbst die Genitalien des Arion rittlings auf dem Delphin – schon weil es ein Entwurf ihres Sohnes war. So entstanden viele wunderschöne Werke, manche einigermaßen realistisch, andere abstrakt. Stundenlang wählte Ethel mit Vanessa und Duncan Farben aus, und wenn es sein mußte, trennte sie ihre makellose Stickerei ohne Zögern wieder auf, um eine Kontur oder die Farbe zu ändern.

Vanessas eigene Arbeiten waren kühner, spontaner, aber das meiste ist, bis auf einen Wandbehang, der die Heizung im Gartenzimmer verdecken sollte, leider verschwunden. Ich weiß noch, wie sie einmal, als ich älter war, angesteckt von meiner damaligen Patchworkbegeisterung, einen alten weißen Baumwollbettüberwurf nahm, Formen aus Wolle darauf applizierte, die sie mit zarter bunter Seidenstickerei ergänzte, und das ursprünglich unspektakuläre Stück in etwas Einmaliges verwandelte, das allerdings weder vor den Augen eines Innenarchitekten noch einer handarbeitenden Hausfrau oder einer Stickerin Gnade gefunden hätte.

Für mich als Kind war Charleston voller anregender Gerüche, Blickfänge und Klänge. Der Duft von gelagerten Äpfeln, Kernseife und Strohmatten, der mich im Flur empfing, stieg in meinen Kopf und verscheuchte die Erinnerung an das rußige London. Ich mochte die kreidige Staubschicht, die Fliegen, Spinnen und Weberknechte, die in den unbenutzten Schlafzimmern zum Empfang wie verrückt kreiselten und summten. Zu Beginn der Ferien brauchte das Haus eine kurze Nacht, um aus seiner Erstarrung zu erwachen: Am nächsten Morgen hatten die Dienstmädchen mit den unvergeßlichen Namen – Grace, Louie, Lottie, Nelly – es von oben bis unten in Schuß gebracht; ohne sie wäre Vanessas Schöpfung nicht möglich gewesen. Mochten diese Dienstmädchen auch ungeschickt und nachlässig sein, so gaben sie einem doch das Gefühl von Kontinuität, und ihr warmer, deftiger Humor entschädigte für die meisten Unzulänglichkeiten.

Am Morgen nach unserer Ankunft gab es Butterbrot und Milch, und dann ging ich in den Garten, der auf seine Inbesitznahme wartete, die sich zwar weniger offensichtlich vollzog – die aber, wie ich wußte, ebenso wichtig war. Hier gab es keine Gitter wie am Gordon Square: Natürlich gab es Grenzen, aber von der Gartenmauer abgesehen waren sie niedrig und provisorisch. Durch sie fühlte ich mich nicht eingesperrt. Als ich jünger war, habe ich diese Grenzen selten überschritten, weil meine Bedürfnisse nicht über sie hinausgingen.

Duncan und Vanessa an ihren Staffeleien hatten eine so eindringliche Wirkung auf mich, daß ich ohne ihre Erlaubnis oder ohne ihr Wissen nie die Schule schwänzte. Als geselliges Mädchen von neun oder zehn ging ich oft zu Fuß nach Firle und kaufte mir im Dorfladen eine bunte Zuckerstange oder eine Tüte voll klebriger Karamellen. Mit meiner Freundin lief ich auf dem alten Fahrweg zurück, manchmal vorbei am Pavillon *Gage's Folly*, der auf seinem hügeligen Platz einer Märchenbuchillustration glich. Dann wanderten wir durch kühle, grüne, binsenbewachsene Mulden, in denen die Schafe weideten. Der Wald Compton Wood war verbotenes Terrain, angeblich wimmelte es dort von Menschenfallen. In meiner Phantasie hatte dieser Wald ungeahnte Ausmaße, und die Kadaver der Hermeline, Wiesel und Eichelhäher, die der Wildhüter aufhängte, zeugten warnend von seiner Grausamkeit. Doch im Frühling, wenn ich auf den Wegen zwischen riesigen Eichen und kleineren Schößlingen hindurchspähte, entdeckte ich im Schatten der Bäume ein Meer von blauen Hasenglöckchen. Woanders wuchsen Pilze oder Schlüsselblumen, Grund genug, um nach Tilton zu wandern oder über die Felder zu den Downs. In den Jahren, bevor man mir ganz und gar meine Freiheit ließ, umrundete ich manchmal den Bauernhof mit meinem Kindermädchen Louie, die einen Flirt mit einem Landarbeiter hatte, der das Feld pflügte. Dort erwartete mich ein Kalb, das mich mit seiner rauhen Zunge leckte, oder der riesige, schwere Bulle in seinem winzigen Pferch, der vornehm gelangweilt, wenn auch grollend, seine Hörner hin und her schwang. Vergnügen boten auch die Getreideschober, die Heuernte, Wagen und Pferde, mit langsamen, freundlichen Männern auf dem Kutschbock, die alle Zeit der Welt zu haben schienen.

So erfrischend ich diese Ausflüge fand, war ich doch immer froh, wieder zu meinem gewohnten Dasein zurückzukehren, zum Leben in Haus und Garten. Der Obstgarten mit der Eibe, in deren Ästen sich mein Baumhaus befand, mein Nest im Gras; der Teich mit den Fischen, der Kirschlorbeer, den ich vermutlich fast ruinierte, weil ich ihn am liebsten wie ein Eichhörnchen in ein weiteres Haus umfunktioniert hätte. Alles war unbestritten meine Welt, aus der ich die meiste Zeit auch nicht fortwollte. Der Kern dieser Welt, sozusagen die Quelle allen Lebens, war der ummauerte Garten. In seiner meist schattigen Nordlage wirkte er im Winter und Frühjahr manchmal kalt und wenig einladend; doch im warmen Sommer entwickelte er seine Eigenheit – in bescheidener, aber kunterbunter Blumenpracht, voller Bienen und

Wespen, die im Fallobst summten. Dort spielte ich meine ganz eigenen Spiele, die ich nicht einmal Virginia verriet, wenn sie zum Tee kam. Doch sein eigentlicher Zauber lag in dem Schutz, den er bot, sowohl vor dem Nordwind als auch vor neugierigen Blicken. Für Vanessa und Duncan war ich in Sicht- und Hörweite, fühlte mich unbefangen, aber geborgen. Der Garten war ein heiliger Ort, dessen Bedeutung nicht nur in seiner bescheidenen Schönheit lag, sondern auch in der anregenden und beruhigenden Nähe jener, die über dieses Reich herrschten.

Obwohl die Ferien lang waren und Charleston mir, als ich klein war, so unvergänglich vorkam, war der Ort eigentlich eine Zuflucht auf Zeit, fast ein Ferienlager, wo man sich frei von Zwängen entspannte. Doch Jahr für Jahr wurde das Abschiednehmen schwerer, und da das Haus bei Vanessa und Duncan offensichtlich ungeahnte Kräfte freisetzte, gab es jeden Sommer etwas Neues, angefangen von den Dekorationen in den Zimmern bis zu neuen Pflanzen oder Statuen für den Garten. Egal wer die Idee hatte, immer wurde sie von beiden Künstlern ausgiebig diskutiert – mit dem Ergebnis, daß es am Ende zwischen ihren beiden Persönlichkeiten keine wahrnehmbare Polarität mehr gab. Sie wirkten komplementär, und sie waren es auch. Dennoch entdecke ich in ihrer Art des Dekorierens unterschiedliche Grundhaltungen. Für Duncan bot eine Wand schlicht die Möglichkeit, eine Idee zu verwirklichen, die ihn zur Zeit beschäftigte. Vanessa dagegen vergaß nie das häusliche Umfeld, das sie inspirierte und für das die Gestaltungsideen bestimmt waren. Die liebevollen, anspruchslosen Werke beweisen, wie sehr Charleston ihr vertraut war.

Welche Farben für Charleston am charakteristischsten sind, ist schwer zu sagen, denn es gibt so viele Kombinationen, und die Wirkung ist in jedem Zimmer anders. Überraschend ist, daß die Farben – wie Frances Spalding in ihrer Biographie über Vanessa feststellt – so frisch wirken, obwohl sie nie weiß abgesetzt oder auf Weiß gemalt sind, sondern, wie man in Duncans Schlafzimmer sehen kann, auf kühles, kreidiges Grau gelegt sind. Duncan und Vanessa folgten damit großen Farbkünstlern wie Piero della Francesca, der eine gedämpfte Palette bevorzugte, um möglichst viele Farben benutzen zu können. Vielleicht ist das der Grund dafür, daß es sich mit diesen Farben trotz ihrer Vielfalt so leicht leben läßt. Manche sind zwar verblichen, dennoch ist der Effekt heiter, selten nüchtern. Man kann sich vorstellen, daß manche, als sie frisch waren, ziemlich knallig waren; sie wirken zwar nicht kühl, es sind aber kalte Farben. Selbst in der Bibliothek (früher Vanessas Schlafzimmer) hat der Kontrast zwischen Schwarz und Venezianischrot nichts Klaustrophobisches. Zum Teil liegt es an der Beschaffenheit der Pulverfarbe, die auf der Wandfläche zu schweben scheint. Auf den ersten Blick ist es eigenartig, daß Duncan für Vanessa, der die Silbertöne eines Velazquez oder Veronese besonders lagen, Rot wählte, als er ihr Schlafzimmer strich. Doch das Rot ist kräftig, nicht grell – eher wie das warme Holzrot eines Cellos, das angeblich den Klang reicher macht. Die dunkle Bibliothek mit den Tierbildern über und unter dem Fenster hat etwas von einem Tempel, vielleicht eine Assoziation, denn manchmal glich Vanessa wirklich einer griechischen Göttin. Interessant ist, daß Duncan diesen Raum wahrscheinlich in Anlehnung an jenes Zimmer ausmalte, das Vanessa für sich gestaltete und in dem er selbst später schlief: Ich finde, die mediterranen Blumenkübel auf den Türen spiegeln Vanessas Selbstbild – lebensspendend und sommerfrisch.

Beim Rundgang durchs Haus geht man fast zwangsläufig durchs Eßzimmer ins Atelier, den engen Gang entlang – der nur dann einladend wirkt, wenn man weiß, was einen am Ende erwartet. Als Kind habe ich ihn viele Male täglich durchquert, und es war jedesmal eine Überraschung, wenn ich die graue Brettertür zum hohen, hellen, geräumigen Atelier öffnete. Die Atelierwände sind nicht wie üblich weiß, sondern düster graubraun mit blaugrauem Rand. Die unterschiedlich intensiven Farben geben dem Raum etwas Verschwommenes und machen ihn größer als er ist. Sie lassen die Umrisse eines Stillebens oder Modells weicher erscheinen, Schatten wirken suggestiv, gemildert höchstens durch die satten Töne eines provenzalischen Schals, der im Hintergrund über einem Stuhl hängt.

Anfangs gab es im Atelier nur das Allernötigste. Doch obwohl es ein Arbeitsraum war, füllte es sich langsam mit Möbeln und anderen Gegenständen und wurde in späteren Jahren eher zum Wohnzimmer und einer Art Zuflucht vor den Aktivitäten im übrigen Haus. Nach dem Frühstück, wenn die Schritte der Dienstmädchen auf der Treppe und das Dröhnen des Staubsaugers zu penetrant wurden, zogen sich Vanessa und Duncan an diesen friedlichen Ort zurück und nahmen ihre Arbeit in Angriff. Vorher rauchten sie erst einmal eine Zigarette, planten den Tag, stellten ihre kuriosen Rechnungen auf: 2 Shilling 3 ½ Pence für ein Glas Tinte oder 10 Shilling 6 Pence für ein Essen mit einem Freund – was eine lange, wenn nicht heiße Diskussion darüber nach sich zog, wer die Kosten für den Gast übernahm.

Nach solch einer Abrechnung konnte Vanessa endlich die Hausfrauenpflichten beiseite legen und sich auf ihre Kunst konzentrieren. Doch es wäre falsch zu behaupten, Vanessa hätte ihre Kunst zielstrebig und bewußt in Angriff genommen. Im Gegenteil, wenn ich sie vor der Staffelei sah, begriff ich, daß sie völlig entspannt in eine andere Welt abgetaucht war. Wie sie das machte, war mir unklar. Intensität war hier überflüssig – statt dessen eine angedeutete Geste, ein Lächeln im schönen Gesicht, eine ironische Bemerkung, das war alles. In ihrem tiefsten Innern fand Vanessa ihre Malerei vielleicht manchmal beschränkt und Charleston eng, dennoch war es das Terrain, auf dem sie sich augenblicklich völlig zuhause fühlte.

Über viele Jahre gaben die Ferien, diese scheinbar endlosen sechs Wochen, die den Sommer von den ganz anderen Vergnügungen des Herbstes und Winters trennten, Charleston etwas Besonderes. Manchmal verbrachten wir dort auch unsere Osterferien. Weihnachten war allerdings immer für Clives Eltern, die Bells in Seend in Wiltshire, reserviert – ein lehrreicher Kontrast. Dort herrschte ein Lebensstil, der zwar einer vergangenen Zeit angehörte, den aber viele Leute auf dem Lande immer noch anstrebten, unsere unbekannten Nachbarn in Sussex eingeschlossen. Obwohl ich in Seend meinen Geburtstag feierte – eigentlich gehörte dieser Geburtstag nach Charleston – und mir das fremde Leben im Herrenhaus durchaus gefiel, hielt niemand die einengende viktorianische Atmosphäre länger als diese drei, vier Tage aus, die wir dort verbrachten. Seend besaß nicht nur allen Komfort, an dem es in Charleston mangelte, es roch dort nach Geld, was die anachronistische konventionelle Steifheit noch verstärkte. In gewissem Maße gefiel mir gerade dieses Anachronistische, weil es zur Weihnachtsatmosphäre beitrug und mein Phantasieleben beträchtlich bereicherte.

Gäbe es Seend noch, wäre es sicher historisch interessant – aber es barg nicht wie Charleston das Geheimnis der Kreativität und Erneuerung. Es war ein Ort, an dem die Zeit vorbeigegangen war, wo die Regeln der älteren Generation über jeden Besucher bestimmten. Man hielt am Status quo fest, ohne ihn in Frage zu stellen; alles wirkte enorm solide. Charleston dagegen war ein Wolkenkuckucksheim, voller Fragen, voller Scherze. Grund dafür war auch die Tatsache, daß wir gegenüber unseren Nachbarn, zu denen es wenig Kontakt gab, keine Verpflichtungen hatten; wir spielten keine Rolle in der Gemeinde, und schon deswegen fühlten wir uns frei. In Seend, wie in ähnlichen Häusern, gingen die Töchter zur Jagd, gaben Dinner- und Tanzpartys für die Nachbarschaft, organisierten Blumenschauen, Verlosungen und Tees für Kirche und Dorf. Die Porträts an den Wänden zeigten die Besitzer zu Pferde oder in weißem Musselin, mit strahlenden Gesichtern und glänzendem Haar. In Charleston ging es bei den Porträts nicht in erster Linie um Schönheit oder gesellschaftliche Rolle; der offene Blick der Dargestellten korrespondierte mit Zeit und Raum.

Auch wenn wir offenbar die Engel auf unserer Seite hatten, gab es doch manche Dämonen, die uns hämisch über die Schulter schauten. Denn Charleston war keineswegs sündenfrei, und es hatte auch nichts Süßliches, das man ihm heute andichten möchte. Nichts, auch nicht das düstere Seend, war uns heilig, und unser Gelächter war nicht immer freundlich. Unsere Toleranz, fürchte ich, beschränkte sich hauptsächlich auf unseren eigenen Kreis – ein Selbsterhaltungstrieb, der etwas Diskriminierendes hatte, was sicher unfair war und Kritik hervorrief. Wir fanden, daß wir der Welt nichts schuldeten, und wollten, selbstherrlich wie wir waren, auf niemanden angewiesen sein.

Als wir 1939 schließlich ein Telefon bekamen, erschien unsere Nummer auf Vanessas Wunsch nicht im Telefonbuch; den Hörer hob sie stets mit einem Seufzer ab. Von ihrer Schwester und engen Freunden abgesehen, wurden die Anrufer mit einer Förmlichkeit abgefertigt, die, wenn es sich um Fremde handelte, eisig werden konnte. Der Zugang zum Paradies war nicht einfach; die beste Methode war ein Umweg über Duncan.

Beim Telefonieren mit Bekannten oder Unbekannten bewies er nicht nur seine guten Manieren; er legte eine Offenheit und Freundlichkeit an den Tag, einfach eine ihm angeborene, für ihn typische Lust am zwischenmenschlichen Kontakt, die Vanessa mit Mißtrauen betrachtete. Irritiert verfolgte sie seinen Teil des Gesprächs und versuchte daraus zu schließen, wann oder zu welcher Gelegenheit mit der Person am anderen Ende der Leitung zu rechnen war. Sie haßte es, wenn sie sich umziehen, sich die Farbspritzer von den Händen waschen und frisieren mußte, fühlte sich aus alter Gewohnheit immer noch veranlaßt, nicht nur ein anderes Aussehen, sondern auch ein anderes Wesen an den Tag zu legen. Sie sah ihre Nachmittagstunden, in denen sie friedlich verträumt gemalt hätte, dahinschwinden. Zwei Damen – oder vielleicht zwei Herren – kamen zum Tee.

Ein Blick in Vanessas alte Tagebücher oder Kalender zeigt, daß es solche Gelegenheiten reichlich gab, was ihre Reaktion verständlicher macht. An jedem Sommerwochenende war das Haus voller Besucher; oft wurden zehn oder mehr Stühle um den Eßtisch geschoben, dessen ausklappbare Seitenflächen manchmal ohne Vorwarnung auf den Knien unserer Gäste landeten.

Es war schwer nachvollziehbar, daß Vanessa ungern Gäste empfing, denn sie war eine ausgezeichnete, wenn auch ziemlich förmliche Gastgeberin. Clive sorgte für genug Getränke; das Essen war zwar einfach, aber reichlich und schmackhaft. Schon vorher duftete das ganze Haus köstlich nach Schweinebraten oder Roastbeef, oder einer von Graces unnachahmlichen Suppen.

Quentins Geburtstag am 19. August wurde immer mit einem großen Essen gefeiert, zu dem Maynard und Lydia, Virginia und Leonard kamen und oft Freunde mitbrachten. Bei einer dieser denkwürdigen Feiern wunderte sich T. S. Eliot über die üppige Anzahl Moorhühner, die aufgetragen wurden. Auch Vanessa staunte, denn eigentlich hatte sie pro Gast ein Huhn bestellt, dann fiel ihr aber ein, daß von »Paaren« die Rede gewesen sei. Später im Atelier tanzte Duncan, verkleidet als feurige Spanierin. Er hatte sich einen nackten rosa Körper mit grünen Konturen auf Pappe gemalt, die er sich umband; ein Fächer und eine schwarze Spitzenmantilla waren die einzigen Zugeständnisse an Anstand und gute Sitten.

Zusätzlich zu den vielen Einladungen verging kaum ein Tag ohne Überraschungsbesucher – von denen Vanessa behauptete, sie hätten offenbar nichts Besseres zu tun, was wir kaum nachvollziehen konnten, denn wir hatten immer zu tun. Charleston war ein emsiger Ort mit einem schönen Gleichgewicht zwischen dem Zusammenleben und der Beschäftigung mit den eigenen Interessen. Mag sein, daß unser Leben im Rückblick paradiesisch wirkt; aber eigentlich bestand unsere Familie, psychologisch gesehen, aus sehr verschiedenen Elementen, zwischen denen es, wie überall, durchaus Reibereien gab. Es war Vanessa, die uns vor den schlimmsten Folgen solcher Differenzen bewahrte, indem sie uns zu Träumen ermutigte, besonders wenn es dabei um Kunst und Kreativität ging. Sie gab unseren Impulsen Raum, ohne uns ihre eigenen Ansichten aufzudrängen. Sie und Duncan waren ein außergewöhnliches Beispiel für eine Schaffensfreude, die mit einer strengeren pädagogischen Haltung gegenüber der jüngeren Generation kaum vereinbar gewesen wäre.

So tolerant und verständnisvoll diese Haltung war, ersparte sie uns doch nicht immer die große Enttäuschung, wenn etwas schiefging und sich das Wunder nicht einstellte. Als ich zehn war, ließ Vanessa auf meinen Wunsch beim Tischler vier quadratische Kästen ohne Deckel bauen, etwa fünfzig mal fünfzig Zentimeter groß. Ich wollte sie mit kleinen Figuren füllen, wie Bühnenbildmodelle. Doch die Verwirklichung meiner Idee überstieg bei weitem meine Fähigkeiten, ich konnte Vanessa und anderen neugierigen Erwachsenen mein Vorhaben nicht einmal erklären. Jahrelang standen die stabilen Kästen da und gaben allen ein Rätsel auf. Doch Vanessa schimpfte mich nicht aus: Sie zeigte Verständnis.

Manchmal schien Vanessas Fürsorge übertrieben, aber sie selbst fand das normal. Eine Frau, die mit Männern und Kindern zusammenlebte, hatte für diese zu sorgen, selbst wenn die Kunst – genauer, ihre eigene Kunst – dabei zeitweilig zu kurz kam. Wenn es uns gutging, war sie zufrieden. In mancher Hinsicht war ihre Stärke unbesiegbar; ihr Wunsch zu malen verschwand nie, selbst wenn er eine Zeitlang verdrängt gewesen war, sondern kam oft gestärkt wieder zum Vorschein. Wurde sie von einem Familienmitglied gestört, war ihre Empörung meist nur gespielt; jeder fand bei ihr Gehör. Die Familie ging vor, nicht nur bei ihr, sondern auch bei Clive und, vielleicht mit unterschiedlichem Akzent, bei Duncan.

Ohne eine Frau wie Vanessa hätte Charleston so nicht existiert, und daraus bezog sie ihr Selbstgefühl. Hier war sie die Quelle aller Weisheit und das Maß aller Dinge. Was nicht hieß, daß sie nicht selten unsicher oder hilflos wirkte, hilfesuchend, nicht ohne Wirkung, denn es war eine Ehre, wenn sie, die Autoritätsperson, einen brauchte. Für uns Kinder war ihr Wort Gesetz. Ihre Vernunft wurde auch von den Erwachsenen selten angezweifelt, im übrigen schien keiner der Männer in der Familie sie um die Verantwortung zu beneiden.

Sicher besaß Vanessa eine gute Portion Eigenliebe, und in mancher Hinsicht reagierte sie übertrieben empfindlich darauf, was andere von ihr hielten. Aber sie war äußerst großzügig. Sie zwang uns selten zu etwas, und sie verstand uns. Selbst wenn unsere Ideen – wie häufig bei Kindern – unverständlich waren, konnte sie zumindest darüber lächeln, und ihr Lächeln half auf beiden Seiten über Unannehmlichkeiten hinweg. Ich erinnere mich nur an eine einzige Gelegenheit, bei der ich gegen sie rebellierte. Ich war damals dreizehn oder vierzehn. Es war an einem Septemberabend und noch hell, die Erwachsenen saßen im Eßzimmer, tranken, rauchten, lachten, die Vorhänge waren noch offen. Ich und mein Besuch – an den ich mich kaum erinnern kann – schlichen nach unten, aus dem Haus, und tanzten barfuß im Nachthemd vor dem Eßzimmerfenster. Wir genossen unsere Unabhängigkeitsdemonstration nur wenige Minuten, dann kam Julian heraus und scheuchte uns mit einem handfesten Machtwort wieder nach oben. Ich war unendlich wütend, daß er uns diesen Spaß, der verglichen mit seinen eigenen Streichen wirklich harmlos war, verdorben hatte. Aber bald kam Vanessa in mein Zimmer, beruhigte mich und erklärte mir, allerdings wenig überzeugend, ich solle es nicht persönlich nehmen, Julian habe es nicht so gemeint. Solcher Trost wirkte gekünstelt, denn sie erkannte blitzschnell das Lächerliche der Situation und konnte eine gewisse Ironie nicht unterdrücken.

Obwohl oder gerade weil die Familie für Vanessa so wichtig war, organisierte sie ihr und unser Leben gut. Als sie im Sommer 1925 Marjorie Strachey, die eine freie Schule gegründet hatte, vorschlug, das Sommertrimester mit ihrer Schülerschar – die hauptsächlich aus Kindern von Freunden bestand – in Charleston zu verbringen, lagen die Vorteile auf der Hand. Einerseits profitierten Majorie und die Kinder – ich eingeschlossen – vom gemeinsamen Landleben, andererseits konnte Vanessa nun nach Paris reisen. Als man mir das Projekt an einem trüben Londoner Frühlingstag schmackhaft machte, war ich begeistert. Allerdings war die Vorfreude schöner als die Realität.

Denn alles kam ganz anders, als ich es mir ausgemalt hatte. Erstens hatte ich, obwohl ich wußte, daß Duncan und Vanessa die Gelegenheit nutzen und verreisen würden, nicht geahnt, wie verlassen ich mich fühlen würde. Als ich den Wagen auf dem Weg immer kleiner werden sah, ging ich in den Obstgarten und weinte, bis ich nicht mehr konnte. Zum ersten Mal erlebte ich, was Trennung bedeutet. Aber ich hing nicht lange meinen trüben Gedanken nach, denn mein Kindermädchen Louie und die anderen Kinder boten eine gute Ablenkung. Dabei mußte ich allerdings feststellen, daß ich nicht, wie erwartet, die Hausherrin spielen durfte, um die sich alles drehte und die, wie Vanessa, Haus und Garten zeigte. Vanessa hatte mich in dem Glauben gelassen, daß ich im Gegensatz zu den anderen Kindern weiter in den ummauerten Garten dürfe; doch nun hatte Marjorie eindeutig Vanessas Platz eingenommen und trieb mir meine Flausen aus: Der Garten war ihr Reich. Ich war ein Kind wie alle übrigen; Charleston *gehörte* mir nicht mehr – eine Invasion hatte stattgefunden.

Nachdem ich diese Situation akzeptiert hatte, entpuppte sich alles so erfreulich wie ursprünglich gehofft. Wir waren neun oder zehn Kinder, deren Eltern alle eng befreundet waren, und abgesehen von Elizabeth Raverat, Christopher Strachey und den beiden Anreps, die schon etwas älter waren, waren wir zu jung, um uns den Kopf zu zerbrechen über Dinge, die uns persönlich nicht betrafen. Wir schliefen zu zweit oder dritt in einem Zimmer, und drei, vier Kindermädchen halfen uns beim Essen, Baden und Anziehen und kümmerten sich um unser allgemeines

Wohlbefinden. Marjorie belegte die Bibliothek – damals Vanessas Schlafzimmer – und das Gartenzimmer. Das Atelier gab es, zumindest im ersten Jahr ihrer Schule, noch nicht.

Der morgendliche Unterricht fand im Bücherzimmer im Erdgeschoß statt – später Clives Arbeitszimmer –, und meine Cousine Judith Stephen wurde Klassenbeste im Rechnen. Für mich waren Zahlen ein Horror, und daß Marjorie dies zusätzlich hochspielte, machte es nicht leichter. »Wenn du *fünf* Erbsen in einer Schote hast und *zwei* rausnimmst, *wie viele* sind dann übrig?« fragte sie übertrieben freundlich – wobei mir war, als käme ich in den Backofen, wenn ich die Antwort nicht wüßte. Ihre unordentlichen grauen Locken, die gelben Zähne, ihr Doppelkinn und ihre tiefbraunen Augen forderten meine ganze Aufmerksamkeit, so daß für die Erbsen nichts übrigblieb. Um dem Druck zu entkommen, ließ ich meinen Blick durchs Fenster zum Teich wandern, wo die Enten im Schilf tauchten. Das Resultat dieser Träumereien war, zumindest was meine Rechenkünste anging, bedauerlich.

Am meisten profitierten wir von Marjories Begeisterung fürs Theater. Grace, unsere Köchin, traf sie einmal in der Kalkgrube – einem natürlichen Amphitheater –, wie sie, das Textbuch schwenkend, vor Kaninchen und Kiebitzen aus *Macbeth* rezitierte. Mit uns wollte sie den *Sommernachtstraum* aufführen, und zwar unter den Ulmen hinter dem Haus, wo allerdings auch der meterhohe Misthaufen war. Wildentschlossen stapfte sie als Theseus in einer angedeuteten griechischen Tunika durch die Gegend. Vanessa, inzwischen aus Paris heimgekehrt, nähte Feenflügel aus Organdy, und Roger Fry entwarf einen Eselskopf, den Helen Anreps Tochter Anastasia als Zettel trug. Elizabeth, unsere Schönheit, war Hippolyta, und ich war eine spindeldürre Bohnenblüte. Photos von damals zeigen uns ratlos lächelnd auf der Wiese, ahnungslos, worum es eigentlich ging, aber guter Dinge. Ein andermal inszenierte Marjorie eine Aufführung für die Eltern, die ihre Kinder am Ende des Trimesters abholten. Im Gartenzimmer wurde ein Wandschirm aufgestellt, und zu dritt oder viert, als Jungen verkleidet, reckten wir unsere Köpfe über die Oberkante, wobei wir ein Gedicht aufsagten, am Ende die Köpfe einzogen und unsere mit Socken und Schuhen versehenen Hände hochstreckten – was wie Kopfstand aussehen sollte. Damals fand ich diese Improvisation geradezu genial.

Als wir älter wurden, brachen Julian, Quentin und ich in andere Welten und Sphären auf. Und als die Erschütterungen des Zweiten Weltkriegs sich gelegt hatten, war Julian tot, ich war verheiratet und Quentin bald auch. Doch die Bindung, die bei anderen vielleicht lockerer geworden wäre, wurde beharrlich aufrechterhalten. Undenkbar, daß es Charleston einmal nicht mehr gäbe, daß es eines Tages keine Daseinsberechtigung mehr hätte. Wir brauchten es weiterhin aus ganz subjektiven Gründen, so wie auch wir und unsere Kinder von denen, die dort lebten – besonders Vanessa –, gebraucht wurden. Obwohl uns das Haus nicht gehörte, wußten wir, daß uns der Eigentümer, Lord Gage, nie kündigen würde. Das gab Vanessa und Duncan genügend Sicherheit; beiden lag nichts am Haus als Besitz: Vanessa hing zwar an Menschen, aber nicht an Eigentum. Als Mieterin kümmerte sie sich zuverlässig um die Belange des Hauses, dennoch wirkte es, als sei sie eher zufällig da und könne auch einfach so wieder gehen. Duncan, später ein meist gleichgültiger Mieter, wäre überall glücklich gewesen, solange er malen konnte. Beide mochten Charleston, weil es sie an ihre Liebe und an ihre Jugend erinnerte; sie mochten es um seiner selbst willen, und sie liebten das, was sie daraus gemacht hatten. Sie sahen es als Experiment, das mit ihrem Verschwinden ein Ende haben würde. Keiner von beiden wollte es »vererben« – sie wollten ihren Kinder nichts zumuten.

Nach Vanessas Tod wurde mehrfach in Duncans Gegenwart darüber diskutiert, daß man das Haus und alles, was dazu gehört, erhalten müsse. Ihm lag viel an der Zukunft des Hauses, doch er wußte, daß die dazu notwendigen Entscheidungen nicht mehr von ihm getroffen würden. Seine Leidenschaftslosigkeit war zum Teil altersbedingt, entsprach aber auch seiner philosophischen Haltung: Besitz, egal wie lieb und teuer, sollte das Leben nicht beherrschen. Obwohl er selten zu solchen Themen Stellung nahm, empfand er offenbar, daß man Orte oder Gegenstände, die man einmal geliebt – und, wie er es oft tat, auf Leinwand festgehalten – hat, für immer besitzt. Er vertrat zwar diese Auffassung nicht nach außen hin, aber sie wurde in seinem Gespür für Orte und Gegenstände deutlich, einem Gespür, mit dem er auch Vergänglichkeit und Tod akzeptierte. Er war ein weiser Mensch und lebte, soweit irgend möglich, in der Gegenwart. Wenn andere das nicht konnten, war das ihre Angelegenheit.

Bis ich im März 1984 nach Frankreich zog, war ich mit den Bemühungen, Charleston zu erhalten, eng verbunden. Im Frühjahr des Folgejahrs zeigte sich, daß die Restaurierung des äußeren Erscheinungsbilds, im Gegensatz zur baulichen Erhaltung des Hauses, unaufschiebbar war. Obwohl ich, abgesehen vom Gästezimmer, an der ursprünglichen Innengestaltung nicht beteiligt gewesen war, kannte ich doch Vanessas und Duncans Farbkonzept und ihre Methode, Farben zu mischen. Deshalb bat mich Debo Gage, die für die Koordination der Restaurierung verantwortlich war, zurückzukommen und die Wände in ihren alten Farbzustand zu versetzen.

Am Abend des 29. März 1985 kam ich zurück – ein Jahr und eine Woche nach meiner Abreise – und fuhr gleich nach Charleston, das ich völlig ausgeräumt vorfand, die Wände makellos weiß. Es war eine eigentümliche Erfahrung, denn Farbe und Gestaltung waren bisher so unentbehrlich erschienen. Aber ihr Verschwinden war nicht so verheerend wie vermutet, denn der Charakter des Hauses und das typische Licht waren so anheimelnd wie eh und je. Allerdings verdeutlichten die kahlen Räume das Ausmaß unseres Vorhabens.

Bald saß ich also mit den übrigen Mitgliedern des Restaurie-

Angelica Garnett im Atelier in Charleston, 1979

rungskomitees in der Küche um den Tisch. Zweck dieses Treffens war, uns generell darüber zu verständigen, bis zu welchem Feinheitsgrad wir das Haus wieder instandsetzen wollten. Schon eine Weile war deutlich, daß alle, die das Haus kannten, als Duncan und Vanessa, oder Duncan allein, dort wohnten, unterschiedliche Erinnerungen an seinen Zustand hatten. Für Richard Shone, der Charleston aus den letzten zehn Lebensjahren Duncans kannte, für meinen Bruder Quentin, dessen Erinnerung am weitesten zurückging, für seine Frau Olivier und mich »lebten« Gegenstände, Möbel und Bilder an bestimmten Plätzen, und für uns »waren« diese Arrangements Charleston – eine intensive, persönliche Erinnerung, die von der Auslöschung bedroht war, wenn jemand etwas anderes vorschlug. Obwohl wir uns alle bewundernswert zusammennahmen, machte ab und zu jemand seiner Panik Luft – Zeichen unserer tiefen Betroffenheit. Gespräche stagnierten, denn keiner war bereit, sein subjektives Bild zu opfern, wobei es keinen Grund gab, warum einer den Vorrang vor anderen haben sollte. Jeder hatte recht, schon weil Duncan und Vanessa selbst immerzu Dinge verändert hatten. Vanessa war überzeugt gewesen, daß Möbelrücken Frustrationen verscheuche, womit sie recht hatte; obendrein probierte sie gern neue Raumkonstellationen aus – im künstlerischen und im häuslichen Sinn. Immer wenn sie etwas veränderte, war das neue Arrangement so perfekt, daß man sich kaum erinnerte, wie es vorher gewesen war.

Aus der Frage nach der Anordnung der Dinge im Haus erwuchs das Problem, wie weit diese Dinge in ihren ursprünglichen Zustand versetzt werden sollten. Richard fiel ein, daß in den sechziger Jahren, als er zum ersten Mal nach Charleston kam, immer noch Grace Higgens Haushälterin gewesen war. Sie war schon 1920 aus Norfolk nach Bloomsbury gekommen und war fünfzig Jahre lang Kindermädchen, Köchin und Haushälterin gewesen. Später hatte sie auch die Gartenarbeit erledigt, eingekauft und sauber gemacht. Richard erinnerte uns daran, daß es, selbst als die Möbel wurmstichig und die Textilien zerschlissen waren, überall aufgeräumt und sauber gewesen war. Diese Ordnung hatte Grace auf Vanessas Wunsch aufrechterhalten. Vanessa, Künstlerin und angeblich schlampig, legte Wert darauf, die Dinge dort wiederzufinden, wo sie sie hingelegt hatte (was in unserer undisziplinierten Familie ziemlich hoffnungslos war). Virginia behauptete: »Vanessa will nie wieder richtige Kleider anziehen – sogar ein Bad scheint ihr Qualen zu bereiten«, und bestimmt war Vanessa keine Frau, die Stunden im warmen, wohlriechenden Badezimmer zubrachte, bis sie als duftiger Hauch wieder zum Vorschein kam. Die Vanessa, die ich kannte, wusch sich schnell, mit Wurzelbürste und französischer Kernseife – derselben Seife, mit der sie ihre Pinsel auswusch. Auch wenn sie nie im herkömmlichen Sinne konventionell war, wollte sie doch ihr Haus in Ordnung haben. Sie wollte außerdem, daß Besucher, erwartete wie unerwartete, die Räume des Hauses in ungetrübter Heiterkeit vorfänden.

Richards Einwand war vernünftig und überzeugend, und aus historischer Sicht hatte er recht, doch die Restauratoren waren überrascht. Wir begriffen, daß wir bis dahin der fragilen Atmosphäre Charlestons übertriebenen Wert beigemessen hatten. Sicher sollte Charleston nicht funkelnagelneu werden. Aber offenbar hatten wir den Eindruck erweckt, das Haus müsse wieder so aussehen wie zuletzt – verwohnt, wenn nicht verfallen. Es war eine Frage des Grades. Wir begriffen, daß es unsinnig wäre, die Spinnweben wieder an die Decke zu zaubern oder die Schwalben zu bitten, wieder im Hauseingang zu nisten.

Wir wollten also keine Feuchtigkeits- oder Schmutzflecken rekonstruieren, die mit der Zeit entstanden waren – zwar geduldet, aber nicht von Vanessa oder Duncan geplant. Wir wollten das Haus auch nicht in einen perfekten, makellosen Zustand versetzen, den beide sich womöglich erträumt hätten. Unsere Richtschnur war der gesunde Menschenverstand, eine Eigenschaft, von der Vanessa und Duncan eine gute Portion besaßen; unsensiblen Perfektionismus wie Sentimentalität wollten wir vermeiden. Ohne die Dinge übertrieben neu erscheinen zu lassen, wollten wir sooft wie möglich ihr ästhetisches Konzept bei der Gestaltung des Hauses wieder aufnehmen, ohne zu leugnen, daß die Zeit ihren Teil dazugegeben hatte und dem, was wir für das besondere an Charleston hielten, ihren Stempel aufgedrückt hatte.

Wir beauftragten also ein Innendekorationsunternehmen in Lewes, den frisch gekalkten Räumen wieder eine Patina zu verpassen – ein bisher einmaliger Auftrag für die beiden Inhaberinnen. Das mochte auf den ersten Blick künstlich wirken, aber ohne diese Spezialbehandlung hätten die Räume unerträglich neu und leblos gewirkt.

Wir waren über unsere Einigung erleichtert, obwohl wir wußten, daß die Umsetzung unserer Idee nicht einfach würde. Die Schwierigkeiten lagen weniger in den Stilwechseln zwischen 1918 und 1936 oder danach, als in der Harmonie, die wir herstellen mußten. Unweigerlich dachten wir: Wie können wir es wagen, uns in zwei so spontane und instinktive Künstler hineinzuversetzen? Quentin und ich, beide am engsten mit dem Haus vertraut, besitzen eine eigene künstlerische Sprache, die uns dabei im Wege steht: Pinsel laden uns eher zum eigenen Ausdruck ein als dazu, als Restauratoren in eine andere Haut zu schlüpfen. Und wenn diese anderen auch noch die eigenen Eltern sind, wird das Problem nur größer.

Ich sollte also Farben für die Zimmer anmischen, deren Wände keine Tapeten hatten – abgesehen vom Eßzimmer, wo das Muster direkt auf den mit der Zeit rissigen Gips übertragen worden war.

Ich war voll Zuversicht und froh, daß es endlich losging. Ich bildete mir ein, die Farben genau zu kennen, ich hatte sie sozusagen mit der Muttermilch aufgenommen, und außerdem hatte Duncan mir erzählt, daß die sogenannte weiße Wandfarbe in seinem Schlafzimmer Schwarz und helles Ocker enthielt. Ich wußte auch noch, daß die Wände im Gästezimmer, bei denen ich Vanessa geholfen hatte, in Bleirot, gemischt mit Weiß, gestrichen waren. Wie damals wollte ich ohne abzumessen die Farben in Eimer kippen, mischen, Leim dazugeben, *con amore*, wie wir das nannten, und mich dabei ganz auf mein Gefühl und meinen Blick verlassen. Am Ende würde man das Resultat nicht vom Original unterscheiden können.

1917 waren die Farben extrem billig und überall zu kaufen gewesen. Heute gibt es kaum noch Läden, wo man diese Farben überhaupt kennt. Wir mußten sie in London im Künstlerbedarfsgeschäft L. Cornelissen in der Great Queen Street kaufen, wo es eine fabelhafte Auswahl von losen Pigmentfarben gibt. Weiße Kreidefarbe war die Grundsubstanz, der wir nach Bedarf Farbpigmente zufügten, dazu Kleister als Bindemittel. Daß sich diese Farben abreiben, war Vanessa und Duncan damals egal, weil das Trockene, Kalkige sie an italienische Fresken erinnerte. Nach dem Trocknen tritt das Kalkweiß an die Oberfläche und wirkt pudrig, wie das beschlagene Äußere einer Pflaume.

Ich begann in der Bibliothek, die ich noch ohne Regale als Vanessas Schlafzimmer gekannt hatte. Die Regale waren erst 1939 vom Gordon Square gekommen. Die Wände waren größtenteils schwarz, in den Ecken mit unterschiedlich breiten Bändern in Venezianischrot abgesetzt. Zuerst versuchte ich Marsschwarz, dann mischte ich Schwarz mit Elfenbein. Das Marsschwarz war zu blau. Schwarz mit Elfenbein war zu warm. Den ganzen Morgen mischte ich Schwarztöne, strich Farbproben auf weißes Papier, föhnte sie trocken, bekam aber den rostig grünschwarzen Farbton des Originals nicht hin. Am Ende des Morgens geriet meine Zuversicht ins Wanken, und um mich nicht sinnlos zu verzetteln, beschäftigte ich mich erst einmal mit Clives Schlafzimmer.

Das Gelbocker der Wände war einfach wiederherzustellen, allerdings erhielt ich genau die gleiche Farbe erst, nachdem ich eine kleine Menge Venezianischrot hinzugefügt hatte. Meine Vermutung war, daß sich Gelbocker und Elfenbeinschwarz seit 1917 verändert hatten und sie obendrein je nach Herkunft variierten.

Komplizierter war die zitronengelbe Blende, die in Clives Zimmer über dem Gelbocker verläuft. Mich hatte dieser Kontrast immer fasziniert, und ich wollte ihn unbedingt richtig treffen. Dummerweise hatte ich kein helles Cadmium mitgebracht, deshalb versuchte ich Mittelcadmium mit Viridian. In kleinen Mengen wirkte es wie die alte Farbe, aber der Anstrich sah nach dem Trocknen aus wie Limetten-Mousse. Schließlich überstrich ich alles mit einer Mischung aus dünnem, wässrigem Cadmium und Leim.

Blieb also die Bibliothek. Am nächsten Tag bei Cornelissen in London verglich ich ein Musterstückchen der Originalfarbe mit Lampenschwarz. Aber obwohl die Farbbezeichnung vielversprechend klang, war die Farbe falsch. Am Ende begriff ich, daß Duncans Schwarz auf eine Tapete mit feinem grünem Blattmuster gestrichen war und dieses Grün durchschien. In der Hoffnung auf einen Grünstich mischte ich also Gelb unter das Schwarz; wenig Gelb machte kaum einen Unterschied, zuviel wirkte leider nicht grünlich, sondern kränklich. Am Ende wußte ich keinen Rat mehr, ich strich zwei Schichten Schwarz mit einem Bruchteil Gelb, was zu kräftig aussah, und schrubbte die frischgestrichene Wand danach ordentlich mit der Scheuerbürste. Diese kreative Zerstörungsaktion versetzte mich in ungeahnte Laune; ich war dem wahren Restaurator nähergekommen.

Allerdings wollte ich sonst doch die Wände so behandeln wie in der Vergangenheit, satt, mit sichtbaren Pinselstrukturen und deutlich erkennbarer – manchmal überraschend kontrastierender – Unterfarbe. Pulverfarben werden nach dem Trocknen mindestens einen Ton heller, und es erforderte Mut, sie kräftig genug anzurühren. Zuerst traute ich mich nicht, genug Bleirot (eine neue ungiftige Version der alten roten Mennige, die in Pulverform keinerlei Ähnlichkeit mit ihrer reizvollen Vorläuferin hatte) in die Grundierung für Vanessas Schlafzimmer zu schütten. Auf der Wand wirkte die Farbe wie gekochter Hummer, später erst wurde sie lachsrot, eine Farbe, für die Vanessa eine Schwäche hatte, die ich allerdings nie geteilt habe – vielleicht hatte ich deshalb meine Schwierigkeiten damit. Ein weiteres Problem war, daß Vicki Walton (die Kuratorin) und ich zwar die gleichen Pinsel benutzten, wir jede aber einen völlig anderen

Strich hatten, und unser beider Strich nicht Duncans und Vanessas glich. Vielleicht hatten sie doch andere Pinsel benutzt, oder jeder hatte seinen individuellen Rhythmus.

Immer wieder fragte ich mich nicht nur, was ich da tat, sondern was meine Aufgabe war. Trotz meines »Wissens« über die Farben mußte ich improvisieren, zum Teil aus Gründen, die sich meinem Einfluß entzogen. Desillusioniert, konnte ich nur noch argumentieren, es sei eben eine Frage der Sensibilität – die letzte Ausflucht jedes Restaurators oder Künstlers, der nicht weiß, was er will. Sensibilität ist wesentlich, aber genau so notwendig ist der Wille, seinen Plan nicht aufzugeben; Sensibilität heißt nicht, Ungeschicklichkeit zu entschuldigen, sondern zwischen »falsch« und »richtig« zu unterscheiden. Wie beim Malen eines Bildes sollte man ein Ziel vor Augen haben, selbst wenn es ein fremdes Ziel ist. Nur so konnten wir die Illusion rechtfertigen, die wir schaffen wollten. Bei der Arbeit stellte ich auch fest, daß selbst Erinnerung, die mit großer Gefühlsintensität einhergeht, bruchstückhaft, unzuverlässig und schwer zu fassen ist. Vor allem läßt sie sich sehr schwer greifen und an die Oberfläche zerren, vor lauter Angst, daß sie für immer und ewig Lügen gestraft wird.

Womöglich verkomplizierte ich einen grundeinfachen Prozeß. Immerhin zeigte sich dabei der Unterschied zwischen akademischer Farbabstimmung (die alle Kunststudenten lernen sollten) und dem, was geschah, wenn Duncan und Vanessa ihre Pinsel in die Farbe tauchten. Ich erinnere mich gut an Vanessas langsame, sinnliche Malweise und Duncans Eleganz. Ihnen beim Bemalen einer Leinwand oder einer schlichten Wand zuzuschauen war wie Schlafwandlern zuzuschauen. Die Farbe glitt von der Palette auf die Malfläche, scheinbar rein instinktiv, und selten ging etwas schief. So lange, bis sie am nächsten Tag ihre Arbeit sachlich betrachteten, war dies sicher kein bewußter Prozeß.

Im Atelier fand ich die Restauratoren bei der Arbeit an den beiden Wänden, wo der Verputz nicht entfernt worden und die alte Farbe größtenteils erhalten war. An manchen Stellen war die Farbe abgerieben, und an anderen war offenbar Regenwasser durch das undichte Dach gedrungen. An einer Wand hatte ein Wurm- oder Pilzbefall ein kreisrundes Muster hinterlassen. Während die charakteristischen Farbabweichungen bleiben durften, wurden diese Stellen behutsam wieder ausgeglichen.

Eine Restauratorin konzentrierte sich auf Duncans Dekoration über dem Kamin – die sehr angegriffen war – und strich gleichzeitig die Wand an der Westseite, wo der Putz erneuert war. Hier mußte man die neue Farbe mit der alten Farbe an der Nachbarwand in Einklang bringen. Das war zwar schwierig, aber man hatte immerhin ein ordentliches Stück Fläche als Vorbild. Duncan und Vanessa hatten mit dünner Farbe, so daß jeder Pinselstrich sichtbar war, direkt auf den rosa Gipsputz gemalt. Ich hätte dabei breite Pinsel benutzt, die Restauratorin brachte die Farbe mit winzigen Pinseln auf die Wand, benutzte Sprays und andere raffinierte Hilfsmittel. Ich begriff, daß zwischen unseren beiden Methoden Welten lagen, meine grob und aufs Geratewohl, ihre behutsam, fachmännisch, erfahren und analytisch. Was wir brauchten, war eine Mischung aus beidem.

Als die Bilder von den Atelierwänden genommen wurden, kam bloßer Verputz zum Vorschein. Ich mußte angesichts der Vorstellung lächeln, daß Vanessa und Duncan offenbar zuerst die Bilder aufgehängt und dann darum herumgemalt hatten. Sie abzunehmen und später wieder aufzuhängen, hatten beide wohl für Zeitverschwendung gehalten. So war es auch bei dem Spiegel, den Clarissa Roche von Duncan geerbt hatte. Als sie ihn mitnahm, wohnte ich gerade im Haus und war so entsetzt über das nackte Oval an der Wand, daß ich es mit der nächstbesten Farbe übermalte. Ich diskutierte mit der Restauratorin, ob auch das imitiert werden sollte. Duncan und Vanessa würden staunen, worüber wir uns den Kopf zerbrechen, dachte ich.

Vor langer Zeit erzählte mir meine Tochter Nerissa, daß sie – als sie in Frankreich lebte – ein Bild von der Familie am Eßzimmertisch in Charleston malen wollte. Weil sie sich nicht mehr an die Tapete erinnerte, schrieb sie Duncan, er möge ihr das Ornament aufzeichnen. Er schickte ihr ein Muster, das dem Original zwar täuschend ähnlich sah, aber nicht dasselbe war. Er hatte es nicht für nötig gehalten, ins Eßzimmer zu gehen und sich die Wand genau anzusehen.

Es fällt schwer, sich vorzustellen, was er und Vanessa von der Restaurierung des Hauses gehalten hätten. Eigentlich ist es paradox, daß unsere Prozeduren – so grundverschieden von den ihren – notwendig sind, um soweit wie möglich zu verhindern, daß sich ihr Geist in alle Winde verflüchtigt. Wenn Duncan und Vanessa den Beschluß gefaßt hätten, Charleston müsse »aufgemöbelt« werden, wie sie es genannt hätten, wären sie sicher nicht auf die Idee gekommen, ihr eigenes Werk zu imitieren, auch wenn sie es niemals zerstört hätten. Wann immer möglich, hätten sie den Dingen ein neues Aussehen gegeben, und wer weiß, vielleicht hätten sie sich für tropffreie Fertigfarbe und sogar Sprühfarben und Musterroller begeistert – die sie allerdings mit Sicherheit ziemlich unkonventionell eingesetzt hätten. Heiter, wie sie am Ende eines Tages oft waren, hätten Duncan und Vanessa sich über unsere Sorgen und Vorhaben sicher amüsiert – aber insgeheim wären sie hocherfreut gewesen, daß wir uns so viel Mühe geben.

Der Memoir Club

Aus den Tagebüchern

Frances Partridge

Frances Partridge ist die einzige aus dem Freundeskreis, die im Stadtteil Bloomsbury geboren wurde, und zwar im Jahr 1900. Ihre Eltern waren mit den Stracheys befreundet, ihre ältere Schwester Ray wurde die erste Frau von Bunny Garnett. Frances studierte in Cambridge Philosophie und stellte in den vierziger Jahren den kompletten Index zur englischen Übersetzung der Werke Sigmund Freuds zusammen. Ihr Mann Ralph – der einst mit Carrington verheiratet war – und ihr Sohn Burgo starben früh. Fast fünfzig Jahre lebte sie allein, umgeben von guten Freunden, in ihrer Londoner Wohnung, in der noch die Schätze aus Ham Spray zu bewundern sind: Bilder von Carrington, von Duncan Grant, und Bücher, Bücher, Bücher. Sie war nicht nur die letzte Schriftführerin des »Memoir Club«, sondern wurde in den vergangenen Jahrzehnten in England berühmt durch ihre Tagebücher; die acht inzwischen publizierten Bände mit täglichen Eintragungen spiegeln ihr Wesen, die Welt und das Netzwerk Bloomsbury: »Ich habe wohl getan, wozu ich Talent hatte – Schreiben über Erfahrungen. Manchmal finde ich es ziemlich egozentrisch, immer die eigenen Gefühle aufs Papier zu bringen. Aber ganz so ist es nicht. Eigentlich schreibe ich, als säße ich in einem Leuchtturm, also gewissermaßen mit Rundumblick.« Ihre Tagebuch-Notizen hat sie später mit Erinnerungen und Erläuterungen ergänzt.

Der Memoir Club
Aus den Tagebüchern
Frances Partridge

1. Oktober 1945

Wir erwarteten Alix und James Strachey zum Tee, aber erst viel später tauchten sie in ihrem winzigen Auto auf – ihre blassen und erschöpften Gesichter schienen wie Monde in der Dunkelheit. Wir hatten einen höchst erfreulichen Abend, und ich fand James fabelhaft elegant auf seine distinguierte Art, mit langen Beinen und dem glänzend silbrigen Haar, das nachts keine Spur auf dem Kopfkissen hinterließ. Wir redeten, wie könnte es anders sein, natürlich über die Atombombe. James behauptete, er wisse durch befreundete Wissenschaftler, daß die Deutschen in den letzten wahnwitzigen Monaten vor der Niederlage wie die Wilden daran herumexperimentiert und die Befehlshaber tatsächlich Angst gehabt hätten, daß sie in ihrer Verzweiflung die ganze Erde in die Luft jagen würden.

James und Alix gaben einen Bericht über ihr Leben am Gordon Square zum besten. Sie werden von einer Zugehfrau versorgt, die in einen Bombenangriff geraten und »nicht ganz richtig im Kopf« sei. Alix kann nicht kochen und weigert sich, es auch nur zu versuchen, also holen sie sich für ihre Fleischmarken Corned Beef und essen an einem Tisch, der so dicht an der Spüle steht, daß sie den schmutzigen Teller gleich unter den Wasserhahn halten können, wenn sie danach noch Margarinebrote essen. Dabei liebt zumindest James den Luxus, gutes Essen und Wein!

Als wir uns später einmal über Alix und James Strachey unterhielten, erzählte mir Ralph, der die beiden besonders mag, daß Alix die Aktive gewesen sei und James den Hof gemacht habe, bis sie schließlich heirateten; und daß die Entschlossenheit, mit der sie allen Hindernissen zum Trotz ihr Ziel nicht aus den Augen gelassen habe, James davon überzeugt hätte, daß Liebe Berge versetzen könne. Ich habe mir Alix manchmal als Venus vorgestellt, die sich ihr Opfer auserkoren hat. Jedenfalls redeten wir alle immer von »Alix und James« und nicht von »James und Alix«, wie man denken könnte. Dennoch war, als ich die beiden in den zwanziger Jahren kennenlernte, bei genauerem Hinsehen James doch auf unaufdringliche, subtile Weise der dominante Teil dieses so außerordentlich innigen Paares. Ralph und ich haben unser gemeinsames Leben unter ihren Fittichen am Gordon Square 41 angefangen; sie machten unseren gemeinsamen Ausbruch möglich, und seitdem habe ich sie – bis zum Ende ihrer Tage – immer von Herzen geliebt, bewundert und geachtet. Es war ein großes Glück, daß ich sie persönlich aus nächster Nähe kennenlernen durfte. Mit ihrer Unvoreingenommenheit, Integrität, Wahrhaftigkeit, ihren perfekten Umgangsformen sowie einem wohltuenden Schuß Exzentrizität und Komik verkörperten sie Bloomsbury in konzentriertester Form, obwohl sie eher Randfiguren waren.

Äußerlich hatte James mit seinen langen, dünnen Armen und Beinen etwas von Lyttons spinnenhafter Eleganz. Doch anders als Lytton hatte er früh silbergraues Haar, und sein Gesicht war klein und rund. Seine Stimme war melodiös und zeugte von seiner enormen Musikalität; in emotionsgeladenen Situationen lief er allerdings häufig rot an und verstummte völlig – so zum Beispiel leider, als ich mich in einem Anfall von Übermut dazu verstieg, Freuds Theorie vom Es, Ich und Über-Ich anzuzweifeln. Besonders als Lytton im Sterben lag, litt James extrem unter dieser Sprachlosigkeit; einmal gestand er Ralph mit erstickter Stimme, wie sehr er ihn darum beneide, daß er sein Herz auf der Zunge trage.

Alix, mager, grobknochig und wunderschön, mit schmalen Augen und dichtem dunkelbraunen Haarschopf, betrachtete die Probleme, die ihr das Leben stellte, oft als puren Denksport.

Wenn ihre banale Logik nicht funktionierte, sah sie es zwar ein, ließ sich aber nicht ins Bockshorn jagen. Zum Beispiel, als der Portier des Savoy ihr das Betreten des Hotels verbot, weil ihr strenger schwarzer chinesischer Seidenmantel kein »Abendkleid« sei, überzeugte sie ihn nach allen Regeln der Logik; und behielt das letzte Wort.

6. Januar 1948

> Nach dem Theater ging ich zum zweiten Mal in meinem Leben zu einem Treffen des Memoir Club. Bunny Garnett, Oliver Strachey, Clive und Quentin Bell, Dermod und Desmond MacCarthy, Duncan und Vanessa, Morgan Forster waren versammelt. Ich trug ein neues Kostüm aus schwarzer Moiréseide mit Goldlitze; ich hatte es selbst entworfen und war von meinem Aussehen durchaus angetan. »Fanny hat ein neues Kleid«, sagte Clive. »O nein«, sagte Desmond, »das habe ich schon vor Jahren bei Birrell und Garnett an ihr gesehen. Schade, daß die Goldschnörkel keine Worte sind.« – »Zum Beispiel?« fragte ich. »Keine Ahnung. ›Darling‹ oder so.« Dermod las einen guten Aufsatz über seinen Vater; Morgan einen sehr langen und leicht langweiligen über seine Tanten. Aber ihm selbst gefiel er anscheinend, denn er lachte oft über seine eigenen Witze, wobei er seinen komischen Kopf schief hielt und seine ordentlichen falschen Zähne im Lampenlicht bleckte. Mein Schicksal ist besiegelt – ich bin das nächste Mal dran.

Der Memoir Club war ursprünglich ein Roman-Club, den Molly MacCarthy 1918 gründete, um Desmond zum Romanschreiben zu animieren. Das mißlang zwar, dennoch wurde daraus ein Jahr später der Memoir Club. Die Idee war, daß die Aufsätze sowohl vertraulich als auch völlig ehrlich sein sollten und daß niemand am Vorgetragenen Anstoß nehmen dürfe. Mary MacCarthy als »Vorsitzende des Clubs und Mädchen für alles« verschickte die Einladungen an die Keynes, die Woolfs, Roger

Fry, Duncan und Vanessa, Clive und E. M. Forster. Neue Mitglieder wurden in geheimer Wahl bestimmt, doch da ein Veto reichte, um einen Kandidaten abzuschmettern, wuchs der Club naturgemäß nicht besonders schnell. Als man mich gewählt hatte, gehörten bereits Bunny Garnett, Adrian Stephen, Oliver Strachey, Janie Bussy und Quentin Bell dazu; Roger, Virginia, Lytton und Maynard waren bereits tot. Später kamen nach harten Wahlschlachten Dermod MacCarthy, Julia Strachey, Anne Olivier Bell, Angelica Garnett, Sebastian Sprott und Denis Proctor dazu.

Zuerst aßen wir im Restaurant zu Abend, meist in Soho, und dann gingen wir zu einem der Mitglieder nach Hause, sanken in Sessel und Sofas und führten uns die zwei Aufsätze zu Gemüte, die verlesen wurden. Ich habe nie aufmerksamere und verständnisvollere Zuhörer erlebt, und meist gab es viel Gelächter. Dem Vortrag schlossen sich Fragen und ein allgemeines Gespräch an. Es war eine höchst erfreuliche Abendunterhaltung. Ich habe jedes der Treffen in meinem Tagebuch festgehalten. Der oder die jeweilige Vorsitzende hatte es allerdings schwer, einen Termin zu finden, der allen paßte. Außerdem bedurfte es einer gehörigen Portion Diplomatie, neue Mitglieder einzuführen. Molly hatte sich ursprünglich vorgestellt, daß die gehaltenen Vorträge archiviert werden sollten, aber immer mehr Mitglieder nahmen ihre Aufsätze mit nach Hause und benutzten sie als Material für ihre Veröffentlichungen.

6. Juni 1950

Die Mitglieder des Memoir Clubs waren ein kurioser Verein, wie sie da vor Olivelli's Restaurant standen. Ein Prachttag – 30 Grad im Schatten, aber im mit Starphotos tapezierten Kellerrestaurant war die Luft kühler, und die italienische Besitzerin musterte uns zwar grimmig, brachte aber bald Spargel und gekühlten Orvieto. Bunny überstrahlte den Rest der Gesellschaft, wohltuend absorbiert von seinen Geschäften – seinem neuen Projekt als Partner des Verlegers Rupert Hart-Davis, seinen Kühen, Hilton und den Jungen –, die vier kleinen Mädchen schienen eher eine lästige Nebensache. Oliver Strachey im blaßgrünen amerikanischen Sommeranzug beäugte mich von der anderen Tischseite säuerlich: »Eine Sache beim Älterwerden«, verkündete er, »ist, daß man entdeckt, wer seine wahren Freunde sind.« – »O je, ja, dachte ich schuldbewußt, wir haben uns nicht genug um ihn gekümmert, als es ihm nicht gutging.

Nach dem Essen gingen wir alle durch die Nachthitze zu Duncan, trafen dabei James, der im weißen Seidenanzug vor dem Haus am Gordon Square stand, ein fabelhafter Anblick. Es war, als bestünde ganz London nur aus Bloomsbury, bevölkert nur mit diesen Wunderwesen. Angelica verlas einen gut geschriebenen Bericht über ihren Frankreich-Aufenthalt als Sechzehnjährige und Dermod einen über Sex in der Schule. Sein Aufsatz entfachte eine Diskussion über die Prügelstrafe für Schuljungen.

»O ja – natürlich muß man Jungen verhauen«, sagte Desmond, und Oliver pflichtete ihm bei. Es schien altjüngferlich, gegen diese modische Haltung Sturm zu laufen, aber ich konnte nicht anders. Nur Vanessa schloß sich meiner Meinung an. Sie trug einen Hut und saß auf einem spartanischen Stuhl, überlegte einen Augenblick und sagte dann abschließend mit ihrer tiefen Stimme: »*Ich selbst* finde Strafen sinnlos.«

20. September 1950

Abends zum Memoir Club, wie ich fand, eins der nettesten Treffen bisher. Nach einem wunderbar zarten Entenbraten mit Kirschbeilage – verglichen mit unserer sonstigen Kost eine echte Verbesserung – begaben wir uns zu Duncan und lauschten zwei exzellenten Erinnerungen: Clive, wie er seine Unschuld verlor, und Bunny über seine indischen Mitschüler. Genau als Clive bei fast völliger Dunkelheit beschrieb, wie er im entscheidenden Moment mit Mrs Raven-Hill auf dem Sofa seine Zweifel hinsichtlich der in ihn gesetzten Erwartungen hatte, klopfte es leise an Duncans Tür, und Marjorie Stracheys silbergrauer Schopf erschien, dann ihr tonloses, heiseres Flüstern: »Duncan, bist du im Bett?« – »Nein«, erwiderte Duncan ebenso gedämpft.

»Ist vielleicht ein starker Mann da?« Schallendes Gelächter; es paßte wie die Faust aufs Auge zu Clives Geschichte.

»Ich fürchte mich wirklich sehr.« Ihr Gesichtsausdruck ließ keinen Zweifel daran. Quentin, galant wie immer, stand auf, ging hinaus, kam wenig später wieder und sagte: »Sie kriegte den Hahn nicht rum.« Gegenwärtig ist in London Gasstreik, und die Flamme brennt so schwach, daß manche Leute vor Angst denken, sie sei ganz aus. Marjorie war so ein Angsthase und hatte versucht, die Hauptleitung abzustellen.

23. Juli 1953

Zum Treffen des Memoir Clubs in Vanessas und Duncans neuer Wohnung in Canonbury kamen auch die Garnetts. Angelica war ganz ausgelassen, ließ ihr Haar flattern und kippte ihren Wein hinunter. Ich unterhielt mich mit Leonard über seine Auswahl aus Virginias Tagebüchern: *A Writer's Diary*, die er kürzlich veröffentlicht hatte, und sprach ihm meine Bewunderung und Begeisterung aus. Welchen Auswahlprinzipien sei er gefolgt? »Im großen und ganzen habe ich mich an das gehalten, was ihre Arbeit betraf, ihr Schreiben und ihre Lektüre. Natürlich gibt es sehr viel mehr, und vieles davon würde manchen noch Lebenden sehr verletzen.« – »Ja«, sagte ich; »das kann ich mir denken, deshalb habe ich mich gewundert, daß du diese witzige Geschichte über X dringelassen hast, die ja ziemlich unfreundlich ist.« – »Oh, lebt X denn noch?« fragte Leonard. »Ich dachte, sie sei schon lange tot.« Ich erklärte ihm, wie aufregend es sei, von diesem ungehobenen Schatz zu wissen, und fragte, ob er über kurz oder lang alles veröffentlichen wolle, und wenn ja, wann etwa? »Meinst du, ich werde das noch erleben?«

> Er musterte mich von oben bis unten. »Ich denke, du schaffst es vielleicht noch gerade so«, war seine Antwort. Dann stritten wir uns über etwas, das ich nie verstanden habe: Bloomsburys Aversion gegenüber Auszeichnungen. Was spricht dagegen, daß man ihre Leistungen anerkennt? Warum sollen Schriftsteller und Maler nicht die gleichen Ehren annehmen wie Wissenschaftler oder Mediziner? Aber ich war in der Minderheit, Clive und Duncan waren besonders dagegen und behaupteten, daß sie damit ihre Freiheit aufgäben, was ich nicht nachvollziehen kann.

Was mir im Memoir Club immer besonders gefiel, war die Möglichkeit, mich mit Leonard zu unterhalten. Sonst kreuzten sich unsere Wege inzwischen selten. Vor dem Ersten Weltkrieg hatte ich ihn manchmal in der Buchhandlung getroffen, in der ich arbeitete, oder wenn Clive mich zum Essen einlud, und gelegentlich wurde ich von den Woolfs eingeladen, oder Ralph und ich haben beide, mutig wie wir waren, einfach zu uns an den Gordon Square eingeladen.

Ich weiß aus Geschichten, die mir Ralph oder andere Mitarbeiter der Hogarth Press erzählt haben, daß Leonard manchmal völlig irrationale Wutanfälle bekommen konnte. Mir kam er immer wunderbar ausgeglichen vor, wie ein vertrautes Denkmal: seine warme, ein wenig brüchige Stimme, nicht aus der Ruhe zu bringen, eine Spur rechthaberisch; die bedachten Bewegungen, das langsame, bezaubernde Lächeln, das tiefzerfurchte Gesicht, der feste Blick aus seinen blau-grauen Augen, das Haar, das, selbst als es grauer war, immer noch wie bei einem Schuljungen büschelweise zu Berge stand. Ein Großteil seiner Autobiographie gründete auf Texten, die er im Memoir Club vorgelesen hatte – ich habe noch genau im Ohr, wie er mit fester Stimme sagte: »Ich war außerordentlich intelligent.« Mir ist ein Rätsel, woher ich den Mut nahm, mich mehrfach mit ihm über G. E. Moores *Principia Ethica* zu streiten. Eigentlich grenzte das an Blasphemie.

Ich weiß noch, wie die Woolfs vor dem Krieg bei uns zum Abendessen waren und Virginia demonstrativ die Unterhaltung an sich riß, um die Anwesenden für sich einzunehmen und uns mit ihren üblichen Attacken gegen »die jüngere Generation« lächerlich zu machen. Ersteres gelang ihr natürlich. Letzterem schob Alix mit ihrer Logik einen Riegel vor, und Leonard nahm sie beim Arm und sagte: »Komm, Virginia, mach der älteren Generation keine Schande.«

Es war leicht zu sehen, was für eine felsenfeste Stütze er für dieses brillante, unausgeglichene Gemüt war.

Egal was Virginia anhatte – manchmal trug sie äußerst komische Sachen –, sie sah immer ungeheuer vornehm aus mit ihrem schmalen, schönen Gesicht, den tiefliegenden Augen und ihrer überraschend tiefen, elektrisierenden Stimme.

Ich habe die Woolfs nur ein-, zweimal in Rodmell besucht, dann meist von Charleston aus. Bei anderer Gelegenheit lernte ich Virginia von einer neuen Seite kennen. Das war kurz nach Lyttons und Carringtons Tod; da zeigte sie mir mehrfach so freundlich ihr Mitgefühl – was ich ihr nie vergessen habe.

22. April 1955

Nach London zum Memoir Club. Old Bloomsbury steht unter Beschuß. John Raymond hat im New Statesman einen Totalangriff gestartet und speziell Lytton aufs Korn genommen. Er wirft allen vor, sie seien »vulgär«, ohne auch nur einen Grund zu nennen, und so erbittert, daß er völlig unglaubwürdig wirkt. Also in welchem Zustand würde ich sie vorfinden, fragte ich mich, diese alten Bäume, in deren Schatten ich mich entwickeln durfte? Ich vermutete, daß es einiges Gerede über John Raymond gäbe, aber keine Spur davon. Statt dessen die übliche, wirklich erhabene Gleichgültigkeit bezüglich der Meinung, die die Welt von ihnen hat. Sie werden zwar inzwischen alt, waren krank, mußten operiert werden, sind aber immer noch bewundernswert unternehmungslustig. Alle planten sie Auslandsreisen per Auto oder wollten per Flugzeug über den Kanal. Bunny belegte mich mit Beschlag, so daß ich mich kaum mit Morgan unterhalten konnte, der auch neben mir saß. Bunny sagte, er habe eine Geschichte geschrieben über »die erstaunliche Tatsache, daß junge Mädchen sich jederzeit ohne Zögern in Männer von fünfundsechzig verlieben«. Er würde sie mir gern schicken, »weil ich Dein Urteil ganz besonders schätze«.

Die Texte, die vorgelesen wurden, stammten von Duncan und Morgan und bestanden hauptsächlich aus alten Briefen – was eigentlich Schummelei ist. Anschließend gingen wir zu Vanessa, wo Julia Strachey, die sonst so viel Wert auf perfekte Manieren legte, extrem gegen die Gastfreundschaft verstieß: Kaum saß sie im Wohnzimmer, schüttelte sie sich demonstrativ vor Kälte, stand auf, holte ihren schweren Wintermantel und behielt ihn den ganzen Abend an.

24. Juli 1956

Im Memoir Club herrschte besondere Herzlichkeit. Wir trafen uns in Saxons Wohnung, die von Vanessa und Duncan magisch verwandelt worden war: große Spiegel auf den hellen, tomaten- und dunkelpflaumenfarben gesprenkelten Wänden. Aber wir werden alle älter, und die Gefahr ist groß, daß die menschliche Stimme uns nach dem Essen und Trinken an einem Sommerabend einschläfert. Nicht nur die Alten. Angelica hatte es sich auf dem Sofa gemütlich gemacht, den Kopf auf Bunnys Schulter, und döste die meiste Zeit.

17. Juli 1957

Abends Memoir Club. Vanessa las Briefe von Maynard vor – trockene Hülsen einer Sache, die einmal quicklebendig war und zutiefst die Gefühle derer bewegt hat, die jetzt verborgen hinter alten Masken in dem kleinen Zimmer in der Percy Street versammelt saßen – Duncan, Clive, Vanessa. Ich ließ meinen Blick über sie wandern und war gerührt, obwohl alles ganz tot klang. Als Memoiren waren die Briefe unbedeutend, weil Vanessa nichts dazu beigetragen hatte. Dann las Angelica, die sehr schön aussah, etwas über ihre kurze Karriere als Schauspielerin vor – interessant und lebhaft.

12. November 1961

Am vergangenen Wochenende gab es ein außerordentliches Treffen des Memoir Clubs in Charleston. Roy Harrod las den fünfzig Jahre alten Briefwechsel zwischen Lytton und Maynard vor. Es war eine faszinierende Korrespondenz, überraschend modern in der Sprache; sie spiegelte eine innige Freundschaft und die Sehnsucht, Gefühle und Gedanken zu teilen, die Werte schienen allerdings in mancher Hinsicht anders als heute. Liebe war weniger ausschließlich nur Sex. Trotz der Eifersucht, Verzweiflung, Hoffnung und Ekstase war es totale Liebe; obendrein zu intellektuell Ebenbürtigen und nicht zu Hotelpagen und Matrosen. Am Anfang gestand Lytton seine Liebe zu Duncan. Maynard war voller Mitgefühl und erklärte, er sei »verliebt in Lyttons und Duncans Liebesgeschichte«. Das Drama erreichte den Höhepunkt, als Duncan eine Affäre mit Maynard anfing, Lytton davon erzählte und dieser deswegen einen rührenden, noblen Brief schrieb. Doch seine Freundschaft mit Maynard wurde nie wieder, was sie einmal gewesen war. Lyttons Briefe aus der Zeit davor waren geradezu brillant, und ich überlegte, ob diese an Verrat grenzende Ablehnung damals womöglich die Ursache seiner späteren emotionalen Mumifizierung war.

Vor der Lesung holte Duncan mich, es war schon dunkel, in Lewes von der Bahn ab, und während der Zickzackfahrt nach Charleston erklärte er mir, Roy befürchte, daß ihm, Duncan, diese Briefe peinlich seien. »Das sollten sie vermutlich, aber sie sind mir nicht peinlich, ich sorge mich höchstens, daß sich andere Leute meinetwegen schämen.« Ich fand, Clive war älter geworden und ziemlich dünn. Roy erschien nach dem Abendessen, klug, zuversichtlich und redselig. Das außergewöhnliche Haus,

Frances Partridge, 1994

überall liebevoll ausgemalt, war eiskalt und ungemütlich, aber wir bekamen etwas Gutes zu essen, es gab reichlich Wein und lebhafte Gespräche. Die mächtige Bloomsbury-Atmosphäre hielt uns in Bann. Ich bekam Vanessas Schlafzimmer, mit Blick auf den froststarren Garten mit seinen ordentlichen grauen Buchsbaumkanten; hinter einem Paravent war ein Bad, an den Wänden gesichterlose Porträts. Die Lesung im Atelier dauerte fast den ganzen Samstag und Sonntag, Roy las gut, aber sehr schnell, und wir saßen im Kreis, inzwischen mit Sebastian Sprott, Angus Davidson und Leonard Woolf. Zwischen Mittagessen und Tee zogen einige von uns Mäntel an und gingen über die Hänge der Downs. Leonard, achtzig, sein Gesicht nobel und längszerfurcht, erklomm den steilen Hügel mit mir und überholte Angus mühelos.

Liebster Tiger

Leonard Woolf
an Trekkie Ritchie Parsons

Leonard Woolf hatte nicht nur ein Leben vor Virginia – da war er Kolonialbeamter in Ceylon –, er hatte auch ein Leben nach Virginia. »Ich weiß, daß sie ertrunken ist & dennoch horche ich, ob sie zur Tür hereinkommt. Ich weiß, daß dies die letzte Seite ist & dennoch blättere ich weiter«, schrieb er in jenen Monaten 1941. Die Malerin Trekkie Ritchie Parsons kannte er schon seit einigen Jahren: Die Bücher ihrer Schwester Alice erschienen in seinem Verlag, der Hogarth Press, und Trekkie entwarf die Schutzumschläge. Ihr Mann Ian Parsons war Direktor im Verlag Chatto & Windus. Leonard war 61, Trekkie 39 – und Ian Parsons war im Krieg –, als die beiden sich ineinander verliebten. In den nächsten siebenundzwanzig Jahren vollzogen alle Beteiligten einen gelungenen, selbstbewußt und liebevoll diskreten Balanceakt: Montags waren das Paar (und Ian) in London. Dienstags fuhr Trekkie mit Leonard nach Rodmell, und erst am Wochenende fuhr sie zurück nach London zu Ian. Die beiden Männer waren Geschäftsfreunde; 1946 kaufte Chatto & Windus die Hogarth Press. Als Leonard 1969 starb, hinterließ er Trekkie Monk's House in Rodmell und machte sie zu seiner Testamentsvollstreckerin und Restnachlaßempfängerin. 1971 übergab Trekkie Ritchie den Nachlaß der Universität Sussex.

Liebster Tiger
Leonard Woolf an Trekkie Ritchie Parsons

Monk's House
3. 5. 1943

Liebster Tiger, ich muß Dir einfach schreiben, um Dir zu sagen, was Du wissen solltest – was für ein außergewöhnliches Vergnügen es mir bereitet, wenn Du hier bist. Ich hatte, ich weiß nicht wie lange schon, gedacht, daß es unmöglich sei, für jemanden so zu empfinden, wie ich es für Dich tue. Vielleicht hast Du weder ein süßes Wesen, noch bist Du sanft oder besitzt jene Eigenschaften, die Frauen besitzen sollten – ich glaube, wie immer, allen Deinen Worten –, und ich behaupte, die Antwort kann nur lauten, daß eine Frau vielleicht gar nicht die Eigenschaften besitzen sollte, die eine Frau besitzen sollte, oder wieso sonst habe ich Vergnügen an allem, was mit Dir zu tun hat – einfach Dich zu sehen, mit Dir zu reden, mit Dir Musik zu hören? Für Dich klingt das, wie ich Dich kenne, sicher albern, aber ich finde das gar nicht, denn es ist die einzige Möglichkeit, Dir für die vergangenen fünf Tage zu danken.

Dein L.

37 Mecklenburgh Square
20. 5. 1943

Liebste, ich glaube, dies hier muß Dir gehören. Ich muß am nächsten Mittw. in der Stadt sein & wahrscheinlich an keinem anderen Tag. Wenn es eine Chance gäbe, daß Du hierher zu einem Tee-Eier-Abendbrot kommen könntest, würde ich Mittw. abend dortbleiben. Aber die Tatsache, daß ich Deine Gesellschaft so gern mag, soll nicht dazu führen, daß ich aufdringlich werde. Wenn es Dich also ermüdet oder zu dem Punkt kommt, daß meine Nähe Dich langweilt, sag es einfach. Als wir uns über Ascot unterhielten, wurde mir klar, daß ein Grund, warum ich gern mit Dir zusammen bin, Deine außergewöhnliche Integrität ist.

Das ist, was ich sagen wollte, es hat Entwarnung gegeben, & so muß ich ins Bett. Ich hoffe, Dein Hase war gut.

Gute Nacht, liebster Tiger,

L.

Monk's House, Rodmell

27. 5. 1943

Liebste, ich habe das Bild heute morgen über dem Kamin aufgehängt. Wie gut, daß Du es mir leihst. Ich mag es ungemein. Es ist nicht einfallslos oder öde. Aber es ist streng, was mir richtig erscheint & Du in Deiner Kunst auch, denn die Strenge der Schönheit ist in Deiner Malerei das, was ich in Deinem Leben die Integrität nenne.

Ich hatte das Gespräch mit John. Zuerst redete er um den heißen Brei – eigentlich ein fernöstliches Manöver & meiner Ansicht nach eine schlechte Taktik. Spannung, bis ich vorschlug, daß wir unseren Streit beilegen sollten. Beträchtliche Spannung, aber ich bin *nicht* aus der Haut gefahren. Wir trennten uns gütlich, aber immer noch sehr auf der Hut.

Als ich heute abend zurückkam, wünschte ich mir, Du wärst hier und sähest, wie der Teich voll blutroter & cremefarbener Seerosen ist & sich der leuchtendblaue Himmel darin spiegelt

Es ist vertrackt, daß ich so oft mit Dir zusammen sein möchte. Ich werde Dich jetzt wohl ganze drei Wochen nicht sehen, was schrecklich lang ist. Ich habe Dir berichtet, daß es diese Woche kübelweise Unannehmlichkeiten gab. Weißt Du, es ist ziemlich furchtbar, sich so in jemanden zu verlieben, wie ich mich in den letzten sechs Monaten in Dich, liebster Tiger. Vermutlich ist das in Ordnung, wenn man 3 oder 6 oder 36 ist (was ich allerdings bezweifle), aber mit 63 ist es schändlich. Die glücklichsten Leute sind sicher diejenigen, deren Gefühle nicht existieren oder lau sind (momentan wünschte ich, Peat's wären es – er läßt mich nicht in Frieden), sie kommen dann zwar nicht in den enormen Genuß der Oase, aber sie erdulden auch nicht den Schmerz und die Leere der Wüste, & die Wüste ist in der Regel leider soviel größer als die Oase. Du glaubst mir vermutlich nicht, daß ich jedesmal, wenn Du »Also, auf Wiedersehen, Leonard«, sagst und mich dabei, bevor Du am Russell Square in die U-Bahn verschwindest, ernst & freundlich ansiehst, was ich so mag, an Thukydides denke, den größten und klügsten aller Historiker. Grund ist, daß niemand in den vergangenen 2500 Jahren dieses Wüsten-Gefühl, das in der Bernard Street über mich kommt, besser beschrieben hat als Thukydides. (Er selbst behauptet allerdings, es sei Perikles gewesen, der es gesagt hat, & vielleicht hat er recht. Vermutlich hat Perikles es von Aspasia gehört.)

»Es ist, als sei der Frühling aus dem Jahr geschieden.«

Ich hoffe, Du vergibst mir für meinen Sermon. Eigentlich ist es Deine Schuld. Ich fange einen kurzen Brief an Dich an, um Dir für das Bild zu danken, & dann fange ich Deinetwegen an, schriftlich zu denken. Jedenfalls bin ich froh, daß Du die Grenze sehen wirst. In meiner Erinnerung ist Edinburgh ein schöner Ort. Aber wenn Du auch nur einen Tag für die Cheviot Hills herausschlagen kannst, solltest Du das tun. Du wirst, was Himmel & Licht angeht, etwas Neues sehen. Und ich weiß, daß die Berge für Dich gemacht sind. Sie sind die Vettern unserer Hügel hier, aber ganz anders, und dennoch ist die Verwandtschaft unübersehbar. Warst Du schon einmal in Abbotsford? Wenn nicht, solltest Du es nicht verpassen, damit Du siehst, zu welchen Häusern der Mensch fähig ist, wenn er sich wirklich anstrengt.

Gute Nacht, mein liebster Tiger, & vergib mir meine Sünden.

Dein L.

Zurück vom Leuchtturm

Jeanette Winterson

Alljährlich Ende Mai zum Bank Holiday findet das Charleston Festival statt: Eine halbe Woche lang gibt es dreimal täglich Lesungen und Gespräche über Kunst und Literatur in einem Zelt auf der Wiese in Charleston, East Sussex. Zum Festival 1998 kam die Schriftstellerin Jeanette Winterson.

Zurück vom Leuchtturm

Jeanette Winterson

Ich übernachtete im Gasthof Ram Inn, nahe Firle, in einem Zimmer mit Blick auf den Hof und die enge Straße, die eine Kehrtwende zwischen hohen Bäumen und tiefen Gärten macht.

Am späten Nachmittag lag ich auf meinem Bett und konnte das Hufklappern eines Ponys hören, fern, dann nah, dann fern, und den Zweiklang des Kuckucks und Stimmen, von der Rasenfläche, leise, glücklich, und das unverkennbare Motorengeräusch eines Morris Mini, der im Hof vorfuhr.

»Das ist England«, dachte ich, »das sind die South Downs, und alles wirkt ruhig und unverändert, und obwohl es täuscht, ist an dieser Täuschung etwas Wahres dran.«

Später am Abend fuhr ich nach Charleston zu meiner Lesung, und als ich fertig war, nahmen mich die Leute, die alles organisiert hatten, mit ins Haus und setzten mich in die Küche an einen großen Tisch, auf dem Salat aus dem Garten stand und gutes Brot und Salami und reichlich Wein.

Das Haus lebte noch. Das hatte ich nicht erwartet. Im Halbschlaf in eine frühere Zeit zurückzuhorchen ist eine Sache; aber wenn der Geist eines Orts einem über die Schulter guckt und die Zeit anhält, dann ist das etwas ganz anderes.

Eigentlich kann ich es nicht ausstehen, wenn ein Wohnhaus zum Museum wird – zur Besichtigung freigegeben –, eine entsetzliche Mischung aus Bühne und Gruft. Alles ist fingiert. Alles ist tot. Und dabei biedert es sich als authentisch an.

Monk's House, das kleine Landhaus, das Virginia Woolf von 1919 bis zu ihrem Selbstmord 1941 mit Leonard bewohnte, fand ich bei meinem einzigen Besuch so deprimierend, daß ich mir schwor, niemals nach Charleston zu fahren. Warum in der Asche herumstochern, wenn das Feuer in Büchern und Bildern brennt?

Ich saß also in der Küche und besah den Vorhangrest, den Vanessa Bell selbst bedruckt und unter dem Spülstein aufgehängt hatte. Die Hintertür stand offen, und jemandes Hund schlief in einem Korb, und als wir auf den Fußboden krümelten und lachten und tranken, wäre es kein Wunder gewesen, wenn Clive Bell oder Duncan Grant hereingeschlendert wären und sich das Brot gegriffen hätten.

Duncan Grant kam 1916 zum ersten Mal nach Charleston, kam und ging, wie es ihm gefiel, bis er es schließlich von 1938 bis zu seinem Tode 1978 zu seinem Hauptwohnsitz machte. In seinem Atelier herrscht noch immer die spontane, unaufgeräumte künstlerische Ordnung – der Geheimcode von Pinseln und Ölfarben, Verdünnern und zusammengerollten Leinwänden, Unordnung als Methode –, und es riecht noch immer nach Firnis.

Duncan Grants langes schöpferisches Leben im Haus ist das Bindeglied zwischen Bloomsbury – der Bewegung des frühen zwanzigsten Jahrhunderts, die eine inzwischen schwer greifbare Lebensart verfocht – und uns, die sich fragen, welche Werte man mit ins neue Jahrtausend nehmen soll.

Dieses Gefühl anhaltender ungebrochener kreativer Kraft in Charleston hat etwas Belebendes und ist selbst jetzt noch im Garten spürbar, wo neben den blauen Köpfen der Artischocken und prall gefalteten Mohnblumen die Bohnen an ihren Stangen ranken.

Man spürt, daß etwas geschieht.

Etwas geschieht ... Das ist für mich das Aufregende an Bloomsbury. Hier existierte eine Gruppe von Leuten, die an die Kunst glaubten, der sie ihr Leben widmeten. Damit meine ich, daß diese Leute wußten, was an die erste Stelle gehörte. Sie galten als Schöngeister, weil ihnen der Spaß nicht das Wichtigste war. Sie galten als elitär, weil ihnen die gängige Kultur nicht das Wichtigste war. Man warf ihnen vor, sich aus allem herauszuhalten, weil sie nicht in die Politik verstrickt werden wollten. Man verspottete sie als Elfenbeinturm-Bewohner, weil keiner von ihnen je behauptet hat, daß die Kunst etwas für alle sei.

Als ich anfangs über den Sinn meiner eigenen Arbeit nachdachte – ich wollte ernsthaft sein, wollte ein Problem um seiner selbst willen angehen –, fand ich in Virginia Woolf und Roger Fry meine Vorbilder und das nötige gedankliche Gerüst. Ich war um die zwanzig, kam aus der Arbeiterschicht, eine Frau. In meiner Familie las man nicht, meine Eltern hatten beide mit vierzehn die Schule verlassen, und keiner war daran interessiert gewesen, daß ich mehr lernte, als ich für die Ehe und Missionarsarbeit brauchte. Wie sollte ich so Schriftstellerin werden?

Man kann nur werden, was man gern sein möchte, indem man sich auf den Weg macht. Leben ist kein Gedankenexperiment. Man muß Risiken eingehen, Fehler machen, und später, wenn die Plackerei einen nicht schon längst fertig gemacht hat, kommen die Verlockungen des Erfolgs. Aber am Anfang kann man nur ins Wasser springen.

Viele, viele Male habe ich die berühmte Stelle am Ende von *Ein eigenes Zimmer* gelesen, wo Virginia Woolf darüber spricht, wie wichtig für eine Frau die eigene Arbeit sei, selbst wenn sie unbemerkt und in Armut getan werden muß, weil Shakespeares Schwester, wie sie sie nennt, schließlich so ihr eigentliches Leben leben, ihre Verse schreiben und sich in jener Gestalt zeigen könne, die sie so oft verleugnen mußte.

Die Herausforderung ist kolossal, eine Herausforderung zum Experiment und zur Kühnheit. Seine Arbeit tun heißt nicht, bereits getane Arbeit zu imitieren. Neu und frisch bedeutet auch nicht dumm und ungebildet. Jeder wirkliche Schriftsteller schafft sich die ihm angemessene Sprache; was einerseits unmöglich ist ohne technisches Know-How (die Regeln im Englischen haben es in sich), andererseits muß man sich anarchisch über den Sprachgebrauch und die Vorbilder hinwegsetzen können. Manche Schriftsteller werfen fröhlich alles über den Haufen, weil das so viel leichter ist als alles neu zusammenzufügen, andere dagegen hinken um Jahre hinterher, was niemanden besonders stört, denn schließlich hat jeder einen Hang zur guten alten Zeit, oder nicht?

Doch, und deshalb ist es immer einfacher und beruhigender, nicht neu zu sein. Wir sind Gewohnheitstiere, mögen Vertrautes und betrachten nie Gesehenes mit Mißtrauen. Uns Frauen fällt es besonders schwer, sich nicht um Lob zu scheren, sich zur Not unbeliebt zu machen, nichts auf das Gerede der Männer zu geben und statt dessen jene Distanz und Sachlichkeit wie einen selten benutzten Muskel zu trainieren, wie Männer es täglich tun.

Mit Distanz und Sachlichkeit meine ich keine aufgesetzte Männlichkeit oder knallharte Unfehlbarkeit, sondern, daß wir einen Raum um uns herum schaffen, der uns ermöglicht, die Dinge klar und aus eigener Sicht zu sehen. Dinge so zu sehen, wie wir sie wirklich sehen und nicht, wie wir sie sehen sollen. Bei jungen Männern heißt das Selbstbewußtsein und ist durchaus anziehend. Bei jungen Frauen heißt es Arroganz und ist bedrohlich.

Wir begreifen, daß selbständig arbeiten heißt, für sich selbst zuständig zu sein. Frauen sind gewohnt, für andere zuständig zu sein.

Draußen im Wasser, beim Schwimmen im Dunkeln, wird der Lichtstrahl zum rettenden Treibholz. Hier bietet sich Halt, ein Zeichen, daß ich nicht untergehen werde. Dieses Licht, das kommt und geht und kommt, signalisiert, daß die Gewässer schiffbar sind, und es weist den Weg. Sicher ist der Leuchtkreis des Lichts begrenzt, ich muß allein weiterschwimmen, weiter im Dunkeln, und die Entfernung ist größer, als ich dachte. Jedes Ufer, das ich erreiche, wird mir fremd sein – Illyrien oder Bohemien – oder vielleicht nur ein Atoll für eine Möwe. Wenn ich aus dem Wasser steige, stelle ich womöglich fest, daß ich mich im Kreis gedreht habe. Vielleicht finde ich nichts.

Der Leuchtturm ist Botschaft und Warnung. Ich verstehe ihn

als beides. Der Leuchtturm kann mich nicht hereinführen, aber er kann mich hinausleiten. Alle Häfen existieren auf Zeit. Wenn, dann taucht das Land direkt aus der See auf, unerwartet, namenlos, gefährlich, wunderschön, neu.

Es gibt keinen Elfenbeinturm, doch es gibt einen Leuchtturm. Für mich liegt der Wert der Moderne im Reiz der Entdeckung und darin, wieviel mehr es noch zu entdecken gibt. Die Moderne ist nicht das Ende einer Tradition, auch keine Sackgasse, kein Umweg; sie markiert den Beginn einer neuen Sichtweise und eines neuen Ausdrucks für das Gesehene – und Gefühlte – und Verstandene. Sie ist ein Empfindungssprung und damit Teil aller allgemeinen, universalen physikalischen Quantensprünge. Das heißt, dieses Quantenuniversum gab es (wahrscheinlich) schon immer, aber wir konnten es nicht sehen, viel weniger konnten wir es in mathematische Formeln fassen, so wie wir auch nicht wie Picasso malen oder wie Virginia Woolf oder T. S. Eliot schreiben konnten.

Der Triumph des frühen zwanzigsten Jahrhunderts in Kunst und Wissenschaft war der Triumph des Geistes über die Materie, des Unsichtbaren über das Sichtbare, nicht als eine leere Metaphysik, sondern als eine multiple Wirklichkeit. Die Welt wurde nicht mehr in Kategorien unterteilt, Mensch und Tier, Geister und Kobolde, Engel und Götter. Statt dessen gab es eine unbestrittene Interaktion zwischen sichtbarer und unsichtbarer Welt. Die alte Welt von Glauben und Fakten, von Vermutung und Empirie war zerstört. Diesen Dualismus gab es nicht mehr. Er diente lediglich der Etikettierung. Atom und Phantasie tanzten gemeinsam, und die allergrößte Entdeckung war die Zeit.

Virginia Woolf setzt in ihren besten Werken die Zeit besonders wirkungsvoll ein. Sie beschränkt sich nicht mehr auf eine einzige Zeitachse. Die Zeit dehnt sich, macht kehrt, verebbt, ballt sich. Der Fluß der Zeit trägt alle in seiner Strömung, doch die Strudel und Untiefen, unsichtbar, aber gegenwärtig, stören den glatten Verlauf, sprengen den Weg von der Geburt bis zum Tode, wirbeln längst abgelagerten Schlick auf, so daß jedes einzelne Leben auch ein Sammelbecken der Geschichte ist und Geräte, Geschirr, Silber und Tand ans Tageslicht kommen, wenn man es am wenigsten erwartet.

Zeit ist nicht konstant, metronomisch, meßbar, regelmäßig. Sie kommt und geht, rhythmisch, fließend, in neuen Dimensionen.

Die Mehrdimensionalität der Zeit – was Einstein Raumzeit nennt – findet in der Moderne ihren Niederschlag in der Ablehnung des Linearen.

Wenn wir zwei Schlüsseltexte jener Zeit überdenken, Virginia Woolfs *Mrs Dalloway* (1925) und James Joyces *Ulysses* (1922), merken wir, daß beide zwar der traditionellen Einheit der Handlung folgen, die sich innerhalb von vierundzwanzig Stunden abspielt, daß sie diese aber als Basis für ihre neue Methode benutzten. In *Mrs Dalloway* spielt die wirkliche Zeit kaum eine Rolle. Clarissa gerät in den Sog ihrer Vergangenheit. Deshalb wirkt diese Vergangenheit lebendig, während der Tag mit seinen Gehweg-Szenen und Omnibussen und Blumen nur gelegentlich durchbricht – Zeiten ecken aneinander an wie Fremde in einer geschäftigen Straße. Septimus Warren Smith existiert, wenn wir ihm begegnen, außerhalb der wirklichen Zeit, seine Gedankenwelt hat sich vom Körper gelöst, sein Körper ist eindeutig vom Krieg geprägt. Und dann sind da noch die Blumen; abgeschnitten wie Septimus oder versorgt wie Clarissa, aber immer ein Sinnbild des Augenblicks und dessen, was er umfaßt – Unendlichkeit der Augenblicke, verdichtet in einem einzigen Tag, der bestimmt vergehen und zerfließen wird, der aber selbst in seiner Vergänglichkeit etwas Ewiges birgt.

Um Ewigkeit und Vergänglichkeit dreht sich im wesentlichen auch *Ulysses*, und obwohl James Joyce offensichtlich anders vorgeht als Virginia Woolf – er dehnt, wo sie verdichtet, spaltet seine Geschichte in tausend Stücke, die immer wieder kübelweise hochgehievt, beäugt und wieder ausgekippt werden –, ist der Gesamteindruck nicht unähnlich. Wir erhalten den Eindruck des individuellen Daseins, das mit seiner eigenen Wirklichkeit nur durch wenige Fäden verknüpft ist und wie ein Flugdrachen durch Mythen, Geschichte, Vergangenheit und Zukunft und Alltagswirklichkeit taucht und steigt. Das Risiko liegt im Verrücktwerden, die Belohnung ist völlige Freiheit. Das Glücksgefühl liegt in der Sprache selbst und in der Struktur dieser Sprache. Zum Vergleich hat John Galsworthys *Forsyte Saga* (1922) wenig zu bieten; das Buch wirkt tot und leblos angesichts des vielschichtigen Reichtums, den bei Woolf oder Joyce ein einziger Tag birgt.

Desmond MacCarthy nannte *Mrs Dalloway* »zerstreut«, und damals und heute warf man Virginia Woolf vor, sie lasse sich durch einen Nebel von Impressionen treiben, unfähig, zwischen Handlung und Betrachtung zu unterscheiden. Unfähig, eine Geschichte zu erzählen.

Virginia Woolf besaß einen scharfen Verstand. Daran besteht kein Zweifel. Ihre Briefe beweisen es, ihre Tagebücher, ihre Essays und vor allem ihre Romane. Anstatt Trivialitäten in eine Bilderwolke zu hüllen, schneidet sie das behagliche Polster der Prosa ab und zwingt uns, die Realität anders zu betrachten. Tatsächlich handelt es sich um eine andere Realität, eine, in der eine Art Längsschnitt durch die sichtbaren und unsichtbaren Welten gezogen wird. Ereignisse sind weder eine Entschuldigung für Selbstgespräche, noch darf man sie mit der Wahrheit verwechseln. Sie sind teils wahr, teils wirklich, aber viel mehr wird deutlich, wenn wir einfach nur hinsehen.

Hinsehen war etwas, das Bloomsbury am Herzen lag. Roger Fry versuchte sein ganzes Leben, Leute davon zu überzeugen, sich Bilder anzusehen, nicht aus moralischen oder erzieherischen Gründen, nicht einmal zum sogenannten Vergnügen, sondern weil er glaubte, daß die Kunst eine besondere Erfahrung biete, die man sonst nirgends machen kann. Es ist ein Vergnügen, aber ein Vergnügen höherer Ordnung. Um es zu erlangen, müssen wir vielleicht Stationen des Widerwillens und der Ärgernisse durchwandern. Ständig müssen wir neu definieren, was wir schön finden. Kunst erwartet von uns, daß wir uns selbst neu definieren.

Diese These von der Kunst als einer eindeutig dynamischen Kraft, die einen besonderen, nicht von der Gesellschaft geprägten Wert besitzt, verstärkte das Bild von der Bloomsbury-Gruppe als einem Zirkel von intellektuellen Schöngeistern. Es war eine These, die besonders der Kritiker I. A. Richards in seinem Buch *Principles of Criticism* (1925) attackierte. Dieses Buch hatte einen enormen Einfluß auf die jungen Intellektuellen der dreißiger Jahre wie Auden, MacNeice, Spender, Huxley; und seine öde pseudo-marxistische Überzeugung, daß die Kunst und unsere Reaktion darauf sich nahtlos in unsere Alltagswelt und -erfahrung einzufügen hätten, stand noch in den fünfziger Jahren hoch im Kurs. Richards hatte nämlich bereits den Geist einer künftigen Epoche heraufbeschworen, der jede Überhöhung, alles Überragende oder selbst die Andeutung einer Geschmacksaristokratie verdächtig vorkam. Heute liest ihn niemand mehr, doch die Haltung gegenüber der Kunst hat genau jene Richtung eingeschlagen, die er propagierte. Was kein Problem wäre, wenn man sich intensiv damit auseinandersetzen würde. Das Problem von Bilderstürmern ist aber, daß vieles, was als berechtigte Kritik an manchem Humbug begann, im Verlauf der nächsten Generation häufig zur unkritischen Akzeptanz der einfacheren Lösung verkümmert. Übernommene Ansichten sind immer schädlich, egal aus welcher Ecke, weil wir uns selbst keine eigene Meinung bilden. Richtig oder falsch ist dabei vielleicht nicht so wichtig wie die eigene Reaktion. Vertreten wir unsere eigenen oder fremde Ansichten?

Inzwischen empfinden wir es als selbstverständlich, daß in der Kunst eine Demokratie herrscht, in der eine Wertegleichheit zwischen unterschiedlichen Strömungen existiert und dieser

Wert wiederum durch den gesellschaftlichen – polemischen oder unterhaltsamen – Nutzen bestimmt werden kann.

Kunst ist für uns eine Ware auf dem Markt. Eine spirituelle Bedeutung sprechen wir ihr ab. Kunst kann man lernen – davon gehen wir aus. Wir bestehen darauf, Kunst sei etwas für jedermann.

Frys Eintreten für die Kunst ging von einer einfachen Prämisse aus. Schau sie dir an. Wir sehen die Dinge, aber wir schauen sie uns nicht an. Die uns vertraute Welt zieht verschwommen an uns vorüber, und wenn wir auf etwas Unvertrautes treffen, ordnen wir es instinktiv bereits Bekanntem zu. Das bewahrt uns vor unangenehmen Überraschungen und hält unsere Gefühle im Gleichgewicht. In Wirklichkeit zieht uns Kunst die Schutzfolie ab. Sie führt uns die Dinge so vor Augen, wie wir sie gewöhnlich nicht sehen. Indem sie das Objekt unvertraut macht, schenkt sie uns das Objekt zurück. Sie reinigt unseren Blick. Der Schmutz der Assoziationen und Emotionen wird weggespült. Endlich, vielleicht zum ersten Mal, sehen wir etwas tatsächlich. Der Trick dabei – oder das Paradoxe, das Wunder – ist natürlich, daß man ein Ding erst dann wirklich sieht, wenn es nicht so dargestellt ist, wie es wirklich scheint. Also wenn der Apfel blau oder das Gesicht des Liebsten in geometrische Formen zerlegt ist. Wenn die Arme verlängert sind oder die Perspektive verkürzt ist. Wir müssen der Sicht der Künstler vertrauen und darauf bauen, daß er oder sie etwas gesehen hat, das wir nicht gesehen haben.

Beim ersten Lesen der Texte Roger Frys hatte ich das Gefühl, einen guten Freund gefunden zu haben, der verstand, warum Kunst wichtig ist, und – sonderbarerweise? – warum sie für mich so wichtig war.

Ich halte nichts von einer kleinlichen zaudernden Lebenseinstellung, sie hat etwas Zynisches. Liebe ist mir wichtiger als Berechnung, und ich würde lieber scheitern als nichts riskieren. Für mich bedeutet Kunst – Bücher, Bilder, Musik – aus dem Vollen leben. Kunst ist Begeisterung und Herausforderung, und ich weiß aus eigener Erfahrung, der einzigen uns wirklich vertrauten Erfahrung, daß unsere von der Kunst ausgelösten Gefühle sicher einen anderen Rang haben als unsere Alltagsgefühle. Wer etwas anderes behauptet, hat das nie selbst empfunden.

Irgendwann vor einigen Jahren bot mir ein Antiquar ein Exemplar von Roger Frys *Twelve Original Woodcuts* an. Leonard und Virginia Woolf druckten in der Hogarth Press davon nur 150 Exemplare von Hand. Virginia schrieb in ihr Tagebuch: »150 Exemplare wurden in einem 2tägigen Gewaltakt fertig. Ich habe gerade die letzten Exemplare zusammengeheftet – bis auf 6.«

Ich mußte diese Holzschnitte kaufen, denn mein Mitbieter war die University of Western Australia. Der arme Roger Fry wäre in einer Museumsvitrine mit Temperaturregulator gelandet. Statt dessen steht er jetzt in meiner Bibliothek, zusammen mit ein paar anderen Dingen von Bloomsbury, signierten Büchern und Farbzeichnungen von Duncan Grant und Vanessa Bell. Die habe ich gekauft, damit sie in meinem Haus weiterleben, weil sie Teil einer lebendigen Tradition sind. Wie auch ich Teil einer lebendigen Tradition bin.

In Charleston ging ich von Zimmer zu Zimmer, glücklich, weil der Geist noch kräftig spürbar war. Sicher, ich mußte das Haus nicht mit einer Masse Touristen teilen, aber ich hatte das Gefühl, ein Freundeshaus zu besuchen.

Ich kann mir nicht vorstellen, daß einer aus der Gruppe etwas dagegen hätte. Man mochte Besuch, auch wenn man Wert auf seine Privatsphäre legte; und man hätte gelacht – über die Ironie der Zeit: Immerzu wird am Nachruhm gezimmert und obendrein am Tor noch Eintritt kassiert.

Das Tor ist ein Schlüsselbegriff.

Bloomsbury ist ein Geschäft geworden. Jeder weiß, daß es ein Meilenstein war. Meiner Ansicht nach ist das nicht alles: Die

Charleston

moderne Kunst war der erste Schritt in ein neues Jahrhundert; ein neuer Weg, eine neue Sicht. Ein Tor zu einer neuen Darstellung des Menschlichen.

Bloomsbury war überhaupt kein sicheres Terrain. Auch die Zukunft ist überhaupt kein sicheres Terrain. Beide sind eine Fahrt hinaus.

Anmerkungen

Einige der Beiträge zu diesem Buch sind größeren biographischen Werken entnommen. Die Anmerkungen zu diesen Abschnitten sind hier den betreffenden Kapiteln zugeordnet.

Aus den Briefen Virginia Woolfs wurde nach der englischen Gesamtausgabe zitiert:
The Letters of Virginia Woolf. Hg. v. Nigel Nicolson, Joanne Trautmann. The Hogarth Press, London, 1975–1980
Vol. I: The Flight of the Mind.. 1888–1912
Vol. II. The Question of Things Happening. 1912–1922
Vol. III: A Change of Perspective. 1923–1928
Vol. IV: A Reflection of the Other Person. 1929–1931
Vol. V: The Sickle Side of the Moon. 1932–1935
Vol. VI: Leave the Letters till we're Dead. 1936–1941

Mr und Mrs Clive Bell

Frances Spalding

1 Zitiert in: Quentin Bell, Virginia Woolf. A Biography. Vol. II, 1972. S. 6
2 Vanessa Bell an Virginia Stephen, 22. März 1907. Berg Collection, New York Public Library
3 Moments of Being, 1976 S. 170 (Augenblicke. Stuttgart 1981, Frankfurt am Main 1984)
4 Maynard Keynes an Duncan Grant, 2. August 1910. Zitiert nach Quentin Bell, Virginia Woolf, Vol. I, 1972, S. 124
5 Vanessa Bell an Dora Carrington, 25. Januar 1932. Humanities Research Center, The University of Texas at Austin
6 Vanessa Bell, Memoir No. IV. Privatbesitz Angelica Garnett
7 Leonard Woolf, Beginning Again, 1964, S. 23

8 G. E.Moore, Principia Ethica, 1903, S. 189
9 Leonard Woolf, Beginning Again, 1964, S. 75
10 Raymond Williams, The Significance of »Bloomsbury« as a Social and Cultural Group, in: Keynes and the Bloomsbury Group, Hg. D. Crabtree, A. P. Thirlwall, 1980, S. 59
11 Vanessa Bell an Virginia Stephen, 2. September 1909. Berg Collection, New York Public Library
12 Vanessa Bell an Virginia Stephen, 3. August 1907. Berg Collection, New York Public Library
13 Vanessa Bell an Virginia Stephen, 13. August [?] 1907. Berg Collection, New York Public Library
14 Vanessa Bell an Virginia Stephen, 20. August 1907. Berg Collection, New York Public Library
15 Ebd.
16 Notizbuch über Julian Bell, datiert Juli 1937. King's College, Cambridge
17 Vanessa Bell an Madge Vaughan, 17. Februar 1907. King's College
18 Vanessa Bell an Virginia Stephen, 21. April 1908. Berg Collection, New York Public Library
19 Die Schilderung des Lebens in Hyde Park Gate: »Reminiscences«, in: Moments of Being, 1976 (»Reminiszenzen«, in: Augenblicke. Stuttgart 1981, Frankfurt am Main 1984)
20 Vanessa Bell an Virginia Stephen, 20. April 1908. Berg Collection, New York Public Library
21 Vanessa Bell an Virginia Stephen, 19. April 1908. Berg Collection, New York Public Library
22 Ebd.
23 Quentin Bell, Virginia Woolf, Vol. I, S. 133
24 Vanessa Bell an Virginia Stephen, 4. Mai 1908. Berg Collection, New York Public Library
25 Virginia Woolf, Letters, Vol. I, 1975, S. 329
26 Clive Bell an Virginia Stephen, 7. Mai 1908. University of Sussex Library.
27 Virginia Woolf, Letters, Vol. III, 1977, S. 172
28 Virginia Woolf, Letters, Vol. I, 1975, S. 255
29 Clive Bell an Virginia Stephen, 30. Juli 1908. University of Sussex Library

30 Clive Bell an Virginia Stephen, 7. August 1908. University of Sussex Library
31 Vanessa Bell an Virginia Stephen, 30. Juli 1908. Berg Collection, New York Public Library
32 Vanessa Bell an Virginia Stephen, 11. August 1908. Berg Collection, New York Public Library
33 Vanessa Bell an Lytton Strachey, 27. August 1908. British Library, Manuscript Department
34 Vanessa Bell an Virginia Stephen, 21. August 1908. Berg Collection, New York Public Library
35 Clive Bell an Virginia Stephen, 30. Dezember 1908. University of Sussex Library
36 Vanessa Bell an Clive Bell, 31. Dezember 1909. King's College, Cambridge
37 Maynard Keynes an Duncan Grant, 14. Februar 1909. British Library
38 Vanessa Bell an Virginia Stephen, 16. Mai 1909. Berg Collection, New York Public Library
39 Vanessa Bell an Clive Bell, vermutlich Dezember 1909. King's College, Cambridge
40 R. Gathorne-Hardy (Hg.), Ottoline: The Early Years, 1963, S. 197
41 Vanessa Bell an Margery Snowden, 7. Oktober 1908. King's College, Cambridge
42 Clive Bell an Virginia Stephen, 25. Dezember 1909. University of Sussex Library
43 Clive Bell an Lytton Strachey, 22. Oktober 1909. British Library

Liebe und Farben

Frances Spalding

1 Denys Sutton (Hg.), Letters of Roger Fry, 1972, Vol. I, S. 336
2 Ebd., S. 327
3 Clive Bell, Old Friends, 1956, S. 64
4 Vanessa Bell, Memoir No. VI. Privatbesitz Angelica Garnett
5 Virginia Woolf, Letters, Vol. I, 1975, S. 201
6 Virginia Woolf, Moments of Being, 1976, S. 175 (Augenblicke. Stuttgart 1981, Frankfurt am Main 1984)

7 Gerald Brenan, South From Granada, 1957, S. 144
8 Stephen Spender, World within World, 1957, S. 139
9 Desmond MacCarthy »The Art Quake of 1910«, Listener, 1. Feb. 1945
10 Ebd.
11 Pall Mall Gazette, 10. November 1910
12 Morning Post, 7. November 1910
13 Nation, 3. Dezember 1910
14 The Times, 7. November 1910
15 Saturday Review, 12. November 1910
16 W. S. Blunt, My Diaries. Being a Personal Narrative of Events 1888–1914. O. J., S. 343 f.
17 Daily Herald, 25. März 1913
18 Alice Comyns Carr (Hg.), J. Comyns Carr. Stray Memories, 1920, S. 60
19 Roger Fry, Vision and Design, 1920, S. 192 f.
20 Quentin Bell, Roger Fry. An Inaugural Lecture, 1964, S. 13
21 Virginia Woolf, Roger Fry, 1940, S. 152
22 Virginia Woolf, Letters. Vol. I, 1975, S. 470
23 Lady Ottoline Morrell an Roger Fry, undatiert. Privatbesitz Mrs. P. Diamand
24 Roger Fry an Lady Ottoline Morrell, 22. September 1910. University of Texas
25 Roger Fry an Lady Ottoline Morrell, 14. Oktober 1910. University of Texas
26 Roger Fry an Lady Ottoline Morrell, 23. November 1910. University of Texas
27 Lady Ottoline Morrell an Roger Fry, 2. Januar 1911. Privatbesitz Mrs P. Diamand
28 Zitiert in: Sandra Jobson Darroch, Ottoline. The Life of Lady Ottoline Morrell, 1976, S. 85
29 Roger Fry an Lady Ottoline Morrell, 13. April 1911. University of Texas
30 Ebd.
31 Roger Fry an Lady Ottoline Morrell, 22. April 1911. University of Texas
32 Vanessa Bell, Memoir No.VI. Privatbesitz Angelica Garnett

33 Gathorne Hardy (Hg.), Ottoline. The Early Memoirs of Lady Ottoline Morrell, 1963, S. 213
34 Sandra Jobson Darroch, Ottoline. The Life of Lady Ottoline Morrell, 1976, S. 107
35 Nation, 19. November 1910
36 Nation, 3. Dezember 1910
37 Denys Sutton (Hg.), Letters of Roger Fry, 1972, Vol. I, S. 348
38 Vanessa Bell an Roger Fry, Juni 1911. Charleston Papers
39 Vanessa Bell an Roger Fry, 5. Juni 1911. Charleston Papers
40 Morning Post, 4. Januar 1912
41 The Times, 5. Januar 1912
42 E. M. Forster an Mrs E. Barger, 24. Dezember 1911. Forster Papers, King's College, Cambridge
43 Wiedergegeben in: P. N. Furbank, E. M. Forster: A Life, 1977, S. 205 ff.
44 Denys Sutton (Hg.), Letters of Roger Fry, 1972, Vol. I, S. 359

Gesellschaftsspiele und Katzen
Michael Holroyd

1 Neben Tiber (oder Tiberius) gab es in Ham Spray eine ganze Katzenfamilie: Agrippa, Nero, Ptolemäus, und Biddie, Stump und Rabbit Cat, denen Carrington die Namen gegeben hatte.
2 Rachel MacCarthy war Desmond MacCarthys Tochter.
3 David Garnett, Flowers of the Forest, 1955, S. 46
4 Stephen Spender, World within World, 1951, S. 143 ff.
5 Frances Partridge, Memories, 1981, S. 77 f.
6 In der Fitzroy Street No. 8 befand sich ein Atelier, das schon den Malern Whistler und Sickert gehört hatte, bevor Duncan Grant es mietete. Hier feierte nicht nur Bloomsbury, sondern u. a. Picasso, Douglas Fairbanks sen. und die Schauspielerin Mary Pickford.
7 John Lehmann, The Whispering Gallery, 1955, S. 187
8 Gerald Brenan, South from Granada, 1987, S. 35 f.

Virginia Woolf, die Mode und ›Vogue‹

Lisa Cohen

1 Virginia Woolf, Tagebücher, 14. 5. 1925
2 Rebecca West, in: Joan Russell Noble (Hg.), Recollections of Virginia Woolf, 1972, S. 90
3 Madge Garland, in: Noble, Recollections, S. 171
4 Virginia Woolf, »A Sketch of the Past«, in: Moments of Being, 1985, S. 68 (»Eine Skizze der Vergangenheit«, in: Augenblicke. Stuttgart 1981, Frankfurt am Main 1984)
5 Noble, Recollections, S. 90
6 Josephine Ross, Beaton in Vogue, 1986, S. 7
7 Madge Garland, unveröffentlichtes Manuskript
8 Madge Garland zu Hilary Spurling, 29. März 1989
9 Virginia Woolf, Letters, Vol. III, 1977, S. 501
10 Madge Garland an Sir Hardy Amies, Postkarte
11 Edna Woolman Chase und Ilka Chase, Always in Vogue, New York 1954, S. 153
12 »Madge Garland«, Nachruf, The Times, 18. Juli 1990
13 Nigel Nicolson (Hg.), Vita and Harold, Letters, 1992, S. 127f.
14 Madge Garland zu Hilary Spurling, 29. März 1989
15 Sara Jane Hoare, »Come into the Garland, Madge«, The Observer, 14. Dezember, 1986
16 Siehe Carolyn Seebohm, The Man Who Was Vogue, 1982

Der weiße Ritter

Frances Spalding

Die Zitate auf S. 189–191 entstammen Lewis Carrolls »Through the Looking-Glass« (Alice hinter den Spiegeln. Aus dem Englischen von Christian Enzensberger, Frankfurt 1963, S. 110ff., 118f.)

1 Virginia Woolf, Letters, Vol. III, 1977, S. 566
2 Zitiert nach Frances Partridge, A Pacifist's War, 1978, S. 201
3 Roger Fry an Helen Anrep, 1. April 1925. Anrep Papers
4 Roger Fry an Vanessa Bell, 28. Dezember 1925. Charleston Papers
5 Roger Fry an Helen Anrep, 15. April 1925. Anrep Papers

6 Roger Fry an Helen Anrep, 8. Juli 1925. Anrep Papers
7 Denys Sutton (Hg.), Letters of Roger Fry, 1972, Vol. II, S. 565
8 Roger Fry an Gerald Brenan, 30. April 1925. University of Texas
9 Roger Fry an Helen Anrep, 17. September 1925. Anrep Papers
10 Daily Telegraph, 25. Mai 1926
11 I. A. Richards, The Principles of Literary Criticism, 1924, S. 16
12 Roger Fry, Transformations, 1926, S. 5
13 Ebd., S. 11
14 Roger Fry, The Artist and Psychoanalysis, 1924, S. 6
15 Roger Fry an Gerald Brenan, 16. Oktober 1925. University of Texas
16 Denys Sutton (Hg.), Letters of Roger Fry, 1972, Vol. II, S. 597
17 Virginia Woolf, Roger Fry, 1940, S. 240
18 Roger Fry, Transformations, S. 5
19 Virginia Woolf, Tagebücher, 30. 12. 1930
20 Roger Fry an Virginia Woolf, 17. Mai 1927. University of Sussex Library
21 Virginia Woolf, Letters, Vol. III, 1977, S. 385
22 Roger Fry an Virginia Woolf, 3. Dezember 1928. University of Sussex Library
23 Roger Fry an M. Berenson, 6. Februar 1932. Berenson Archives, I Tatti, Florenz
24 Virginia Woolf, Letters, Vol. IV, 1978, S. 128f.
25 Denys Sutton (Hg.), Letters of Roger Fry, 1972, Vol. II, S. 526f.
26 Vanessa Bell an Clive Bell, 23 Januar 1931. Charleston Papers
27 Roger Fry, Henri Matisse, 1930, S. 9 f.
28 Roger Fry an Helen Anrep, 31. Dezember 1928: Anrep Papers
29 Roger Fry an M. Berenson, 6. Februar 1932 Berenson Archives, I Tatti, Florenz
30 Virginia Woolf, Tagebücher, 15. 9. 1934

Bittere Erfahrungen

Frances Spalding

1 Vanessa Bell an Vita Sackville-West, 2. April 1941. Privatbesitz Nigel Nicolson
2 Virginia Woolf, Letters, Vol. IV, 1978, S. 158f.

3 Clive Bell an Frances Partridge, 30. Juli 1937. Privatbesitz Frances Partridge
4 Vanessa Bell an Duncan Grant, 5. August 1937. Privatbesitz Henrietta Couper
5 Vanessa Bell an Virginia Woolf, 9. September 1937. Berg Collection, New York Public Library
6 Vanessa Bell an »Y«, 24. August 1937. Privatbesitz
7 Vanessa Bell an Julian Bell, 7. März 1937. Archiv Quentin Bell
8 Quentin Bell an die Autorin, 24. August 1982
9 W. Coldstream und Clive Bell, »A Plan for Artists«, um 1935. Zitiert nach N. Serota, Realism and the Euston Road School, unveröffentlichtes Manuskript, Mai 1968. University of Cambridge
10 New Statesman, 5. November 1938
11 Vanessa Bell an Quentin Bell, 19. Oktober 1937. Archiv Quentin Bell
12 David Garnett an Duncan Grant, 2. März 1925, Privatbesitz Henrietta Couper
13 Vanessa an Quentin Bell, 29. November 1935. Archiv Quentin Bell
14 David Garnett, The Familiar Faces, 1962, S. 165
15 Duncan Grants Tagebuch, 18. April 1938. Privatbesitz Henrietta Couper
16 David Garnett an Vanessa Bell, 16. April 1938. Privatbesitz Henrietta Couper
17 Vanessa Bell an David Garnett, 20. April 1938. Privatbesitz Henrietta Couper
18 Vanessa Bell an David Garnett, 25. August 1938. Privatbesitz Henrietta Couper
19 Vanessa Bell an Quentin Bell, o.D., 1938. Archiv Quentin Bell
20 Vanessa Bell an Virginia Woolf, 17. März 1938. Berg Collection, New York Public Library
21 Vanessa Bell an David Garnett, 16. Oktober 1938. Privatbesitz Henrietta Couper
22 Vanessa Bell an Virginia Woolf, September 1938. Berg Collection, New York Public Library
23 Vanessa Bell an Virginia Woolf, 31. Mai 1939. Berg Collection, New York Public Library

24 Virginia Woolf an Vanessa Bell, 5. Juni 1939. Bisher unveröffentlicht. King's College, Cambridge
25 Vanessa Bell an Julian Bell, 25. Januar 1936. Archiv Quentin Bell
26 Nigel Henderson an die Autorin, 17. September 1982
27 »Angelica Garnett and her leaving Charleston«, Southern Television Programme, 1979
28 Vanessa Bell an Duncan Grant, 28. Juli 1939. Privatbesitz Henrietta Couper
29 Vanessa Bell an Edward Sackville-West, 14. Juli 1939. Berg Collection, New York Public Library
30 Angelica Bell an Virginia Woolf, 13. März 1940. Berg Collection, New York Public Library
31 Peter Quennell, The Sign of the Fish, 1960, S. 73
32 Duncan Grant an Ethel Grant, 1940. Privatbesitz Henrietta Couper
33 Vanessa Bell an Virginia Woolf. Woolf, 20. März 1941. University of Sussex Library
34 Virginia Woolf, Letters, Vol. VI, 1980, S. 485
35 Vita Sackville-West an Vanessa Bell, 31. März 1941, King's College, Cambridge
36 John Lehmann, Thrown to the Woolfs, 1978, S. 112f.
37 Vanessa Bell an Angelica Bell, 24. November 1941. Privatbesitz Angelica Garnett
38 Zitiert nach Richard Shone, The Berwick Church Paintings, Eastbourne, Juli 1969
39 Kenneth Clark, Another Part of the Wood, 1974, S. 248f.

Biographische Skizzen

Helen Anrep (1885–1965) war eine Bloomsbury-Muse. Sie war die Tochter schottischer Auswanderer und wurde an der amerikanischen Westküste geboren, kam als junges Mädchen nach Europa, erhielt in Italien Musikunterricht. In Frankreich entdeckte sie die Malerei. Sie heiratete den russischen Mosaikkünstler Boris Anrep, der später nicht nur den Kamin für Lytton Strachey (und noch später den Kamin für Frances Partridge) verschönerte, sondern berühmt wurde wegen seiner Fußbodengestaltung für die Londoner Tate Gallery, die National Gallery und die Bank of England. Helen verließ Boris 1925, um mit Roger Fry zusammenzuleben, und ihr wird ein nicht unbeträchtlicher Einfluß auf seine Kunsttheorien nachgesagt. Er liebte sie, weil sie »heiteren Reichtum, Ernst und Nüchternheit« besaß. Nach Frys Tod engagierte sich Helen für die Maler der Euston Road School. Durch sie lernte Quentin Bell seine spätere Frau Olivier kennen.

Anne Olivier Bell (geb. 1916) war es, die für jeden Tag im Leben Virginia Woolfs eine Karteikarte anlegte. Ihre überragende Leistung besteht in der Herausgabe sämtlicher Tagebücher Virginia Woolfs. (Mit den spannendsten Fußnoten, die je geschrieben wurden, wie ein Kritiker lobte.) Sie heiratete Quentin Bell 1952. Vorher war sie als Offizier der britischen Kunstkontrollkommission in Deutschland tätig. Später arbeitete sie im Londoner Büro des Arts Council of Britain. Mit Quentin bekam sie drei Kinder, Julian (Maler und Kunsthistoriker), Virginia, die heute im Vorstand des »Charleston Trust« ist und Bücher über Charleston und die Lebensweise britischer Bohemiens geschrieben hat, und Cressida (Textildesignerin).

Clive Bell (1881–1964) war kein besonders origineller Mann, aber er besaß ein gutes Gespür für die Kunst. Er stammte aus wohlhabendem Hause und hatte wie eine Reihe der »Bloomsberries« am Trinity College in Cambridge studiert. 1907 heiratete er die Malerin Vanessa Stephen, mit der er zwei Söhne hatte. 1914 erschien seine kunsttheoretische Abhandlung *Art*; 1928 veröffentlichte er seinen philosophischen Versuch *Civilisation*, an dem Virginia Woolf einiges auszusetzen hatte: »Am Ende kommt heraus, daß Zivilisation eine Lunchparty am Gordon Square No. 50 ist.« Immerhin inspirierte er Roger Fry dazu, die französischen Postimpressionisten nach London zu holen. Zu Beginn des Zweiten Weltkriegs zog er in das südenglische Farmhaus Charleston, wo seine Frau Vanessa mit dem Maler Duncan Grant lebte. Elitär wie er war, pflegte Bell einen großbürgerlichen Lebensstil, zu dem auch eine beträchtliche Zahl von Liebschaften gehörte.

Quentin Bell (1910–1996) ist Vanessas und Clives Sohn. Sein älterer Bruder Julian starb im Spanischen Bürgerkrieg. Quentin war Töpfer, Bildhauer, Maler. Er war auch Kunsthistoriker an der University of Newcastle und Professor an der University of Sussex. Und weil er wußte, daß er unumgänglich mit Bloomsbury assoziiert wurde, bemühte er sich, ein korrektes Bild des schwer faßbaren Phänomens zu zeichnen. Was darauf hinauslief, daß Leonard Woolf ihm in den sechziger Jahren vorschlug, eine umfassende Biographie Virginia Woolfs zu schreiben – ein Unternehmen, das er zusammen mit seiner Frau Olivier bravourös bewältigte.

Die Malerin *Vanessa Bell* (1879–1961) ist bei weitem nicht so berühmt wie ihre jüngere Schwester Virginia Woolf, die Schriftstellerin. Dabei fand zwischen beiden durchaus ein künstlerischer Dialog statt. Die französische Gegenwartskunst, ein Faible der Bloomsbury-Freunde, beeinflußte nicht nur Vanessas Bilder, sondern auch Virginias Romanstil. In vieler Hinsicht war Vanessa die Unkonventionellere, Unabhängigere, für sie war Kunst Leben. Sie war mit Clive Bell verheiratet, hatte ein Liebesverhältnis mit Roger Fry und lebte seit dem Ersten Weltkrieg mit dem homosexuellen Duncan Grant zusammen, von dem sie eine Tochter, Angelica, bekam. Wie Duncan Grant wandte sie ihre Kunst auf die häuslichen Gegenstände an. Das Farmhaus Charleston, aber auch ihre professionellen Entwürfe für Textilien und Buchumschläge, ihre Raumdekorationen und Gegenstände für die Omega-Werkstätten zeugen von ihrem untrüglichen Stilempfinden. Durch ihre Beständigkeit wurde sie zur zentralen Figur des Bloomsbury-Kreises.

Dora Carrington (1892–1932) wurde durch ihr trauriges Ende bekannt: Sie nahm sich nach dem Tod ihres Freundes Lytton Strachey das Leben. Als Malerin fiel es ihr nicht leicht, ihre Kunst nach außen zu vertreten. Sie stellte ihre Bilder, die sich durchaus sehen lassen konnten, niemals aus. Dabei war sie eine hervorragende Porträtistin, und ihre Landschaften haben etwas Magisches. An der Slade School of Art, wo sie studierte, war sie die erste junge Frau, die sich einen Bubikopf schneiden ließ. Sie gab sich explizit unkonventionell, wurde beim Nachnamen genannt und war in ihren Beziehungen zu Männern und Frauen draufgängerisch. 1921 heiratete sie Ralph Partridge. Sie verwandelte Haus und Garten in Ham Spray, wo sie mit Ralph und Lytton lebte, in ein Gesamtkunstwerk.

Edward Morgan Forster (1879–1970) konnte, weil er als junger Mann eine beträchtliche Erbschaft machte, Schriftsteller werden. Seine Romane *A Room with a View*, *Howard's End* und *A Passage to India* (Zimmer mit Aussicht, Wiedersehen in Howard's End, Auf der Suche nach Indien) wurden Bestseller. Er war ein Freund Virginia Woolfs, die ihn einen »blaßblauen Schmetterling« nannte, jedoch großen Wert auf sein literarisches Urteil legte und ihn zeitweilig zu den sechs Menschen auf der Welt zählte, an denen ihr am meisten lag. Forster reiste gern und häufig, nach Italien, Ägypten, Indien; in Deutschland wurde er Hauslehrer der Kinder Elisabeth von Arnims. In Cambridge, wo er studiert hatte, wurde er nach dem Zweiten Weltkrieg Professor am King's College.

Roger Fry (1866–1934) war als Kunstkenner, Kurator und Maler ein wesentlicher Motor des Bloomsbury-Kreises. Er galt bereits als Experte für die Kunst der italienischen Renaissance und war Kustos am Metropolitan Museum in New York gewesen, als er 1910 die Bells näher kennenlernte, die ihn für Bloomsbury gewannen. Sein Privatleben war in jenen Jahren überschattet von der Geisteskrankheit seiner Ehefrau Helen Coombe. Unterstützt von den Bloomsbury-Freunden organisierte er vor dem Ersten Weltkrieg zwei große Ausstellungen französischer Postimpressionisten in London. Seine theoretischen Schriften *Vision and Design* und *Transformations* gelten als bahnbrechend. 1912 gründete er die Omega-Werkstätten, trug selbst mit seinen Stoff- und

Möbelentwürfen zum Angebot der Werkstätten bei. Er sah sich vorrangig als Maler; besonders in seinen letzten Lebensjahren, die er mit Helen Anrep verbrachte, malte er Landschaften und Selbstporträts. Mit seiner Kunstauffassung beeinflußte er auch Virginia Woolf, die nicht wagte, ihm ihren Roman *To the Lighthouse* (Zum Leuchtturm; 1927) zu widmen – die jedoch nach seinem Tod seine Biographie schrieb.

Duncan Grant (1885–1978) war ein Cousin Lytton Stracheys, ein Einzelkind, dessen künstlerische Begabung früh außer Zweifel stand. Er studierte Malerei in Paris. Bloomsbury eroberte er im Sturm: Er war der Liebhaber von Maynard Keynes, Adrian Stephen, David Garnett und natürlich Vanessa Bell. Während der beiden Weltkriege galt Grant als einer der bekanntesten Maler Englands. Mit Vanessa dekorierte er die Räume gemeinsamer Wohnungen und die Appartements von Freunden. Seine Mutter stickte seine Petit-Point-Entwürfe für das Omega-Mobiliar. Während der fast fünfzig Jahre, die er mit Vanessa in Charleston lebte, glich sich beider Malstil so an, daß man ihre Bilder kaum mehr auseinander halten konnte. Grant wohnte bis zu seinem Tod in Charleston.

Angelica Garnett (geb. 1918) ist die Tochter Vanessa Bells und Duncan Grants, und obwohl sie Duncan enorm gleicht, erfuhr sie erst als Jugendliche, daß er ihr Vater war. Ihre Kindheit in Charleston prägte sie. Die Doppelbödigkeit ihres Zuhauses beschreibt sie in ihren Erinnerungen *Deceived with Kindness* (Freundliche Täuschungen; 1984). Sie ist musikalisch und schauspielerisch begabt, doch ihr malerisches Talent überwog. 1942 heiratete sie David Garnett, mit dem sie vier Töchter hat: Amaryllis, Henrietta, Fanny und Nerissa. Angelica Garnett war maßgeblich an der Renovierung Charlestons beteiligt. Heute lebt sie in Frankreich, wo sie viele Sommer ihrer Kindheit verbrachte.

David »Bunny« Garnett (1892–1981) war der Sohn von Edward und Constance Garnett; seine Mutter übersetzte die großen russischen Romanciers ins Englische. Er war Buchhänder und Literat und schrieb eine stattliche Reihe von Romanen. 1921 erschien *Lady into Fox* (Meine Frau, die Füchsin), in dem ein Ehemann mit der Tatsache konfrontiert wird, daß seine Frau sich nicht zähmen läßt. In *A Man in the Zoo* (Ein

Mann im Zoo) flüchtet sich ein Mann in eine Käfigexistenz. Garnett heiratete Ray Marshall, Buchillustratorin und ältere Schwester von Frances Partridge. Nach Rays Tod heiratete er Angelica Bell. 1970 gab er Carringtons Tagebücher heraus.

John Maynard Keynes (1882–1946) war als Wirtschaftswissenschaftler eine Besonderheit in Bloomsbury. Während des Ersten Weltkriegs führte seine Zugehörigkeit zum Finanzministerium immer wieder zu Diskussionen und zur allseitigen politischen Standortbestimmung. Sein berühmtes Buch *The Ecomomic Consequences of the Peace* (Die wirtschaftlichen Folgen des Friedensvertrages; 1919), das entstand, nachdem er sein Amt als Leiter der britischen Delegation bei der Versailler Friedenskonferenz niedergelegt hatte, wäre ohne die pazifistische Grundhaltung der Gruppe vielleicht nicht zustande gekommen. Keynes verliebte sich 1921 in Lydia Lopokova, eine Ballerina in Diaghilevs *Ballets Russes.* 1924 heirateten die beiden und richteten sich in ihrem Haus Tilton, nahe Charleston, ein. Lydia überlebte Keynes um 35 Jahre.

Lady Ottoline Morrell (1973–1938) war, obwohl eigentlich eine Randfigur, der Paradiesvogel Bloomsburys. Sie liebte den theatralischen Auftritt und füllte ihre Salons am Bedford Square oder in Garsington Manor mit Malern, Schriftstellern und Politikern. Mit einigen von ihnen knüpfte sie lebenslange Freundschaften. Daß ihr Ehemann Philip Parlamentsabgeordneter der Liberalen war und während des Ersten Weltkriegs Kriegsdienstverweigerern Zuflucht bot, machte die Morrells um so angenehmer.

Frances Partridge (geb. 1900) ist die einzige im Freundeskreis, die im Stadtteil Bloomsbury geboren wurde. Sie ging mit Lytton Stracheys Nichte Julia zur Schule, und ihre Schwester Ray wurde David Garnetts Frau. Nach ihrem Philosophiestudium arbeitete Frances bei Garnett & Birrell als Buchhändlerin. Sie verliebte sich in den ehemaligen Major Ralph Partridge (1894–1960), der damals noch mit Carrington verheiratet war. Nach Carringtons Tod heirateten beide und lebten in Ham Spray. Im Zweiten Weltkrieg waren sie Pazifisten. 1935 kam ihr Sohn Burgo zur Welt. Dieser heiratete später Henrietta Garnett, starb aber schon 1963. Frances Partridge ist heute in England berühmt für ihre Tagebücher, in denen sie mit kritischer Sachlichkeit ihr Leben, ihre Freundschaften und Reisen dokumentiert.

Trekkie Parsons (1902-1995) wuchs in Durban, Südafrika, auf. Als ihre Familie nach England zurückkehrte, begann sie ein Grafikstudium an der Slade School. Leonard Woolf traf sie zum ersten Mal 1930, als sie den Buchumschlag für einen Roman ihrer älteren Schwester, der Schriftstellerin Alice Ritchie, entwarf, der in der Hogarth Press erschien. Sie arbeitete auch für andere Verlage und heiratete den Direktor von Chatto & Windus, Ian Parsons. 1941 entwickelte sich zwischen Trekkie und Leonard eine enge Freundschaft. Und bis 1969 teilte Trekkie Parsons ihr Leben mit beiden Männern, die übrigens gute Geschäftsfreunde waren: 1946 übernahm Chatto & Windus Leonard Woolfs Verlag, die Hogarth Press.

Vita Sackville-West (1892–1962) gehörte dem britischen Hochadel an. Ihr Vorfahr Thomas Sackville überbrachte Mary Stuart den Todesspruch (1587). Vita wuchs auf Schloß Knole auf, das sie jedoch nicht erbte, weil sie ein Mädchen war. 1913 heiratete sie den Diplomaten Harold Nicolson. Zwei Söhne, Ben und Nigel. 1922 lernte sie Virginia Woolf kennen, und die beiden wurden ein legendäres Paar. Sie ist das Urbild von *Orlando*. Im Gegensatz zu Virginia war Vita eine Bestsellerautorin, ihre Romane fanden ein breites Publikum. Doch wirklich berühmt wurde sie durch den Garten, den sie um »ihr« Schloß Sissinghurst anlegte – und durch ihre Gartenkolumne im *Observer*. Nigel Nicolson lebt bis heute auf Sissinghurst und ist Mitinhaber des Verlags Weidenfeld & Nicolson. 1973 veröffentlichte er *Portrait of a Marriage* über die Ehe seiner Eltern.

Edith (1887–1964), *Osbert* (1892–1969) und *Sacheverell Sitwell* (1897–1988) sind eine Geschichte für sich. Als Dreigespann führten sie 1922 *Facades* auf, heute ein moderner Klassiker – eine Unterhaltung mit Musik: Ediths fast dadaistische Gedichte, vertont von William Walton. Edith Sitwell war nicht nur Meisterin der modernen Lyrik, sondern auch der Selbstinszenierung. Ihre Brokatroben sind unvergessen, ihr Schmuck ist im Victoria & Albert Museum zu besichtigen. Osbert und

Sacheverell waren ihre Satelliten, sie schrieben als Zeitzeugen eindrucksvolle Erinnerungen. Und was die Bloomsberries angeht: Man wußte sich zu schätzen und zog politisch an einem Strang.

Alix (1892–1973) und *James Strachey* (1887–1967) gehören zur schwer überschaubaren Großfamilie Strachey, in der es von der Suffragette (Pippa), Gründerin einer freien Schule (Marjorie), Collegedirektorin in Cambridge (Pernel), Schriftstellerin, Photographin und Mannequin (Julia) bis zum Eisenbahner, Code-Entschlüsseler im Zweiten Weltkrieg und Musiker (Oliver) eine faszinierende Ansammlung von Multitalenten gab. Alix studierte Psychologie in Wien und Berlin und heiratete den Psychoanalytiker James Strachey, mit dem sie in London-Bloomsbury am Gordon Square eine Praxis betrieb. James übersetzte mit Alix das Gesamtwerk Sigmund Freuds ins Englische.

Lytton Strachey (1880–1932) ist ein Name, an dem man nicht vorbeikommt, wenn es um Bloomsbury geht. Schon als Student am Trinity College in Cambridge zeigte sich seine literarische Begabung. Er schrieb obszöne Gedichte, die er geheimhielt, und Kritiken und Essays für Londoner Zeitungen. Er war nicht nur ein guter Selbstdarsteller, sondern ein ebenso umwerfender Laienschauspieler. Bedeutend sind seine Abgesänge auf das viktorianische Zeitalter, *Eminent Victorians* (das er Virginia Woolf widmete) und *Queen Victoria*. Sein bevorzugtes Zeitalter war das achtzehnte Jahrhundert, eine Vorliebe, die er mit manchen Bloomsberries teilte.

Leonard Woolf (1880–1969) war ein Studienfreund Lytton Stracheys, kam aber nicht aus großbürgerlichen Kreisen. 1912 heiratete er Virginia Stephen. Zusammen mit ihr gründete er 1917 einen Verlag, die *Hogarth Press*, in dem viele Werke der englischen und ausländischen Moderne erschienen. Der Verlag war ein echtes Gemeinschaftswerk; Lektorat, Herstellung, Druckerei und Vertrieb lagen in beider Hände. Zu Virginias Lebzeiten schrieb er politische und philosophische Texte, nach ihrem Tod eine fünfbändige Autobiographie. Mit zunehmendem Alter entwickelte er sich zum typisch britischen Gartenfanatiker. In den letzten 27 Jahren seines Lebens pflegte er eine unkonventionelle Beziehung zu Trekkie Parsons.

Über *Virginia Woolf* (1882–1941) ist so vieles geschrieben worden; hier seien nur ihre bedeutendsten Werke genannt: die Romane *The Voyage Out* (Die Fahrt hinaus; 1915), *Jacob's Room* (Jakobs Zimmer; 1922), *Mrs Dalloway* (1925), *Orlando* (1928) und der große feministische Essay *A Room of One's Own* (Ein eigenes Zimmer; 1929). Wahre Kunstwerke sind auch ihre Tagebücher und Briefe. Außerdem hinterließ sie ein umfangreiches essayistisches Werk.

Bibliographie

Die Gesammelten Werke von Virginia Woolf in neuen Übersetzungen, herausgegeben von Klaus Reichert, erscheinen seit 1989 im S. Fischer Verlag. Die Ausgabe umfaßt das gesamte erzählerische Werk, eine Auswahl der Essays, die Tagebücher und eine Auswahl aus den Briefen.

Eine informative, detaillierte Quelle zum Thema Bloomsbury sind die 22 Ausgaben des »Charleston Magazine« von 1990 bis 2000, herausgegeben vom Charleston Trust, Charleston near Firle, Lewes, East Sussex.

Adamson, Judith (Hg.), *Love Letters. Leonard Woolf & Trekkie Ritchie Parsons.* Chatto & Windus, 2001

Anscombe, Isabelle, *Omega and After. Bloomsbury and the Decorative Arts.* Thames & Hudson, 1981

Bell, Anne Olivier, *Editing Virginia Woolf's Diary.* The Bloomsbury Workshop, 1990

Bell, Anne Olivier, *A Moment's Liberty. The Shorter Diary of Virginia Woolf.* The Hogarth Press, Chatto & Windus, 1990

Bell, Clive, *Since Cézanne.* Chatto & Windus, 1922

Bell, Julian, *What is Painting? Representation and Modern Art.* Thames & Hudson, 1999

Bell, Quentin, *Bloomsbury.* Weidenfeld & Nicolson, 1986

Bell, Quentin, *Elders and Betters.* John Murray, 1995 (Erinnerungen an Bloomsbury. S. Fischer, 1997)

Bell, Quentin, *Virginia Woolf. A Biography.* The Hogarth Press, Chatto & Windus, 1972

Bell, Quentin, and Virginia Nicholson, *Charleston. A Bloomsbury House and Garden.* Frances Lincoln Ltd., 1997 (*Charleston. Ein englisches Landhaus des Bloomsbury-Kreises.* Christian Verlag, 1998)

Bell, Quentin, Angelica Garnett, Richard Shone, *Charleston Past and Present.* The Hogarth Press, Chatto & Windus, 1987
Brown, Jane, *Vitas Other World. A Gardening Biography of Vita Sackville-West.* Viking, 1985
Carrington, Noel, *Carrington. Paintings, Drawings and Decorations.* Thames & Hudson, 1978
The Charleston Trust (Hg.), *Quentin Bell. A Man of Many Arts.* 1999
Coss, Melinda, *Bloomsbury Needlepoint from the Tapestries at Charleston Farmhouse.* Ebury Press, 1992
Fry, Roger, *Vision and Design.* Chatto & Windus, 1920
Garnett, *Angelica, Deceived with Kindness. A Bloomsbury Childhood.* Oxford University Press, 1984 (*Freundliche Täuschungen.* Fischer Taschenbuch Verlag, 1993)
Garnett, David, *Lady into Fox.* Chatto & Windus, 1922
Garnett, David, *A Man in the Zoo.* Chatto & Windus, 1924
Garnett, Henrietta, *Family Skeletons.* Victor Gollancz, 1986
Green, Christopher (Hg.), *Art Made Modern. Roger Fry's Vision On Art.* Courtauld Gallery, 1999
Heilbrun, Carolyn G. (Hg.), *Lady Ottoline's Album.* Alfred A. Knopf, 1976
Holroyd, Michael, *Lytton Strachey.* Chatto & Windus, 1994
Lee, Hermione, *Virginia Woolf.* Chatto & Windus, 1996 (*Virginia Woolf. Ein Leben.* S. Fischer, 1999)
Lee, Hugh (Hg.), *A Cézanne in the Hedge and Other Memories of Charleston and Bloomsbury.* Collins and Brown, 1992
Lehmann, Rosamond, *The Weather in the Streets.* William Collins, 1936, Virago, 1981 (*Wie Wind in den Straßen.* Fischer Taschenbuch Verlag, 1992)
Lehmann, Rosamond, *Rosamond Lehmann's Album.* Chatto & Windus, 1985
Marler, Regina, *Bloomsbury Pie. The Making of the Bloomsbury Boom.* Virago, 1997
Morris, Jan (Hg.), *Travels with Virginia Woolf.* The Hogarth Press, Chatto & Windus, 1993 (*Reisen mit Virginia Woolf.* S. Fischer, 1995)
Nicholson, Virginia, *Among the Bohemians.* Experiments in Living 1900–1930. Penguin 2002

Naylor, Gillian, *Bloomsbury. The Artists, Authors and Designers By Themselves.* Octopus / Amazon, 1992
Nicolson, Nigel, *Portrait of a Marriage.* Weidenfeld & Nicolson, 1973
Partridge, Frances, *Diaries 1–8.* Phoenix, 1999
Partridge, Frances, *Memories.* Victor Gollancz, 1981
Partridge, Frances, *Julia. A Portrait of Julia Strachey.* Victor Gollancz, 1983
Elizabeth Salter, *Edith Sitwell.* Bloomsbury Books, 1988
Shone, Richard (Hg.), *The Art of Bloomsbury.* Tate Gallery Publishing, 1999
Sitwell, Edith, *Mein exzentrisches Leben.* Fischer Taschenbuch Verlag, 1993
Sitwell, Osbert, *Left Hand, Right Hand.* Penguin, 1984
Skidelsky, Robert, *John Maynard Keynes.* Oxford University Press, 1992
Spalding, Frances, *Roger Fry. Art and Life.* Black Dog Books, 1980
Spalding, Frances, *Duncan Grant.* Chatto & Windus, 1997
Spalding, Frances, *Vanessa Bell.* Weidenfeld & Nicolson, 1983
Spater, George, and Ian Parsons, *A Marriage of True Minds.* The Hogarth Press, Chatto & Windus, 1977 (*Porträt einer ungewöhnlichen Ehe. Virginia und Leonard Woolf.* Fischer Taschenbuch Verlag, Neuausgabe, 2002)
Strachey, Lytton, *Eminent Victorians.* Chatto & Windus, 1918
Strachey, Lytton, *Queen Victoria.* Chatto & Windus, 1921, Penguin, 1971
Strachey, Lytton, *Das Leben ein Irrtum. Acht Exzentriker.* Wagenbach, 1999
Todd, Pamela, *Bloomsbury At Home.* Pavilion Books, 1999 (*Die Welt von Bloomsbury.* Nicolaische Verlagsbuchhandlung, 1999, Fischer Taschenbuch Verlag, 2002)
Woolf, Leonard, *Mein Leben mit Virginia. Erinnerungen.* Fischer Taschenbuch Verlag, 1991

Text- und Bildnachweis

Texte

Quentin Bell, *Old Bloomsbury* (aus *Bloomsbury*, London 1968): © Quentin Bell 1968. Mit Genehmigung des Verlags Weidenfeld & Nicolson, The Orion Publishing Group, London

Frances Spalding, *Mr. and Mrs. Clive Bell* (aus *Vanessa Bell*, London 1983): © Frances Spalding 1983. Mit Genehmigung des Verlags Weidenfeld & Nicolson, The Orion Publishing Group, London

Michael Holroyd, *Ein Heiratsantrag* (aus *Lytton Strachey*, London 1994): © Michael Holroyd 1994. Mit Genehmigung von A. P. Watt Ltd., Literary Agents, London

Frances Spalding, *Liebe und Farben* (aus *Roger Fry*, London 1980): © Frances Spalding 1980

Michael Holroyd, *Kriegsdienst* (aus *Lytton Strachey*, London 1994): © Michael Holroyd 1994. Mit Genehmigung von A. P. Watt Ltd., Literary Agents, London

Robert Skidelsky, *Eine Geschichte aus zwei Häusern* (aus *A Cézanne in the Hedge*, ed. Hugh Lee, London 1992): © Robert Skidelsky 1992

Quentin Bell, *Bloomsbury nach 1918* (aus *Bloomsbury*, London 1968): © Quentin Bell 1968. Mit Genehmigung des Verlags Weidenfeld & Nicolson, The Orion Publishing Group, London

Frances Partridge, *Die Sitwells und die Bloomsberries* (aus »Charleston Magazine«, No. 11, 1995): © Frances Partridge 1995

Michael Holroyd, *Gesellschaftsspiele und Katzen* (aus *Lytton Strachey*, London 1994): © Michael Holroyd 1994. Mit Genehmigung von A. P. Watt Ltd., Literary Agents, London

Nigel Nicolson, *Vita, Virginia und Vanessa* (aus *A Cézanne in the Hedge*, ed. Hugh Lee, London 1992): © Nigel Nicolson 1992

Lisa Cohen, *Virginia Woolf, die Mode und Vogue* (aus »Charleston Magazine«, No. 18, 1998): © Lisa Cohen 1998

Allen Autoren sei für die Genehmigung zur Veröffentlichung ihrer Texte gedankt.

Abbildungen

Christine Frick-Gerke: Seite 16; Tate Archive: Seiten 67, 73, 115, 130, 191, 226, 238, 329; National Portrait Gallery, London: Seiten 107, 158; Pacific and Atlantic Photos Ltd.: Seite 147; Nigel Nicolson: Seite 167; Judy Rosenblatt: Seite 256; The Charleston Trust: Seite 263; Howard Grey: Seite 287; Alen MacWeeney: Seite 309

In einigen Fällen waren die Inhaber der Bildrechte leider nicht festzustellen oder erreichbar. Der Verlag verpflichtet sich, rechtmäßige Ansprüche nach den üblichen Honorarsätzen zu vergüten.

S. 190 '[illegible]'